Über das Buch:
Als im Sommer 2020 in den Schulen Corona-Maßnahmen eingeführt wurden, gründete Svenja Herget die Initiative 'Homeschooling wagen'. Tausende Eltern ließen ihre Kinder zuhause und beschulten sie selbst. Hier berichten einige von ihnen, wie sie ihr häusliches Lernen gestalteten. Anhand der Erfahrungsberichte arbeitet die Autorin einzelne Charakteristika heraus und zeigt auf, welche Vorteile und Chancen häusliche Bildung bietet.
Das Buch ist ein Zeitzeugnis und ein Plädoyer für eine Abschaffung der Schulpflicht in Deutschland.

Über die Autorin:
Svenja Herget ist Sonderschullehrerin mit Zusatzausbildung Deutsch als Zweitsprache und Waldorflehrerin. Sie half 20 Jahre lang ehrenamtlich Kindern und Jugendlichen in sozialen Brennpunkten. Ihr Mann und sie begleiteten ihre vier Pflege- und Adoptivkinder – zum Teil im Homeschooling – zu mehreren Abschlüssen. Anschließend wechselte sie in die Erwachsenenbildung und unterrichtete Deutsch als Fremdsprache, vorwiegend in Integrationskursen. Sie ist Trainerin für Gewaltfreie Kommunikation nach Marshall Rosenberg und SAFE-Mentorin für eine sichere Bindung zwischen Eltern und Kind.
Im Sommer 2020 gründete sie die Initiative 'Homeschooling wagen'. Seitdem begleitet und berät sie Eltern bei der selbstbestimmten Bildung ihrer Kinder. In ihrem Telegram-Kanal "Homeschooling wagen" gibt sie dazu Fachinformationen und tägliche Impulse. Auf ihrer Homepage empfiehlt sie Materialien und Bücher, die sich für das häusliche Lernen eignen. Außerdem schreibt sie Artikel, hält Vorträge und veranstaltet Seminare.

Svenja Herget

Bildung ohne Schule kann gelingen

Familien finden durch die Krise zum selbstbestimmten Lernen

Die Autorin hat die in diesem Buch gemachten Angaben nach bestem Wissen und Gewissen auf Korrektheit geprüft. Sie geht davon aus, dass die Angaben und Informationen in diesem Werk zum Zeitpunkt der Veröffentlichung korrekt und vollständig sind. Für den Inhalt des Werkes oder etwaige Fehler übernimmt die Autorin keine Gewähr.

Die Deutsche Nationalbibliothek verzeichnet diese Publikation in der Deutschen Nationalbibliografie; detaillierte bibliografische Daten sind im Internet über http://dnb.dnb.de abrufbar.

1. Auflage November 2023

Autorin und Herausgeberin:
Svenja Herget
Georg-Strobel-Straße 40, 90489 Nürnberg
www.homeschooling-wagen.org

Lektorat: Dr. Gerburg Weiß

Covergestaltung und Satz: Claudius Hartmann

Druck und Bindung: Druckterminal Nürnberg
Printed in Germany

ISBN 978-3-98942-337-4

Bestellung und Vertrieb: NOVA MD GmbH, Vachendorf

Anmerkungen zum Sprachgebrauch in diesem Werk

Um das Lesen zu erleichtern, verwende ich in diesem Buch vorwiegend das generische Maskulinum im üblichen geschlechtsneutralen Sinn.

Dies gilt auch für die Bezeichnung "Lehrer", wenngleich ein Großteil der Angehörigen dieses Berufsstandes Frauen sind. Ich habe sie auch nicht durch Begriffe wie Lehrpersonal, Lehrkörper, Lehrerschaft oder Lehrkraft ersetzt, denn diese verdecken meiner Meinung nach, dass ein Lehrer für sein Handeln persönlich verantwortlich ist und sich vor seinem Gewissen verantworten muss. Auch sind er selbst und seine Schüler lebendige Wesen aus Körper, Geist und Seele und er hat ihnen gegenüber einen Bildungs- und Erziehungsauftrag.

Ich spreche in diesem Buch von "Kindern" bzw. "Kindern und Jugendlichen", auch wenn diese in der Schule sind. Die Bezeichnung "Schüler" lenkt den Blick auf dessen Rolle als Lernender in einer Schule. In diesem Werk sollen aber Kinder und Jugendliche mit ihren Bedürfnissen gesehen werden, auch wenn sie eine Schule besuchen.

Manche Menschen sprechen statt von "Kind" lieber von einem "jungen Menschen". Mir geht es um zweierlei: Zum einen haben wir Erwachsene eine Schutz- und Fürsorgepflicht Kindern gegenüber. Zum anderen durchlebt jeder Mensch beim Heranwachsen Entwicklungsstufen. Nur wenn wir diese kennen und im Zusammenleben berücksichtigen – ob intuitiv oder bewusst – können wir dem jeweiligen Kind bzw. Jugendlichen gerecht werden. Beides will ich mit dem Begriff "Kind" ausdrücken.

Manchmal verwende ich den Begriff "Kind" auch der besseren Lesbarkeit halber umfassend für alle jungen Menschen unter 18 Jahren und beziehe damit Jugendliche ein, zumal es hier unterschiedliche Definitionen gibt. Teilweise ergibt sich der umfasssende Gebrauch in diesem Werk auch daraus, dass wir Eltern von "unserem Kind" auch dann sprechen, wenn das "Kind" schon 17 Jahre alt ist.

Zwischen den beiden seit der Rechtschreibreform möglichen Schreibweisen "zuhause" und "zu Hause" habe ich mich für das zusammengeschriebene Adverb "zuhause" entschieden, da es m.E. besser ausdrückt, dass außerschulisches Lernen nicht nur im Haus stattfindet, sondern auch im Garten, im Hof, auf Reisen und anderswo.

Inhalt

Vorwort

„Durch den Mut eines jeden einzelnen unserer Familie zu sagen: ‚Wir bleiben zuhause!' wurde uns ein neuer, so unglaublich wundervoller Blick auf das Leben und die Zukunft und all das, was noch kommen mag, ermöglicht, den wir uns vorher nicht hätten vorstellen können."

Esther R., Mutter von Moritz, dessen Geschichte sie für dieses Buch aufgeschrieben hat

In den Jahren ab 2020 blieben tausende und zeitweise sogar zehntausende Kinder und Jugendliche in Deutschland trotz Schulpflicht über Monate und teilweise sogar über Jahre hinweg zuhause[1]. Wie kam es dazu? Was waren die Beweggründe dieser Kinder und ihrer Eltern? Wie haben Eltern das Lernen ihrer Kinder zuhause gestaltet, nachdem sie sich dafür entschieden und häufig auch erst dazu durchgerungen hatten? Darum geht es in diesem Buch.

Oft ist es eine Krise, die einen Menschen dazu bewegt, vom geplanten oder vorgezeichneten Weg abzuweichen und Alternativen zu finden. Und oftmals entsteht erst dadurch ein besonderer und einzigartiger Lebensweg.

Krisen sollen daher in diesem Buch auch benannt werden. Da es zu den vielfältigen Krisen und Schwierigkeiten von Schulkindern reichlich Literatur gibt, werden diese hier nur kurz angesprochen und der Fokus wird auf eine alternative Bildungsmöglichkeit dieser Kinder und Jugendlichen gelegt. Anders verhält es sich mit der großen gesellschaftlichen Krise ab dem Jahr 2020, bei der vor allem Kinder und Jugendliche unter den größten Leidtragenden waren. Bis zum Erscheinen dieses Buches gibt es abgesehen von einigen Fehlereingeständnissen keine Aufarbeitung dessen, was ihnen mit den Corona-Maßnahmen in den Schulen angetan wurde. Daher werden diese im ersten Teil dieses Buches explizit zur Sprache kommen. Sie gaben erst den Anstoß zu einer Entwicklung, die hier dargestellt werden soll, nämlich dass erstmals eine bemerkenswerte Zahl an Eltern auch in Deutschland ihre Kinder zuhause ließ und deren Bildung selbst in die Hand nahm.

Daraus ist etwas Großartiges entstanden.

Eine breite Elternbewegung hat sich im gesamten deutschsprachigen Raum gebildet. Initiativen wurden gegründet, Lern- und Bildungskonzepte entwickelt und Begegnungsräume geschaffen. Eltern haben in der Familie und mit selbst organisierten Lerngruppen vielfältige Erfahrungen gesammelt. Sie werden sich bewusst, dass sie für die Bildung ihrer Kinder selbst verantwortlich sind, und in ihnen wachsen sowohl der Wunsch als auch der Mut, diese Verantwortung zu übernehmen.

Viele dieser Eltern haben ihre Kinder dadurch ganz neu kennengelernt. Sie teilen nun einen Großteil ihres Alltags mit ihren Kindern und entdecken dabei deren Fähigkeiten, Interessen und Talente. Sie machen Dinge mit ihnen, die sie selbst gern tun. Sie probieren mit ihren Kindern Neues aus und lernen es selbst gleich mit. Sie genießen es, Zeit zu haben und nicht mehr unter Termindruck zu stehen. Und noch vieles mehr. Davon werden zehn Eltern und eine Jugendliche im zweiten Teil dieses Buches ausführlich selbst berichten. Sie schildern jeweils ihre individuelle Situation, ihre Voraussetzungen, ihre persönlichen Einstellungen sowie ihre Vorgehensweise und erzählen von ihren Entwicklungen. Anschließend greife ich einige Charakteristika heraus und stelle als Lehrerin dar, wie die Leistungen und Lernerfahrungen dieser Kinder und Jugendlichen auch unter schulischen Gesichtspunkten bestehen können. Außerdem zeige ich auf, wie diese Erfahrungen die Bildungslandschaft in unserem Land verändern können. Diese Familien – gemeinsam mit vielen anderen, deren Geschichten man noch hinzufügen könnte – zeigen uns: Bildung ohne Schule kann gelingen!

Dieses Buch ist für Kinder und Jugendliche geschrieben,
die selbst bestimmen wollen, wo und wie sie sich bilden,
und für Eltern, die neue Bildungswege für ihre Kinder suchen.

Mut

Wag es, und die Welt ist Dein,
Eine neue Welt gestalte
wenn in Trümmern liegt die alte,
ohne Trost und Hoffnungsschein.
Rege Dich – und schalte und walte,
neue Lebenskraft entfalte,
wag es, froh und frei zu sein!

Lerne dulden und ertragen,
lern im Unglück nicht verzagen!
Wag es, frei und froh zu sein!
Auch in diesen trüben Tagen
ist ein Glück noch zu erjagen!
Wag es – und die Welt ist Dein.

Hoffmann von Fallersleben

Teil I

Wie es dazu kam,
dass immer mehr Eltern
auch in Deutschland
die Bildung ihrer Kinder
selbst in die Hand
nehmen wollen

Einführung

Ein neuer Ansatz für Eltern von Kindern, die auf unterschiedliche Weise mit der Schule hadern, und für Eltern, die eigene Wege in der Bildung ihrer Kinder gehen wollen

In den 100 Jahren von der Einführung der Schulpflicht mit der Weimarer Verfassung 1919 bis zum Jahre 2020 gab es in Deutschland nur wenige Kinder, die im Homeschooling unterrichtet wurden oder bewusst frei lernten.

Die Zahl der Kinder und Jugendlichen, die den Schulbesuch verweigern und regelmäßig die Schule schwänzen, wurde hingegen schon vor der Corona-Krise auf ca. 300.000 geschätzt [2]. Das ist immerhin ungefähr einer von 37 Schülern!

Teilweise versuchen betroffene Familien, mit Um- und Wegzügen sowie mit längeren oder häufigen Krankschreibungen strafrechtlicher Verfolgung zu entgehen. Manche Kinder geben Kopf- oder Bauchschmerzen oder andere körperliche Beschwerden vor, andere entwickeln diese tatsächlich. Die Ursachen dafür, dass ein Kind den Schulbesuch verweigert bzw. die Schule schwänzt, sind vielfältig. Vielleicht ist es überfordert, weil eine Legasthenie, Dyskalkulie oder ADHS vorliegt. Prüfungssituationen und der schulische Leistungsdruck können auch ohne diese Diagnosen zu Versagensängsten führen. Ein anderes Kind ist wiederum unterfordert, weil es nicht seiner Begabung entsprechend gefördert wird und sich im Unterricht langweilt. Vielleicht leidet das Kind aber auch unter Angst vor einem oder mehreren Lehrern oder Mitschülern und wird im schlimmsten Fall sogar gemobbt. Auch Hypersensibilität und eine Störung aus dem Autismus-Spektrum können dazu führen, dass ein Kind sich im Klassenverband bzw. im Unterricht so unwohl fühlt, dass es schließlich den Schulbesuch verweigert. Und vielfach empfindet ein Kind auch einfach die Lerninhalte als uninteressant sowie fern der eigenen Lebenswirklichkeit und schwänzt die Schule.

Natürlich gibt es außerdem auch familiäre und soziale Gründe für fehlenden Schulbesuch, die ein Eingreifen des Jugendamtes erfordern. Diese sollen hier aber nicht im Vordergrund stehen.

Der Hauptunterschied zwischen den Kindern, die den Schulbesuch verweigern oder schwänzen, und denjenigen, die sich aus freier Entscheidung zuhause bilden, liegt wohl vor allem darin, dass Erstere ein „Nein!" zur Schule sagen und Letztere ein „Ja!" zu einem häuslichen Lernen, das von ihren Eltern unterstützt und oft auch angeleitet wird. Vielleicht wird aus so manchem den Schulbesuch verweigernden Kind ein zufriedener oder sogar begeisterter Freilerner, wenn seine Eltern bereit sind, ihn zuhause zu lassen, und wenn sie ihn gemeinsam mit den Behörden aktiv und rechtzeitig unterstützen? Warum haben die Tipps, Hilfen, Therapien und Vorschläge für Familien von Kindern, welche die Schule nicht besuchen wollen, immer nur das Ziel, dass das Kind in die Schule zurückkehrt, also dorthin, wo die Probleme zumeist entstanden sind? Wer fragt diese Kinder und Jugendlichen nach ihren Bedürfnissen? Wer bietet ihren Familien Unterstützung an, damit sie diesen Bedürfnissen gerecht werden können, selbst wenn das vielleicht zunächst einen anderen Weg als den Schulbesuch bedeutet? Vielleicht wäre dieser schulfreie Weg auch nur vorübergehend und das Kind oder der Jugendliche will nach einer Phase ohne Schule wieder eine Schule besuchen oder sich für einen Kurs anmelden, um eventuell einen Abschluss zu erreichen?

Dieses Buch will Verständnis für Kinder und Jugendliche wecken, die mit oder ohne Unterstützung ihrer Eltern keine Schule besuchen, und neue Wege aufzeigen.

Gleichzeitig gibt es zu den beiden genannten Gruppen noch die Gruppe der zahlreichen Kinder und Jugendlichen, die auf unterschiedliche Art und Weise an der Schule leiden, diese aber trotzdem besuchen.

Oftmals entwickeln sie psychische Auffälligkeiten wie Schlafstörungen, Albträume, Essstörungen, Einnässen, Aggressionen, Depressionen, Ritzen und andere – Kinder und Jugendliche zeigen auf verschiedenen Wegen, dass etwas nicht stimmt.

Viele von ihnen zeigen auch die zuvor genannten Auffälligkeiten und Krankheitsbilder bzw. erhalten diese Diagnosen. Insbesondere die Diagnose ADHS wird zumeist erst in der Schule gestellt. Mit Medikamenten versucht man, das Verhalten dieser Kinder so zu verändern, dass sie in den Klassenverband eingegliedert werden können. Hunderttausende Kinder und Jugendliche in Deutschland erhalten Medikamente gegen ADHS, allen voran das Psychopharmakon Ritalin [3]! Die Tatsache, dass viele Eltern die Ritalingabe in den Ferien und teilweise sogar am Wochenende aussetzen, zeigt, dass die Störung nicht ausschließlich beim Kind liegt. Es ist die Schule, die mit diesen Kindern nicht zurechtkommt bzw. ihnen kein Umfeld bieten kann, in dem sie ohne Psychopharmaka leben und lernen können. Die Mutter eines 15-Jährigen erzählte mir, dass ihr Sohn vor der Corona-Krise für den Schulbesuch ein Medikament zur Behandlung von ADHS einnehmen musste, welche er jedoch nicht gut vertrug. Ab Sommer 2020 verbrachte er zwei Jahre überwiegend zuhause und setzte währenddessen das Mittel ab. Als er den Schulbesuch später an einer anderen Schule wieder aufnahm (was ihm übrigens ohne Wiederholung einer Jahrgangsstufe gelang), brauchte er keine Psychopharmaka mehr.

Auch mit einem persönlichen Schulbegleiter will man vielen Kinderm, die nicht oder nur schwer in eine Schulklasse integriert werden können, helfen. In den vergangenen 20 Jahren werden sie in immer größerer Anzahl eingesetzt. Sie sollen Kinder mit Behinderungen sowohl in Regelschulen als auch in Förderschulen begleiten und bei der Eingliederung in den Klassenverband unterstützen. Allein in Schleswig-Holstein hatten im Schuljahr 21/22 ungefähr 6.550 Schüler Anspruch auf einen Schulbegleiter[4]. Der Anteil der Schüler mit geistiger, körperlicher oder Mehrfachbehinderung beträgt dabei aber nur ungefähr ein Drittel. Zwei Drittel entfallen auf Kinder und Jugendliche mit seelischer oder drohender seelischer Behinderung (ebd.). Immer mehr Kinder und Jugendliche brauchen also aus emotionalen und/oder psychosozialen Gründen eine Einzelperson während des Schulalltags! Diese begleitet ein Kind oder einen Jugendlichen für einige Unterrichtsstunden pro Woche und teilweise auch über den gesamten Unterricht. Für nicht wenige Schulbegleiter ist das ein Vollzeit-Job.

Aus eigener Erfahrung kann ich sagen, dass ein persönlicher Schulbegleiter sowohl für die meisten betroffenen Kinder als auch für ihre Lehrer ein Segen ist. Gleichzeitig soll hier die Frage gestellt werden, warum die Bildung dieses Kindes dann nicht auch zuhause bei den eigenen Eltern stattfinden darf, wenn diese das leisten können und wollen.

Viele junge Menschen benötigen heute (außerdem) die Hilfe von Psychologen, Psychotherapeuten und anderen Therapeuten. Ihre Eltern sind oft ratlos. Der 12-jährige Luis aus Norddeutschland beispielsweise schreit häufig. Täglich kann er nur für zwei bis drei Stunden die Schule besuchen, weil dann alle erschöpft sind. In dieser Zeit beschäftigen sich mehrere Lehr-, Betreuungs- und Therapiekräfte mit ihm. Wenn Luis in den Ferien bei seiner Großtante in Süddeutschland verweilt, ist er hingegen völlig ausgeglichen. Er kümmert sich um die Hasen und erledigt bereitwillig alle Arbeiten, die in Haus und Garten anstehen. Sobald er abgeholt wird, um wieder zur Schule zu gehen, schreit er wieder. Doch dem Angebot der Großtante, dass er bei ihr bleiben dürfe, steht die Schulpflicht entgegen. Und das, obwohl die Schule ihm weder gerecht werden kann, noch mit ihm zurechtkommt! Ähnliche Beispiele gibt es in jeder Schule, je nach Schultyp in unterschiedlichem Ausmaß.

Ich finde, es ist Zeit, umzudenken und neue Wege zu eröffnen. Dazu wollen wir – die Autorin und diejenigen, deren Erfahrung ich hier weitergeben darf – mit diesem Buch einen konstruktiven Beitrag leisten. Natürlich soll das nicht heißen, dass alle betroffenen Eltern ihre Kinder nun selbst beschulen sollen. Vielmehr geht es uns darum, dass dies als Option rechtlich für diejenigen Eltern ermöglicht wird, die dazu bereit und auch in der Lage sind und deren Kinder dies wollen.

Die Gruppe der Eltern in Deutschland, die ihre Kinder aus der Schule nehmen, weil sie sehen, wie ihr Kind darunter leidet bzw. weil sie mit der Schule nicht einverstanden sind, war vor Corona klein. Seit den Veränderungen ab dem Jahr 2020 sind diese Eltern mehr geworden. Sie nehmen es nicht mehr hin, wenn es ihrem Kind in der Schule nicht gut geht und stellen sich hinter ihr Kind, wenn es den Schulbesuch verweigert. Viele dieser Eltern kritisierten die Corona-Maßnahmen, die in einem späteren Kapitel dieses Buches beschrieben werden. Sie kritisieren die Unterrichtsthemen mit ihren offenen, aber auch versteckten Lerninhalten. Sie hinterfragen die wachsende Digitalisierung des Unterrichts und vieles mehr. Und sie folgern: „Unser Kind ist daheim besser aufgehoben. Wir nehmen die Bildung unseres Kindes selbst in die Hand." Die meisten dieser Eltern hatten sich vorher nie mit Homeschooling oder Freilernen befasst. Sie waren in Not und haben reagiert. Davon werden einige in diesem Buch erzählen.

Wir wollen damit einerseits Eltern, die sich für eine selbstbestimmte Bildung ihres Kindes einsetzen, stärken. Und wir wollen Eltern, deren Kind nicht mehr zur Schule gehen will, die Schule schwänzt oder durch die Schule krank wird, ermutigen: Stellt euch auf die Seite eures Kindes! Lasst euer Kind zuhause und begleitet es selbst! Traut euch! Fangt einfach an!

Meine persönliche Erfahrung mit selbstbestimmtem Homeschooling

Ich bin Sonderschullehrerin und habe in verschiedenen Sonderschulen für Geistig-, Hör- und Lernbehinderte unterrichtet. Außerdem habe ich über 15 Jahre lang ehrenamtlich Kinder und Jugendliche in sozialen Brennpunkten verschiedener Städte in einer privat organisierten sogenannten "Nachmittagsschule" begleitet und gefördert. Später adoptierten mein Mann und ich drei Kinder und nahmen anschließend noch ein Pflegekind in unsere Familie auf. Alle im vorherigen Abschnitt genannten Diagnosen, Erscheinungsbilder und Problemfelder sind mir daher vertraut. Dabei sah ich Schwierigkeiten gern als Herausforderung und freute mich darüber, wenn ich mit Kreativität neue Wege entwickeln konnte, damit ein Kind Fortschritte machte. Die Dankbarkeit, die dabei besonders diejenigen Kinder zeigen, denen nicht alles so leicht fällt wie anderen, berührt mich immer wieder.

Als mein Mann und ich nach einigen Berufsjahren nacheinander unsere ersten zwei Kinder adoptierten, ließ ich mich vom Schuldienst beurlauben. Da die beiden Kinder ihre ersten vier bzw. sieben Lebensjahre jeweils in einem rumänischen Kinderheim verbracht hatten, mussten sie nicht nur die deutsche Sprache erlernen, sondern auch noch vieles aufholen, was leibliche Kinder ganz selbstverständlich in ihrer Familie erwerben. Ich selbst hatte vor der Adoption Rumänisch gelernt und konnte ihnen so jeweils den Übergang erleichtern, indem ich zunächst in ihrer eigenen Sprache mit ihnen redete und erst allmählich immer mehr ins Deutsche wechselte. Meine Erfahrung in der Sonderpädagogik half mir dabei, das Aufholen ihrer motorischen und der auch in ihrer Muttersprache bestehenden sprachlichen Rückstände spielerisch in den Alltag zu integrieren. Auf diese Weise brauchten mein Mann und ich unsere Kinder nicht zu Therapiestunden zu fahren und wir gewannen Zeit für das Zusammenwachsen und das Beisammensein. Die beiden Kinder, die keine leiblichen Geschwister sind, verstanden sich sehr gut miteinander und so genossen wir unser Familienleben. Um unsere Familie weiter zu bereichern, entschieden mein Mann und ich uns nach einiger Zeit dafür, noch ein weiteres Kind zu adoptieren, diesmal aus Mosambik, einem Land, zu dem wir eine besondere Beziehung hatten. Schließlich nahmen wir noch ein Pflegekind auf und fühlten uns mit zwei Jungen und zwei Mädchen als zufriedene Familie. Natürlich gab es auch bei uns, wie in jeder Familie, Herausforderungen und beglückende und weniger beglückende Momente.

Drei unserer Kinder hatten in der Schule jeweils mehr oder weniger große Schwierigkeiten. Sie konnten sich im Unterricht kaum konzentrieren. Zu viele Dinge lenkten sie ab. Nur auf das, was ich ihnen einzeln zuhause erklärte, konnten wir aufbauen. In seiner Konsequenz war uns das damals aber noch nicht bewusst. Förderschule, Ritalin, Diagnostik einer Lese-Rechtschreib-Schwäche – das alles wurde uns angeboten, aber wir nahmen es nicht an. Wir wollten es selbst schaffen, jenseits von Kategorisierung, Diagnosen und Psychopharmaka. Den Schulbesuch selbst stellte ich zu jener Zeit jedoch nicht infrage.

Mit den Lehrern unseres ältesten Sohnes trafen wir Vereinbarungen, dass er nur einen Teil der Hausaufgaben erledigen musste, damit ich ihm einzelne Lerninhalte noch einmal zuhause erklären konnte.

Unsere älteste Tochter begann zunehmend unter den Leistungsanforderungen und dem Druck der Grundschule zu leiden und klagte immer häufiger über Bauchschmerzen. Deshalb ließen wir sie an die Montessorischule wechseln, wo sie nach ihrem eigenen Tempo lernen konnte. Damit hörten die Bauchschmerzen auf.

Als unsere älteste Tochter mit knapp 16 Jahren sozial abzugleiten drohte, trafen wir eine Ärztin, die einen alternativen Ansatz zum Umgang mit frühtraumatisierten Pflege- und Adoptivkindern entwickelt hatte. Sie stellte unser Familienleben mit ihren Erkenntnissen völlig auf den Kopf und sollte uns von da an einige Jahre lang begleiten und beraten. Auf ihre dringende Empfehlung hin begannen mein Mann und ich damit, unseren drei Kindern, die in der Schule Schwierigkeiten hatten, den gesamten Schulstoff von Grund auf zuhause zu erklären, obwohl zwei von ihnen parallel noch die Schule besuchten. Unsere älteste Tochter unterrichteten wir von da an nur noch zuhause und gestalteten dieses Homeschooling selbst.

So begannen unsere vielfältigen Erfahrungen mit häuslichem Lernen. Mit vier Kindern, von denen drei viel Hilfe beim Lernen benötigten, war das ein Spagat. Auch unser Tag hatte nur 24 Stunden. Ich war zwar vom Schuldienst beurlaubt, mein Mann arbeitete jedoch Vollzeit und stand nur abends zur Verfügung.

Wir entwickelten daher ein Konzept, die Lerninhalte in Deutsch und Mathematik auf zeitsparende Art und Weise zu vermitteln. Als Ingenieur übernahm mein Mann Mathematik, Physik und teilweise auch Biologie, während ich mich den übrigen Lerninhalten widmete.

Vieles von dem, was in Schulen als Stoff der sogenannten Nebenfächer gelehrt wird, integrierte ich in den Familienalltag. Meine frustrierende persönliche Erfahrung, dass von meinem in der Schule erworbenen Wissen im Erwachsenenalter fast nichts mehr da war, bestimmte meine oberste Priorität: Bildung sollte nachhaltig sein. Wenn möglich, sollte es einen Bezug zum alltäglichen Leben geben. Zum Rechnen nahm ich beispielsweise Erlebnisse und Geschichten aus unserem Familienalltag. In Deutsch schrieben wir Karten und Briefe an die Großeltern, ans Christkind und andere. Und wir griffen Themen auf, die uns gerade interessierten.

Außerdem entdeckte unsere Familie auf wochen- und teilweise monatelangen Fahrradtouren Europa, wozu unsere Kinder jeweils Schulbefreiungen bekamen. Auf unseren Radtouren hatten wir während des Tages und auf den Campingplätzen viele Kontakte zu Einheimischen. So lernten unsere Kinder ganz nebenbei Englisch und Französisch, erfuhren etwas über Geografie und Geschichte der Orte, die wir durchquerten, und drangen über den Besuch örtlicher Sehenswürdigkeiten und Museen in die unterschiedlichsten Themenbereiche ein.

Auch wenn ich mir manchmal mehr Ruhe und Zeit für mich gewünscht hätte, bestärkte mich die Zuneigung unserer Kinder und ihre persönliche Entwicklung zu stabilen jungen Menschen immer wieder in unserem Vorgehen.

Das gemeinsame Lernen, das wir täglich über viele Stunden mit jeweils einem Kind und manchmal mit allen zusammen praktizierten, bereicherte auch mich sehr. Vieles wusste ich selbst auch nicht und so las ich oft aus Büchern zu den unterschiedlichsten Themen einfach vor. Dadurch konnte ich meinen eigenen Horizont stark erweitern und einen nicht unerheblichen Teil meines heutigen Allgemeinwissens habe ich aus jener Zeit. Zu allem, was uns gerade interessierte, besorgten wir uns gute Bücher. Wenn wir von einer interessanten Ausstellung in einer anderen Stadt hörten, setzten wir uns oft ins Auto oder in den Zug und fuhren dorthin. So erwarben wir alle – Eltern sowie Kinder – mit der Zeit immer mehr Bildung. Manchmal staunten Mitreisende, beispielsweise wenn sie uns Stadt-Land-Fluss spielen hörten und unsere Kinder so viele Städte und Flüsse kannten. Wir waren eben durch viele Städte geradelt und an vielen Flüssen entlanggefahren!

Hin und wieder sahen wir auch zuhause einen Dokumentarfilm an. Da wir keinen Fernseher hatten und erst einen Bildschirm herbeiholen und die entsprechenden Kabel einstecken mussten, war das jedoch immer ein wenig umständlich. Ein eigenes Smartphone bzw. einen eigenen Computer hatten unsere Kinder erst im höheren Alter, auch wenn Klassenkameraden (selbst in der 3. Klasse Waldorfschule) längst eines besaßen. Dafür konnten sie mit vielen anderen Dingen punkten.

Zu den Empfehlungen der uns begleitenden Ärztin gehörte intensive sportliche und musikalische Förderung. Also meldeten wir unsere beiden Söhne zu einem mehrmals wöchentlich stattfindenden Triathlon-Training an und ließen sie regelmäßig an Wettkämpfen teilnehmen. Zudem nahmen wir viele Angebote des örtlichen Breitensportvereins wahr. Dabei bevorzugten wir wohnortnahe Trainingsangebote, zu welchen unsere Kinder mit dem Fahrrad fahren und manchmal auch laufen konnten. So war ich zum Sporttraining nicht immer mit Fahrdiensten gebunden, sondern konnte mich mit dem zuhause bleibenden Kind beschäftigen. Im Winter machten wir regelmäßig einen oder sogar mehrere billige Skiurlaube. Skifahren stärkt das Selbstbewusstsein und die Bewegung an der frischen Luft belebt Körper, Geist und Seele. Im Anschluss an unsere Fahrradtouren und Skiurlaube waren unsere Kinder jeweils innerlich sehr gefestigt und motiviert.

Des Weiteren lernte jedes unserer Kinder mindestens ein Instrument spielen. Es bereitete mir große Freude, meinen Kindern täglich beim Üben zuzuhören und die Hausarbeit ging mir dabei flugs von der Hand. Eine Zeitlang führte ein Musiklehrer uns alle auch zu einer ganz einfachen Band zusammen. Er nannte sie "The jolly Hergets".

Längst waren unsere drei jüngeren Kinder auf Empfehlung unserer Ärztin auf die Waldorfschule gewechselt, was mit unserem eigenen Homeschooling sehr gut zusammenpasste. In den unteren Klassen gibt es an der Waldorfschule keine Noten und als es sie in den Oberklassen gab, spielten sie für uns keine Rolle, zumal sie für das Vorrücken in die nächste Klasse nicht relevant sind. Ein besonderes Merkmal der Waldorfschulen ist der tägliche "Epochenunterricht": Zwei, drei und manchmal sogar vier Wochen lang arbeitet die Klasse jeden Morgen die ersten beiden Stunden jeweils an einem Unterrichtsthema (zum Beispiel "Tierkunde", "die Geschichte Ägyptens", "Goethe", "Gesteine"). Die Hausaufgaben sind an der Waldorfschule recht ansprechend und gaben oft den Anstoß, dass wir uns in der Familie mit demselben Epochenthema beschäftigten.

Die Waldorfpädagogik mit ihren vielen heilsamen und altersgerechten Elementen für die seelische Entwicklung tat unseren frühtraumatisierten Kindern sehr gut. Zu fast allen Lehrern hatten wir ein gutes

Verhältnis. Außer den verpflichtenden Schulstunden nahmen wir keine weitere schulische Betreuung in Anspruch. Für die Schulbefreiungen, die unsere Waldorfschule unseren Kindern immer wieder für unsere langen Fahrradtouren gewährte, sind wir noch heute dankbar.

Unsere älteste Tochter lernte weiter im Homeschooling und nahm nach einigen Jahren jeweils für ein Jahr die Angebote des Nürnberger Bildungszentrums in der Erwachsenenbildung in Anspruch und erlangte damit den Mittelschulabschluss und den Qualifizierenden Mittelschulabschluss. Zwei unserer Kinder erwarben mit der Vorbereitung durch die Waldorfschule und unserer Unterstützung das externe Abitur und einer die externe Mittlere Reife.

Die Erfahrung dieser intensiven Zeit mit unseren vier Kindern sehe ich rückblickend für uns als Familie und für mich persönlich als großes Geschenk an. Von ganzem Herzen danke ich meinen Kindern für all das, was wir gemeinsam erlebt und manchmal auch durchgestanden haben! Oft versteht man erst im Rückblick, warum das eine oder andere im Leben so kommen musste. Aus einer Not und dem individuellen Bedürfnis unserer Kinder heraus hatten wir unser Familienleben umstellen müssen. Dabei haben mein Mann und ich uns selbst auf eine Art und Weise entwickelt, wie wir es vorher nie für möglich gehalten hatten.

Aus dieser Dankbarkeit heraus freue ich mich sehr darüber, heute Eltern und ihre Kinder beim selbstbestimmten häuslichen Lernen unterstützen zu können.

Begriffsklärung: Homeschooling, Freilernen und häusliches Lernen bzw. häusliche Bildung

Was bedeuten eigentlich die Begriffe "Homeschooling" und "Freilernen"? Und warum spreche ich von "häuslichem Lernen" sowie "häuslicher Bildung"?

"Homeschooling" heißt auf deutsch "Hausunterricht" oder "Heimunterricht". Dieser Begriff bezeichnet nach traditionellem Verständnis sowie laut Wikipedia eine häusliche Beschulung von Kindern und Jugendlichen durch die Eltern oder einen Privatlehrer[5]. Früher wurde dieser andere Erwachsene zumeist Hauslehrer genannt. Auch heute nutzen viele Familien Privatlehrer, insbesondere, wenn ihr Kind ein Instrument lernt und ein Instrumentallehrer ins Haus kommt. Wie die Begriffe "Unterricht" und "Schooling" zeigen, geht es beim Homeschooling um eine Verlagerung schulischer Bildung in das eigene Zuhause. In Österreich ist beispielsweise Heimunterricht erlaubt. Zum Schuljahresende müssen sich diese Kinder dann einer Externistenprüfung unterziehen, bei der sie über den Stoff des entsprechenden Schuljahres geprüft werden. Wer diese Prüfung nicht besteht, muss im darauffolgenden Schuljahr eine Schule besuchen. Weltweit gibt es hier verschiedene Modelle und Regelungen. Sie unterscheiden sich vor allem im Grad der Selbstbestimmung der Eltern über die Inhalte des Hausunterrichts, im Maß der staatlichen Unterstützung und in der Art der Überprüfung der erfolgten Bildung.

Der Begriff Homeschooling wurde in Deutschland während der Corona-Zeit für das von Regierungsseite angeordnete und von der Schule angeleitete Lernen gebraucht. Er weckt heute bei vielen Eltern negative Erinnerungen an diese Zeit, wie in einem späteren Kapitel dargestellt wird. Eigentlich bedeutet Homeschooling aber, dass Eltern oder ein Hauslehrer ein Kind selbst unterrichten und nicht als verlängerter Arm der Schule deren Aufträge ausführen. Denn Letzteres sieht oft so aus, dass die Kinder vorgegebene Arbeitsblätter ausfüllen müssen, was sie zumeist als langweilig empfinden. Die Organisation und das Eintreiben der Aufgaben sind außerdem mit viel Arbeit und oftmals auch Ärger für deren Eltern verbunden.

Um das Homeschooling in seiner ursprünglichen Bedeutung vom "Homeschooling" während der Schulschließungen abzugrenzen, spreche ich bei Ersterem seitdem von "selbstbestimmtem Homeschooling": Eltern und die von ihnen beauftragten Privatlehrer bestimmen selbst, was sie ihren Kindern im häuslichen Unterricht beibringen. Oft geschieht dies in Absprache mit ihren Kindern und unter Einbeziehung derer Interessen und Neigungen.

Freilernen bedeutet, dass die Eltern keine Lerninhalte vorgeben und darauf vertrauen, dass ihre Kinder das lernen, was ihnen wichtig ist, indem sie ihren eigenen Interessen folgen. Dazu bieten die Eltern ihren Kindern ein Umfeld, das möglichst reich an Anregungen ist, und stehen bei Fragen zur Verfügung. Wenn ihr Kind für ein Thema Interesse bekundet, unterstützen es die Eltern dabei, dieses weiterverfolgen zu können. Sie besuchen mit ihm eine entsprechende Ausstellung, stellen passende Materialien zur Verfügung, ermöglichen ihm den Besuch eines Kurses, finden auf Wunsch einen Privatlehrer und Ähnliches.

Da ich mit diesem Buch die Vielfalt selbstbestimmter häuslicher Lernerfahrungen würdigen will, verzichte ich darin auf eine explizite Unterscheidung zwischen Homeschooling und Freilernen. Jede Familie soll den Weg finden dürfen, der zu ihr passt. Deshalb spreche ich von "häuslichem Lernen" sowie "häuslicher Bildung" und verwende beide Begriffe hier synonym.

Daher kann der Begriff "häusliches Lernen" an dieser Stelle keinesfalls in dem vom Bundesland Thüringen eingeengten Sinn eines von der Schule angeleiteten Distanzlernens [6] verstanden werden. Dies gilt, auch wenn bei mehreren der in Teil II vorgestellten Familien in der Anfangszeit Materialien, die ihnen von der Schule zur Verfügung gestellt wurden, sowie zu erledigende Aufgaben eine Rolle spielten.

Häusliche Bildung findet nicht nur an einem Tisch in den eigenen vier Wänden, also im Haus statt, sondern ebenso in Hof und Garten, in der eigenen Stadt und anderswo. Viele sprechen daher auch von "non-formalem Lernen" und von "außerschulischer Bildung".

Diese neuen Begriffe drücken eine große Offenheit aus, nämlich dass Familien unterschiedliche Herangehensweisen entwickeln, die den Bedürfnissen des Kindes bzw. Jugendlichen, der jeweiligen Familienkonstellation und den Vorstellungen sowie den Möglichkeiten der Eltern entsprechen und mit denen sich alle Familienmitglieder wohlfühlen. Auch meine eigene Familienkonstellation war eine besondere und meine vier Pflege- und Adoptivkinder hatten ganz besondere Bedürfnisse. Mein Mann und ich nahmen wahr, was ihnen guttat und hatten gleichzeitig sowohl unsere eigenen Möglichkeiten als auch die Geschwister sowie die Familie als Ganzes im Blick. Unser Vorgehen passten wir immer an sich verändernde Bedürfnisse und Bedingungen an.

Häusliches Lernen kann gelingen, wenn man die Bedürfnisse und das Wohl eines jeden Familienmitglieds in den Mittelpunkt stellt. Dass es dazu nötig ist, Haltung und Herangehensweise immer wieder zu hinterfragen und gegebenenfalls zu ändern, wird im zweiten Teil dieses Buches an konkreten Beispielen sichtbar werden.

Wie sieht es mit der Schulpflicht aus?

Während weltweit in vielen Ländern außerschulische Bildung erlaubt ist, war die 1919 in ganz Deutschland verankerte Schulpflicht im Jahr 1938 durch das Reichsschulpflichtgesetz mit wenigen Veränderungen bekräftigt worden: Alle Kinder ab sechs Jahren waren verpflichtet, die Volksschule zu besuchen. Das 1949 verabschiedete Grundgesetz spricht hingegen nicht mehr von einer Schulpflicht. Dort steht nur: „Das gesamte Schulwesen steht unter der Aufsicht des Staates." (Art. 7 Abs. 1 GG). Keine Regelung besagt dort, dass jedes Kind dieses Schulwesen auch in Anspruch nehmen muss.

Doch wo ist die in Deutschland so streng überwachte Schulpflicht dann festgelegt?

„Die Ausübung der staatlichen Befugnisse und die Erfüllung der staatlichen Aufgaben ist Sache der Länder, soweit dieses Grundgesetz keine andere Regelung trifft oder zulässt", steht in Art. 30 des Grundgesetzes und Art. 70 Abs. 1 GG lautet: „Die Länder haben das Recht der Gesetzgebung, soweit dieses Grundgesetz nicht dem Bunde Gesetzgebungsbefugnisse verleiht".

Es sind also die Bundesländer, die eine Schulpflicht in ihren jeweiligen Landesgesetzgebungen verankert haben. In manchen Bundesländern heißt es sogar explizit "Schulzwang", doch das Ergebnis ist dasselbe. Wenn ein minderjähriges, schulpflichtiges Kind die Schule nicht besucht, kann es gegebenenfalls auch mit Polizeigewalt zum Schulbesuch gezwungen werden. Wenn das nicht hilft, bestrafen die Entscheidungsträger die Eltern zumeist mit Bußgeldern und drohen mit dem Entzug des teilweisen Sorgerechts (zum Beispiel des Sorgerechts für schulische Angelegenheiten) oder des vollen Sorgerechts, was sie manchmal auch durchsetzen. Letzteres bedeutet Kindesentzug.

Jugendliche ab 14 Jahren können auch selbst mit Sozialstunden und sogar mit Jugendarrest belegt werden.

Immer wieder verweisen Eltern, die sich für selbstbestimmte außerschulische Bildung ihrer Kinder einsetzen, auf ihr Elternrecht, das in Art. 6 des Grundgesetzes verankert ist: „Pflege und Erziehung der Kinder sind das natürliche Recht der Eltern und die zuvörderst ihnen obliegende Pflicht." (Art. 6 Abs. 2 GG) Gleichzeitig gilt: „Bundesrecht bricht Landesrecht" (Art. 31 GG). Das Bundesrecht – also das Recht und die Pflicht der Eltern zur Erziehung ihrer Kinder – bricht das Landesrecht der Schulpflicht.

Es ist unzulässig, aus den Aufsichtsrechten des Staates über das Schulwesen einen umfassenden staatlichen Bildungs- und Erziehungsauftrag abzuleiten. Der Wortlaut des Grundgesetzes ist klar: „Das gesamte Schulwesen steht unter der Aufsicht des Staates" – und nur dieses.

Doch immer wieder gibt es anderslautende Urteile von Bundesgerichten, wie im Jahr 2009 vom Bundesverwaltungsgericht: „Das Elternrecht gemäß Art. 6 Abs. 2 GG gewährt grundsätzlich keinen Anspruch darauf, die Erfüllung der auf dem staatlichen Erziehungsauftrag (Art. 7 Abs. 1 GG) beruhenden Schulpflicht durch einen staatlich beaufsichtigten häuslichen Unterricht zu ersetzen." [7]

Eltern, die sich für selbstbestimmte Bildung einsetzen, geht es aber nicht um einen Anspruch auf "staatlich beaufsichtigten häuslichen Unterricht" sondern um ein freies und selbstbestimmtes außerschulisches Lernen, weil dieses den Lernbedürfnissen ihrer Kinder am besten entspricht. Der Staat darf nach den gesetzlichen Regelungen nur in Familien eingreifen, wenn die Eltern ihren elterlichen Pflichten nachweislich nicht nachkommen (Art. 6 Abs. 3 GG).

Des Weiteren kollidiert die in Deutschland so vehement durchgesetzte Schulpflicht auch mit den im Grundgesetz verbrieften Persönlichkeitsrechten eines jeden Menschen, die natürlich auch für Minderjährige gelten. Dazu gehören das Recht auf freie Entfaltung der Persönlichkeit und auf körperliche Unversehrtheit (Art. 2 Abs. 1 und 2 GG). Gewalt darf auch gegenüber jungen Menschen nicht ausgeübt werden, um sie zum Schulbesuch zu zwingen.

Mit dem entsprechenden politischen Willen wäre es also durchaus möglich, mit der Legitimierung durch das Grundgesetz selbstbestimmte außerschulische Bildung für junge Menschen zuzulassen.

Außerdem kann natürlich jede einzelne Landesregierung mit einer Gesetzesänderung die Schulpflicht in ihrem Bundesland abschaffen.

Dann brauchen Eltern endlich keine Angst mehr zu haben, wenn sie die Bildung ihres Kindes selbst in die Hand nehmen wollen bzw. wenn ihr Kind den Schulbesuch verweigert. Bis dahin bleibt ihnen nur die Möglichkeit, auf das Recht des Kindes, „Nein" zu sagen, zu verweisen und sich nicht einschüchtern zu lassen.

In diesem Sinn soll das vorliegende Werk einen Beitrag leisten, Entscheidungsträger in Ämtern und bei Gericht darüber zu informieren, welche Folgen ein durchgesetzter Schulzwang für einzelne Kinder und Jugendliche haben kann, und ihnen die Vorteile und Chancen selbstbestimmter häuslicher Bildung aufzuzeigen.

Entlastung für die Schulen – ein Appell an Lehrer, Mitarbeiter in Behörden, Politiker und andere Verantwortungs- und Entscheidungsträger

Die aktuelle Lage in den meisten deutschen Schulen ist desaströs. Überall fehlen Lehrer. Vielerorts werden fachfremde Quereinsteiger eingestellt, um den Unterrichtsausfall in Grenzen zu halten. Die Bundesländer und ihre Schulen suchen händeringend nach kreativen Lösungen, zumal die Schülerzahlen im Verlauf der 2020er-Jahre noch stark anwachsen werden [8]. In Sachsen sollen als Antwort auf den Lehrermangel schon"digitale Selbstlernmodule" ab der 3. Klasse verstärkt zum Einsatz kommen und "wann immer möglich" eingesetzt werden [9].

Dazu kommt die Herausforderung der Integration einer großen bis mancherorts sehr großen Anzahl von Kindern, die kein deutsch sprechen. Auch Kinder mit Verhaltensauffälligkeiten sowie psychischen und anderen Problemen erfordern viel persönliche Zuwendung. Die Lehrer haben alle Hände voll zu tun. Sie bräuchten dringend Unterstützung.

Schule und Behörden sollten deshalb Eltern, die ihren Kindern häusliche Bildung ermöglichen wollen und dies auch leisten können, mit offenen Armen begegnen. Statt sie zu bestrafen, sollten sie ihnen danken, mit ihnen zusammenarbeiten und sie unterstützen.

Ich will mit meinen Ausführungen Eltern ermutigen, die Bildung ihrer Kinder selbst in die Hand zu nehmen, wenn sie das für nötig und sinnvoll erachten und sie und ihre Kinder dazu bereit sind. Dazu möchte ich ihnen mit Erfahrungsberichten von anderen Eltern und fachlichen Erklärungen Ideen und Anregungen geben. Solange die Schulpflicht noch in den Landesgesetzen verankert ist, brauchen Eltern jedoch dazu das Verständnis und die Unterstützung von Lehrern, Sozialarbeitern, Mitarbeitern in Jugend- und Schulämtern sowie anderen Verantwortungsträgern.

Möge diese Schrift daher das Verständnis dieser Amtsträger für Eltern wecken, die ihre Kinder selbstbestimmt zuhause lernen lassen wollen!

Mögen sie Eltern, deren Kinder an und in der Schule leiden, zu diesem Weg ermutigen!

Mögen sie all diese Familien unterstützen und Ihren Spielraum nutzen!

Denn bis jetzt ist Homeschooling und Freilernen in Deutschland rechtlich bis auf wenige Ausnahmen nur mit einer Krankschreibung, durch Beurlaubung bei langen Auslandsreisen oder durch Auswanderung möglich, ohne dass die Familien große rechtliche Schwierigkeiten bekommen, in lange und unangenehme Auseinandersetzungen mit den Behörden verwickelt werden und manchmal dabei auch in große finanzielle Nöte geraten.

Dieses Buch ist daher ein positiv ausgerichtetes Plädoyer für eine Abschaffung der Schulpflicht, nämlich des in Deutschland durch die Landesgesetzgebungen herrschenden Zwangs, dass alle Kinder eine Schule in Präsenz besuchen müssen. Damit richtet es sich auch an die in diesem Bereich tätigen Menschen im Gerichtswesen und in der Politik sowie an alle Menschen, denen Kinder und deren Bildung am Herzen liegen. Die Bewegung der Familien, deren Kinder und Jugendliche selbstbestimmt zuhause lernen, ist klein. Umso mehr benötigt diese Minderheit die Unterstützung vieler Menschen. Hätte sich Johann Wolfgang von Goethe je zu seiner geistigen Größe entfalten können, wenn er eine normale Schule besucht hätte und nicht von seinem Vater nach einem Vorfall in der Schule abgemeldet und zuhause unterrichtet worden wäre? Was wäre aus dem hörbehinderten Erfinder Thomas Alva Edison geworden, wenn ihn seine Mutter nicht selbst beschult hätte? Hätte Blaise Pascal das "Pascalsche Dreieck" entwickelt, wenn er in der Schule hätte sitzen müssen anstatt schon als Kind den Ausführungen und Konversationen seines Vaters zu lauschen, der ein bekannter Mathematiker war und seine Kinder nach dem Tod seiner Frau selbst unterrichtete? Würde es die großartigen Kompositionen von Wolfgang Amadeus Mozart geben, wenn dieser sich nicht schon von Kindesbeinen an seinem Talent hätte widmen dürfen?

Die Liste bekannter Persönlichkeiten, die im Homeschooling unterrichtet wurden, ließe sich noch lange fortsetzen.

In Deutschland hat es seit 2020 in breitem Umfang die Erfahrung eines von der Schule weitgehend unabhängigen häuslichen Lernens gegeben und es hat funktioniert. Mögen es viele Menschen sehen: Selbstbestimmte häusliche Bildung kann gelingen!

Die nun folgende Darstellung der schulischen Situation in jener Zeit sowie der Entstehung und Entwicklung dieser Elternbewegung ist ein Zeitzeugnis. Wenn beim Verfassen dieses Buches die Schulpflicht wieder streng eingefordert wird, möchte ich damit daran erinnern, dass es nicht die Eltern waren, die die Entwicklung zum häuslichen Lernen in Deutschland angestoßen haben. Vielmehr war es die Regierung, die im Frühjahr 2020 die Schulen geschlossen und ein "Homeschooling", wie sie es nannten, verordnet hatte. Erst dadurch erhielten auch in Deutschland Familien die Gelegenheit zu etwas, was in den meisten anderen Ländern längst rechtlich verankert ist: Bildung im eigenen Zuhause. Viele Eltern merkten dabei, dass ihnen das auch alleine gelingen kann und es ihrem Kind dabei gut und oft sogar besser als in der Schule geht.

Die Corona-Krise als Sprungbrett für selbstbestimmte Bildung auch in Deutschland

Frühjahr 2020: Kinder lernen auf Distanz

Im Frühjahr 2020 stand die Welt plötzlich in einem noch nie dagewesenen Maße still. Viele Menschen waren wie gelähmt. Und unabhängig davon, wie man zu dem "neuartigen Coronavirus" stand: Die staatlich verordneten Maßnahmen betrafen alle. Wer nicht in der Grundversorgung gebraucht wurde, der musste und sollte zuhause bleiben. Den Einrichtungen oder Einzelpersonen, die sich über die neuen und sich ständig ändernden Verordnungen hinwegsetzten, drohten hohe Strafen.

Neben vielen anderen öffentlichen und privaten Einrichtungen ließ die Regierung auch die Schulen und Kindergärten von heute auf morgen schließen und verordnete den Schülern ein sogenanntes "Homeschooling". Für fast alle Familien in Deutschland entstand eine völlig neue Situation: Ihre Kinder würden nun auf unbestimmte Zeit zuhause bleiben müssen. Die Landesregierungen verordneten aber keine Zwangsferien – auch das hätten sie machen können und es hätte die Familien sehr entlastet! Stattdessen sollte das schulische Lernen weitergehen und dazu wurde die Unterstützung der Eltern eingefordert.

Die völlig unvermittelte und radikale Umstellung war für die meisten Familien sehr schwierig. Viele Eltern hätten sich mehr Rücksicht, Verständnis und Unterstützung von Seiten der Schule und der Regierung gewünscht.

Die Lehrer und Lehrerinnen betreuten ihre Schüler sehr unterschiedlich: Ein großer Teil der Kinder und Jugendlichen wurde mit Arbeitsblättern und Mitteilungen aus der Schule überhäuft, und vor allem Eltern von mehreren Kindern verbrachten bis zu einer Stunde täglich allein mit dem Empfangen und Ausdrucken von Arbeitsaufträgen, dem Abfotografieren und Zurücksenden der Arbeiten ihrer Kinder und den Mail-Kontakten mit den Lehrern. Nun kam jedoch erst die eigentliche

Arbeit: den Kindern die Arbeitsaufträge zu erklären und ihnen bei ihrer Bearbeitung zu helfen. Dies war oft auch fachlich nicht einfach und überforderte viele Eltern. Bildungsferne und ausländische Mütter und Väter waren hier im Nachteil. Dazu kam die Lustlosigkeit der Kinder, denn wer lernt schon gern mit Arbeitsblättern?

Parallel dazu standen die meisten Eltern vor der Herausforderung, alles zu organisieren, zumal wenn sie im Homeoffice waren und parallel zur Kinderbetreuung auch noch arbeiten mussten. Oder wenn sie zur Arbeit außer Haus gingen und die Kinder zuhause unbetreut waren! Daher waren die meisten Eltern froh, als ihre Kinder nach und nach wenigstens zeitweise wieder in die Schule gehen konnten, auch wenn bis zu den Sommerferien 2020 kaum geregelter Unterricht stattfand.

Schulen mit umfangreicher technischer Ausstattung begannen schon sehr früh mit dem Online-Unterricht (der dann vor allem während der nächsten Schulschließungen ab Winter 2020/21 überall sehr viel Raum einnahm). Dabei waren die Eltern wieder auf andere Art und Weise gefordert: Nun mussten sie Computer bereitstellen, die geforderte Technik installieren und bei technischen Problemen helfen. Wer keinen guten Internetzugang hatte, war im Nachteil. Auch lag es nun an den Eltern, für Bewegungsausgleich zu sorgen – durch die Kontaktbeschränkungen waren auch die persönlichen Kontakte auf die sozialen Netzwerke beschränkt, sodass viele Kinder und Jugendliche nach sechs bis acht Stunden Online-Unterricht weiter vor dem Bildschirm hockten.

Die Sportvereine blieben geschlossen und auch Spielplätze waren zeitweise abgesperrt. Wegen der Kontaktbeschränkungen durften die Kinder sich auch nicht ungezwungen auf der Straße treffen. Viele Kinder sehnten sich deshalb nach der Schule, um dort ihre Freunde zu treffen. Und wer schon immer gern zur Schule ging, sehnte sich oft auch nach einem geregelten und guten Unterricht. Distanzlernen mit vielen Arbeitsblättern und Online-Unterricht können einen lebendigen Schulalltag eben nicht ersetzen!

Auch wenn von der Schule eher eine Art Distanzlernen vorgesehen war – denn niemand konnte den Eltern vorschreiben, ihren Kindern den Stoff zu erklären – fand in den meisten Familien doch faktisch eine Art Homeschooling statt: Die Eltern unterrichteten ihre eigenen Kinder. Dies taten sie zuallermeist nach den Vorgaben der Schule.

Man konnte es nicht allen Schülern recht machen: Manche Schüler wären lieber freier gewesen, andere hätten sich gern mehr Materialien sowie Arbeitsaufträge und -vorschläge aus der Schule gewünscht. Das lag nicht nur an den Lehrern, sondern auch an den unterschiedlichen häuslichen Situationen und persönlichen Vorlieben.

Diejenigen Schüler, deren Familiensituation entspannt war und die nun weder viel Online-Unterricht noch eine große Anzahl von Arbeitsblättern zur Bearbeitung sondern attraktive Anregungen und vielleicht einen groben Wochenplan bekamen, der viel Raum für Eigenaktivität ließ, erlebten nun oftmals eine recht ruhige Zeit, in der sie selbstbestimmt lernen und leben konnten.

Deren Eltern sahen, dass ihren Kindern dieses "Homeschooling" nicht schadete, sondern sogar gut tat. Die Kinder und Jugendlichen konnten selbst über ihren Tag bestimmen und fühlten sich dabei wohl. Sie entwickelten eigene Interessen. Je jünger die Kinder waren, umso wichtiger war dabei, dass wenigstens ein Elternteil oder ein anderer Erwachsener Zeit für sie hatte.

In manchem Kinder- und Jugendherz entstand der Wunsch, so möge es weitergehen.

Nach dem Lockdown ist die Schule ganz anders

Kinder, deren Eltern in "systemrelevanten Berufen" arbeiteten (als Arzt, Krankenschwester oder Altenpfleger beispielsweise), konnten auch während der Zeit des Lockdowns im März 2020 in der Schule "notbetreut" werden. Dort fand jedoch in den allermeisten Fällen kein Unterricht für sie statt. Vielmehr folgten sie, wie die zuhause lernenden Kinder, vor einem Bildschirm dem Online-Unterricht oder bearbeiteten unter Beaufsichtigung Arbeitsblätter. Auf Distanz und Hygiene wurde größter Wert gelegt. Es war also zumeist kein Privileg, in die Schule gehen zu dürfen – und wer lässt sich schon gern als "Noti" bezeichnen?

Als alle Kinder im Frühsommer 2020 nach und nach – oft im Wechsel – die Schule wieder besuchen durften, fanden sie diese völlig verändert vor:

Eine Maskenpflicht außerhalb des eigenen Sitzplatzes war eingeführt worden und wurde rigide durchgesetzt, die so lange ersehnte

Nähe zu Freunden und Klassenkameraden wurde unterbunden und teilweise sogar bestraft, Schulbetrieb fand nur unregelmäßig statt, einige Fächer ließ man ganz wegfallen, Lehrer achteten auf häufiges Händewaschen und die für die emotionale und soziale Entwicklung so wichtigen Schulausflüge und -fahrten waren ebenso abgesagt wie Schul- und Abschlussfeiern. Hinzu kamen je nach Schule und Klasse oft noch andere Einschränkungen. In manchen Klassen unterrichtete die Lehrerin sogar hinter einer Plexiglasscheibe!

Eine Lehrerin der 1. Klasse sprach in sozialen Netzwerken von einem "merkwürdigen Verhalten" und erzählte: „Die Schulen sind ganz still. Normalerweise hat dort das Leben getobt. Jetzt schleicht jeder in die Schule auf den markierten Wegen und sitzt sofort im Klassenzimmer. Es hat an Lebendigkeit eingebüßt.“ Allerorts lobten Lehrer und Lehrerinnen, wie brav sich die Kinder an die neuen Regeln und Verbote halten würden. Überholt geglaubte "Tugenden" wie Disziplin und Gehorsam waren wieder ins Klassenzimmer eingezogen.

Gymnasiallehrer beklagten, dass die Fähigkeit zu kritischem Denken verloren gehe und eine gute Diskussionskultur fehle. Schüler würden dazu erzogen, dass es nur wichtig sei, der vorgegebenen Meinung zu folgen. Auch seien Schüler mit abweichender Meinung schnell Opfer von Mobbing und hätten einen schweren Stand in der Gemeinschaft. Da Kinder und Jugendliche von Vorbildern lernen, würden sie ihr natürliches Empfinden von Widersprüchen immer mehr verlieren, zum Beispiel: Warum darf ich meine Freundin vor dem Schultor umarmen, im Pausenhof aber nicht mehr?

Was viele Eltern wohl am meisten schockierte, war der Umgang mit diesen Widersprüchen. Man konnte nicht mehr offen miteinander reden! Es herrschte ein Klima der Angst: Angst vor Krankheit und Tod, aber auch Angst davor, etwas zu sagen, was nicht gesagt werden durfte.

Eltern aber wollen, dass ihre Kinder in einer Atmosphäre der Offenheit und des Vertrauens aufwachsen! Alles muss gesagt werden dürfen!

Gleichzeitig müssen Eltern darauf vertrauen können, dass sich die Lehr- und Betreuungspersonen in der Schule um das Wohl ihrer Kinder bemühen! „Wenn sie so große Angst vor Nähe und Ansteckung haben“, so fragten sich Eltern, „wer kümmert sich in der Schule um mein Kind, wenn es hinfällt und sich verletzt? Wer tröstet mein Kind, wenn es weint? Wer achtet darauf, dass es meinem Kind gut geht? Und vor allem: Wer achtet darauf, dass mein Kind genug Sauerstoff bekommt?“ Eltern, die Bedenken gegen die Corona-Maßnahmen äußerten und

Fragen stellten, erhielten zumeist Antworten wie: „Das sind jetzt die Vorschriften." oder: „Wir halten uns nur an die Vorschriften." Immer wieder wurden Lehrer, Direktoren und andere Betreuungs- und Therapiekräfte, die sich gegen die neuen Vorschriften aussprachen und diese nicht einhielten, in die Krankschreibung oder Kündigung getrieben, entlassen oder in den vorzeitigen Ruhestand versetzt, wie ich in einem späteren Kapitel aufzeigen werde. So beobachteten zahlreiche Eltern entsetzt, dass die verständnisvollen Lehrer aus den Klassen ihrer Kinder verschwanden.

Für das bevorstehende Schuljahr 20/21 war damals noch alles offen. Man sprach von Regelbetrieb unter bestimmten Hygienevoraussetzungen, doch was sollte das im Einzelnen bedeuten? Sollten die Kinder und Jugendlichen weiterhin Masken tragen müssen? Auch einzelne oder flächendeckende Lockdowns schienen möglich, außerdem Wechselbetrieb aus Präsenz- und Distanzunterricht.

Aber das, was viele Eltern sich wünschten – normaler Schulbetrieb ohne Masken – war nirgends eine Option. Kinder und Jugendliche sowie ihre Eltern würden wohl auch im damals neuen Schuljahr 20/21 ständig flexibel auf staatliche und schulische Vorgaben reagieren müssen.

Kinder mussten nun beim kleinsten Anzeichen von Schnupfen zuhause bleiben und durften dann erst nach einem negativen Covid-19-Test wieder zur Schule gehen. Das Bedürfnis jeder Familie nach Planbarkeit war damit grob verletzt. An eine geregelte Arbeit der Eltern war kaum zu denken.

Gleichzeitig konnten Kinder jederzeit in Quarantäne geschickt werden, wenn irgendeine Person im Schulgebäude positiv getestet wurde.

Die Kinder und Jugendlichen würden wahrscheinlich auch im damals bevorstehenden Schuljahr in den Schulen Masken tragen, Abstand halten und sich ständig die Hände waschen müssen. Viele Kinder litten jetzt schon unter der fehlenden Nähe zu den Freunden und manche bekamen durch die häufige Verwendung von Desinfektionsmittel bzw. vom langen Tragen der Maske Hautreizungen und Ausschläge.

Eine eventuelle Covid-19-Impfpflicht für Schüler kam als Belastung noch für Eltern dazu, die vielleicht in ihrer Familie oder Verwandtschaft einen Impfschaden hatten bzw. die sich wunderten, dass nur ein neuer Impfstoff als Weg aus der Pandemie gesehen wurde [10].

Wieder andere Eltern hatten Angst vor einer Ansteckung, weil in ihrem Haushalt vielleicht eine Risikoperson lebte und sie wollten ihre Kinder deshalb nicht in die Schule schicken.

Die meisten Menschen ahnten damals noch nicht, dass der Großteil der eingeführten Maßnahmen noch viele Monate und sogar Jahre gelten würde und dass noch weitere Maßnahmen hinzukommen und den Schulalltag radikal verändern würden. Viele Eltern waren ratlos und wollten ihre Kinder schützen. Aber wie?

In mehreren Bundesländern war die Präsenzpflicht bis zu den Sommerferien des Jahres 2020 ausgesetzt. Die Kultusministerin von Baden-Württemberg Susanne Eisenmann kündigte ein Aussetzen der Präsenzpflicht auch für das gesamte Schuljahr 20/21 an. Vielleicht würden andere Bundesländer nachziehen?

Die Sommerferien 2020 boten Eltern eine gute Gelegenheit, auf die Veränderungen in Deutschland, die für die meisten Menschen doch überraschend kamen, zurückzublicken und sich für das neue Schuljahr neu auszurichten.
Sie konnten sich Fragen stellen wie:
Wo ist unsere "rote Linie"? Was lassen wir für unser Kind auf keinen Fall zu?
Welche Erfahrungen haben wir im letzten halben Jahr gemacht?
Wie soll es für uns weitergehen?
Was wünschen wir uns?
Welchen Spielraum haben wir?
Wie können wir für unsere Familie größtmögliche Sicherheit und Planbarkeit schaffen?

Viele Kinder hatten sich schon im Frühsommer 2020 von der Schule verabschiedet und waren nach dem Lockdown nicht mehr zur Schule zurückgekehrt. Manche waren abgemeldet, andere gingen aus verschiedenen Gründen einfach nicht mehr hin. In Deutschland war alles im Umbruch und es gab viele neue Gesetze. Vieles schien unter den sogenannten Pandemiebedingungen möglich, was vorher undenkbar war, darunter auch die Möglichkeit, die eigenen Kinder zuhause zu beschulen.

Kinder sind keine Pandemietreiber – das war schon früh bekannt [11] und wurde im Januar 2021 von einer Studie verschiedener Universitätskliniken bestätigt [12]. Auch erkrankten Kinder zu keinem Zeitpunkt schwer an Corona. „Ein Kind in Deutschland wird eher vom Blitz getroffen, als dass es wegen einer Covid-Erkrankung auf der Intensivstation landet", sagte der Direktor des LMU Klinikums in München Prof. Haas der Bildzeitung [13]. Trotzdem mussten Kinder all die Maßnahmen erdulden, die ich in den folgenden Abschnitten schildere. Sie waren für fast alle Familien, die im zweiten Teil des Buches ihre Geschichte erzählen, der Auslöser dafür, dass ihre Kinder nicht mehr zur Schule gingen. Denn:

„Kein Mensch kann die in ihm angelegten Potentiale entfalten, wenn er in seiner Würde von anderen verletzt wird oder er gar selbst seine eigene Würde verletzt." (Gerald Hüther)

Die Maskenpflicht und ihre Folgen

In allen Schulen Deutschlands herrschte in den meisten Klassen von Sommer 2020 bis Herbst 2021 – und je nach Bundesland und Klassenstufe sogar bis Frühjahr 2022 – Maskenpflicht.

Viele Eltern berichteten, dass ihre Kinder auf die CO^2-Rückatmung und den Sauerstoffmangel mit Kopfschmerzen, Übelkeit, Schwindel, Angst, Panikattacken und anderen Symptomen reagierten. Die vorgeschriebene Maskenpflicht mussten sie aber ohne Ausnahme befolgen. Vom Arzt ausgestellte Maskenbefreiungen wurden in zahlreichen Schulen nicht akzeptiert, und dort, wo sie akzeptiert wurden, grenzte man diese Kinder oft aus und trennte sie auf verschiedene Art und Weise von den Mitschülern: Manche Kinder mussten in der Pause allein vor dem Sekretariat sitzen und als erster oder letzter das Schulgebäude betreten und verlassen. Ich selbst sah einmal im Park eine Schulklasse zur Schule laufen: Alle Schüler liefen in Zweierreihen, nur ein maskenbefreites Mädchen musste mit einigen Metern Abstand ganz alleine hinter der Klasse laufen. Ein anderes Mal lief eine Schulklasse an meiner Wohnung vorbei: Alle Schüler trugen eine Maske, die beiden sie begleitenden Lehrer aber nicht! Im Klassenzimmer bekamen maskenbefreite Kinder oft einen Extra-Platz. Dadurch, dass das Betreten der Schule für Eltern lange Zeit vielerorts nicht oder nur eingeschränkt möglich war, bekamen Eltern vieles überhaupt nicht mit. Als eine Mutter schließlich einmal das Klassenzimmer ihres von der Maske befreiten Sohnes betrat, sah sie, dass ihr Kind sogar mit dem Rücken zur

Klasse an der Wand sitzen musste! Mit welchem Recht wurden Kinder und Jugendliche auf diese Art und Weise ausgegrenzt?

Vereinzelt erhielten Kinder mit Maskenbefreiung Bändchen, Buttons oder andere äußerliche Merkmale, damit jeder aus dem Kollegium und der Schülerschaft wusste, dass es sich um ein Kind mit Maskenbefreiung handelte. Man wage sich einmal vorzustellen, man hätte vor dem Jahr 2020 ein behindertes Kind in einer Schule mit einem derartigen Label versehen! Wie groß wäre damals – zu Recht – der Aufschrei gewesen!

Als Sonderschullehrerin habe ich die Debatte um die Integration und Inklusion behinderter Kinder in Regelschulen in den vergangenen 40 Jahren verfolgt, mich dafür eingesetzt und dessen Verwirklichung miterlebt. Das Recht auf Inklusion ist inzwischen im EU-Recht verankert. Mit viel Aufwand und Anstrengung werden seitdem Kinder mit Behinderungen in Regelklassen integriert. Dazu werden die Regelklassen verkleinert, Schulbegleiter angestellt oder eine sonderpädagogische Fachkraft zeitweise oder ganz eingesetzt.

Kinder mit Behinderungen, Einschränkungen und chronischen Erkrankungen – und als solches dürfen wir ein Kind, das keine Maske tragen kann, zu seinem Wohl und Schutz auch einmal betrachten – erhalten seit vielen Jahrzehnten in Deutschland das Recht auf Bildung, sei es in einer Sonder- oder Förderschule oder eben in einer Regelschule mit unterstützenden Maßnahmen. Warum durften Kinder mit Maskenbefreiung, wenn sie schon nicht vollständig in den Klassenverband integriert wurden, dann nicht wenigstens mit anderen Kindern mit Maskenbefreiung zwanglos zusammen sein?

Mit welchem Recht maßte sich außerdem ein Schulleiter oder eine Behörde nun an, eine Diagnose infrage zu stellen und ärztliche Atteste anzuzweifeln? Hierbei hatte ein Schulleiter offensichtlich sehr viel Macht und konnte nach eigenem Gutdünken willkürlich entscheiden, ob er ein Attest zur Befreiung von der Maskenpflicht anerkannte oder nicht. Manche Eltern hatten keine Probleme, andere berichteten, dass das Attest ihres Kindes vom Schulleiter nicht akzeptiert wurde. Das Attest musste zudem meistens im Original oder als Kopie der Schule überreicht werden, und viele Eltern erlebten, dass dieses – entgegen der Zusage, dass es in einem verschlossenen Umschlag in der Schule aufbewahrt würde – dazu genutzt wurde, den ausstellenden Arzt ausfindig zu machen. Dieser musste befürchten, überprüft und in rufschädigender Weise behandelt zu werden, eine hohe Geldstrafe und ein Berufsverbot zu erhalten oder gar ins Gefängnis zu kommen. Deshalb weigerten sich immer mehr Ärzte, überhaupt Atteste zur Befreiung von der Maskenpflicht auszustellen – auch wenn sie das Kind teilweise seit dessen Geburt kannten.

Vielerorts genügte es den Schulbehörden schließlich nicht mehr, dass der Kinderarzt das Attest ausstellte, sondern plötzlich galt die Vorschrift, dass es ein Lungenfacharzt sein musste. Doch diese mussten – noch dazu für Kinder und Jugendliche, die sie überhaupt nicht kannten – noch mehr um ihren Ruf und sogar ihre Approbation bangen, eben wie jeder Arzt, der mehr als einige wenige Maskenbefreiungsatteste ausstellte [14].

Eine andere Maßnahme der Schulbehörden war es, die Atteste nach einer gewissen Zeit "verfallen" zu lassen, sodass Eltern sich immer wieder um ein neues Attest bemühen mussten, was die Ärzte zunehmend unter Druck brachte.

All das führte dazu, dass immer weniger Kinder ein Maskenbefreiungsattest erhalten konnten, das von der Schule akzeptiert wurde.

Doch Menschen, die aus physischen oder psychischen Gründen die Maske nicht tolerieren, gibt es! Es sind Menschen zum Beispiel mit Asthma oder Menschen, die in ihrer Geschichte einmal fast erstickt wären und nun Panikattacken unter der Maske bekommen. Eine Frau hatte bei ihrer Geburt die Nabelschnur um den Hals. Ein Mädchen wäre als 5-Jährige einmal beim Spiel mit Schlafsäcken fast erstickt. Eine junge Frau musste eine Vergewaltigung erleiden, bei der ihr der Mund zugehalten wurde – und das alles sind Menschen, die mir persönlich bekannt sind! Ich selbst wäre als Studentin bei einem Asthmaanfall einmal fast erstickt und toleriere keine Maske.

Neben diesen eindeutigen Fällen steht für alle Menschen fest: Der menschliche Körper und insbesondere das Gehirn brauchen Sauerstoff. Dies gilt in ganz besonderem Maße für Kinder, deren Gehirn sich noch in der Entwicklung befindet. „Für Kinder und Jugendliche sind Masken ein absolutes No-Go", sagte die Neurologin Dr. Margareta Griesz-Brisson schon im Juni 2020. „Das Gehirn eines Kindes oder eines Jugendlichen dürstet nach Sauerstoff." [15] Die Arbeitsmedizinerin Dr. Beatrice Vöhringer wies bereits im Oktober 2020 darauf hin, dass nach dem Arbeitsrecht (DGUV G. 26) jeder Arbeitgeber seinem Arbeitnehmer eine Untersuchung anbieten müsse, wenn dieser in seiner Arbeit eine Maske tragen soll. Auch würden Kinder viel weniger Luft pro Atemzug einatmen als Erwachsene und hätten dadurch viel weniger Möglichkeit, die zuvor ausgeatmete sauerstoffarme Luft, die sich im Totraum der Maske ansammelt und die man unter der Maske als erstes wieder einatmet, mit frischer Luft anzureichern.[16]

In einer Schule, in der ich 2015 unterrichtete, gab es im Klassenzimmer eine so genannte "CO^2-Ampel". Diese gab einen Ton von sich, wenn der CO^2-Gehalt im Klassenzimmer zu hoch war. Obwohl ich das Klassenzimmer morgens immer ausgiebig lüftete und es für die Anzahl der Kinder eine angemessene Größe hatte, läutete die CO^2-Ampel spätestens nach den ersten eineinhalb Schulstunden und signalisierte damit „Bitte lüften“. Warum, so frage ich mich heute, wird dafür ein so großer Aufwand betrieben, während man das Einatmen der eigenen Atemluft durch die Rückatmung unter der Maske nicht infrage stellt?

Im Winter 20/21 testete die Stiftung Warentest 15 verschiedene Modelle von FFP2-Masken für Kinder. Keine einzige der dort getesteten Masken bestand den Sicherheitstest. Der Atemwiderstand war bei allen getesteten Masken zu hoch, hieß es im Testergebnis.[17] Und doch mussten in vielen Schulen die Kinder zeitweise nicht nur Stoffmasken, sondern sogar FFP2-Masken tragen!

Ein besonderer Skandal war die Vorgabe, dass Kinder auch im Sportunterricht Maske tragen mussten. Der Mensch braucht mehr Sauerstoff, wenn er Sport treibt. Zu dieser Erkenntnis braucht man keine Studien, sondern nur einen gesunden Menschenverstand. Dass niemand überprüfte, welche Giftstoffe eine verschwitzte Kunststoffmaske freisetzt, kommt hier noch erschwerend hinzu.

Es gab also zahlreiche Gründe, sein Kind nicht mit Maske in die Schule gehen zu lassen. Wer trotz Beschwerden keine Maskenbefreiung von einem Arzt attestiert bekam, hatte nur bei wenigen Lehrern eine Chance, auf Verständnis und Nachsicht zu hoffen und die Maske beispielsweise zumindest eine Zeitlang unter der Nase tragen zu dürfen. Und wer eine Maskenbefreiung hatte und diese auch noch von der Schule akzeptiert wurde, musste neben der oben beschriebenen Ausgrenzung auch damit rechnen, von Lehrern als unsolidarisch bezeichnet und manchmal sogar angeschrien zu werden. Oder er wurde vom Lehrer mit dessen Autorität zum Tragen einer Maske gedrängt oder gar gezwungen: Als der 9-jährige Noah, der wegen seiner Stoffwechselerkrankung ein Maskenbefreiungsattest hatte und zuhause lernte, zu einem Leistungsnachweis in die Schule kam, bot ihm die Lehrerin, als sie beide allein waren, eine Maske an und drängte ihn vehement, es doch einmal mit Maske zu versuchen. Wie soll sich ein Kind dagegen wehren?

Neben den kurzfristigen Beschwerden sind die Langzeitfolgen von stundenlangem Tragen einer Maske noch überhaupt nicht erforscht – erst recht nicht bei Kindern und Jugendlichen. Die Neurologin Dr. Margareta Griesz-Brisson wies jedenfalls schon im Juni 2020 auf degenerative Prozesse im Gehirn durch Sauerstoffunterversorgung hin und sagte: „Wenn in zehn Jahren die Demenzerkrankungen exponentiell ansteigen und die junge Generation ihr gottgegebenes Potenzial nicht erreichen konnte, hilft es nichts zu sagen, wir hätten die Masken nicht gebraucht." [15]

Vielen Kindern blieb daher nichts anderes übrig, als den Schulbesuch zu verweigern, um ihre physische und psychische Gesundheit zu erhalten.

Sind die Covid-19-Tests wirklich unbedenklich?

Von Frühjahr 2021 bis Sommer 2022 mussten sich in Deutschland alle Schüler mehrmals wöchentlich mit einem Schnelltest in der Schule testen. Dazu mussten sie sich selbstständig und ohne Beaufsichtigung durch medizinisches Fachpersonal ein Stäbchen in die Nase führen und mit einer Flüssigkeit hantieren, die teilweise Giftstoffe enthält. Die Beipackzettel der eingesetzten Tests wurden den Eltern zumeist nicht zur Verfügung gestellt, auch nicht auf Nachfrage. Dass zur Testung oft vom Hersteller Schutzkleidung vorgeschrieben war und die Teststäbchen den krebserregenden Bestandteil Ethylenoxid [18] enthielten, wurde ignoriert. Außerdem kam es immer wieder zu Rückrufaktionen der dann jeweils schon vielfach eingesetzten Schnelltests wegen Verunreinigungen, zum Beispiel in Hamburg [19] und Mecklenburg-Vorpommern [20]. In Neubrandenburg hatten Kinder und Jugendliche vielfach über unangenehmen Geruch und Geschmack geklagt, doch die Einwände blieben ungehört und führten nicht zu einer Überprüfung der Teststäbchen [21]. Im Dezember 2021 urteilte ein Gericht in Sachsen-Anhalt, dass ein bestimmter, in vielen Schulen eingesetzter Schnelltest tatsächlich nicht für den Eigengebrauch von Kindern geeignet sei [22] – so hat es eigentlich auch auf dem Beipackzettel gestanden. Doch zu diesem Zeitpunkt war ein Großteil der Teststäbchen schon verwendet worden.

Immer wieder wird also ein Test als ungeeignet oder schädlich eingestuft, der vorher massenhaft an Schulen angewandt wurde. Doch Eltern, die hier Fragen stellten, bissen meist auf Granit. Sie hätten ja die Möglichkeit zu einem außerschulischen Spucktest, hieß es dann höchstens. Warum wurde dann ein Vater aus meinem Bekanntenkreis, der eine Apotheke gefunden hatte, die bereit war, Spucktests vor der Schule seines Kindes direkt vor Schulbeginn durchzuführen, mit seiner Initiative von den Behörden massiv behindert? Es war für Eltern, je nach Entfernung zur nächsten Apotheke, die Spucktests anbot, auch kaum zumutbar, drei- bis fünfmal pro Woche mit einem oder mehreren Kindern – oftmals zu einem bestimmten Termin, um wenigstens die Wartezeit zu begrenzen – zum Spucktest zu fahren. Dass dieser dann mancherorts auch noch privat bezahlt werden musste, kam als Belastung noch hinzu. Trotzdem nahmen zahlreiche Eltern diese Mühe teilweise monatelang auf sich.

Die Testungen bargen jedoch nicht nur die Gefahr einer möglichen Gesundheitsschädigung, sondern konnten auch einen teilweise äußerst schmerzhaften PCR-Test nach sich ziehen. Während die Kinder und Jugendlichen beim Selbsttest das Stäbchen noch selbst in die Nase führen, sind sie beim PCR-Test einem Fremden ausgeliefert, der nach kurzer Schulung eine potentiell gesundheitsschädliche Handlung mit mehr oder weniger Einfühlungsvermögen und Vorsicht ausführen darf. So wurden in Aurich Kinder einer 4. Klasse teilweise ohne Wissen ihrer Eltern von einem Team des Gesundheitsamtes in der Schule mit einem PCR-Test getestet. Mindestens ein Kind war anschließend nachweislich traumatisiert.[23]

Des Weiteren bargen die Testungen auch die Gefahr, eine Quarantänemaßnahme verordnet zu bekommen. Wenn in der Schule eine Person positiv getestet wurde, drohte vielen anderen nicht positiv getesteten Schülern auch Quarantäne. Dabei musste zum Beispiel in Hamburg eine seit Monaten an Schulen eingesetzte und über vier Millionen Tests umfassende Test-Charge wegen nachgewiesener falsch positiver Ergebnisse aus dem Verkehr gezogen werden! Ein Großteil der Tests war jedoch bereits verwendet worden.[24] Wie fehlerbehaftet die Quarantäne-Anordnungsmaschinerie war, die bei einem einzigen (womöglich falsch) positiven Test in einer Schule oder Klasse anlief, zeigt das Beispiel der mir bekannten 10-jährigen Sarah, die an einem Freitagnachmittag im Oktober 2021 die schriftliche Anordnung des Gesundheitsamtes bekam, umgehend einen PCR-Test zu machen und in Quarantäne zu gehen, weil ein Kind aus ihrer Klasse positiv getestet wurde. Doch Sarah lernte zu diesem Zeitpunkt zuhause!

Die angeordnete Quarantäne konnte bis zu 14 Tage dauern, je nach gerade geltender, sich ständig ändernder Bestimmungen und je nach oft willkürlich scheinender Vorgabe des Gesundheitsamtes. Das war für Familien ein großer Unsicherheitsfaktor, da dieses Szenario jederzeit eintreten konnte. Die Quarantänebestimmungen waren außerdem sehr streng und ließen keine Ausnahmen zu: Das Kind durfte während dieser Tage das Haus oder die Wohnung nicht verlassen. Auch innerhalb des Hauses oder der Wohnung sollte es von der Familie getrennt werden und vielerorts ordnete das Gesundheitsamt an, dass es auch nicht an den gemeinsamen Mahlzeiten teilnehmen dürfe. Bei Nichteinhaltung wurde teilweise mit Kindesentzug gedroht.[25] Eine derartige Isolation widerspricht dem Kindeswohl in eklatanter Weise! Die mir bekannte 11-jährige Lara war beispielsweise allein im Herbst 2020 insgesamt sieben Wochen in Quarantäne, ohne selbst je in irgendeiner Weise krank gewesen zu sein! Sie hatte das Glück, dass sie mit ihrer Familie in einem Haus mit Garten wohnt, den sie betreten durfte. Doch viele Familien wohnen in engen Wohnungen, teilweise sogar ohne Balkon, und die Kinder mussten die Quarantänezeit in ihren vier Wänden absitzen.

Es ist ein Verbrechen, was Kindern und Jugendlichen über so viele Monate und sogar Jahre angetan wurde!

Wie ein Spielball waren Kinder und ihre Familien den sich ständig wechselnden politischen Vorgaben und den in ihrer Schule vorherrschenden aktuellen Bedingungen, Regeln und Maßnahmen ausgesetzt. Ständig drohende Schulschließungen, Lockdowns, Quarantänen und Ähnliches erzeugten Angst und Unsicherheit: Wird es wieder zu einem Wechselmodell kommen, bei dem jeweils nur ein Teil der Klasse an bestimmten Tagen die Schule besucht? Werden sie wieder zuhause stundenlang vor dem PC den Unterricht mitverfolgen müssen?

Kinder und ihre Familien brauchen Planbarkeit, Kontinuität und Sicherheit. Das konnten Eltern, deren Kinder zuhause lernten, besser gewährleisten. Trotz aller Schwierigkeiten konnten sie einen eigenen Tages- und Wochenrhythmus entwickeln und zumindest innerhalb der Familie wieder Herr ihres Lebens werden.

Wenn das Kind die Schule nicht besuchte, musste es nicht getestet werden und es drohte ihm keine Quarantäne. Doch das sollten nicht die einzigen Belastungen bleiben.

Es entsteht Druck, seine Kinder gegen Covid-19 impfen zu lassen

Kinder ab zwölf Jahren waren seit Sommer 2021 und Kinder ab fünf Jahren seit dem darauffolgenden Winter in ihren Schulen vermehrtem Druck ausgesetzt, sich gegen Covid-19 impfen zu lassen.

Während Maske und Testungen ein sichtbares Zeichen der Zugehörigkeit sind, ist der Impfstatus zunächst nicht sichtbar. Leider gilt Datenschutz für derartige medizinische Daten in Deutschland nicht mehr und jeder Schüler muss seinen Impfstatus offenlegen, der dann auch in den Schülerakten schriftlich vermerkt wird. Um die "Guten" von den "Schlechten" zu unterscheiden, ließen sich unsensible Lehrer und Lehrerinnen einiges einfallen. Manche schrieben sogar den Impfstatus der einzelnen Schüler ins Klassenbuch oder brachten entsprechende Aufkleber auf den Schulbänken der ungeimpften Schüler an!

Ungeimpfte Kinder und Jugendliche wurden mit zunehmender Zahl der Geimpften oft als unsolidarisch beschimpft, auf vielerlei Weise benachteiligt und diskriminiert. Ein Vater erzählte zum Beispiel, wie sein Sohn mit anderen ungeimpften Klassenkameraden bei einer gemeinsamen Klassenfahrt zum Konzentrationslager Flossenbürg mitten im Winter draußen in der Kälte stehen musste und weder an der Besichtigung noch am gemeinsamen Mittagessen in den Räumen teilnehmen durfte!

Bei den Impfstoffen gegen Covid-19 handelt es sich um einen in außergewöhnlich kurzer Zeit entwickelten Impfstoff, der noch dazu auf einem völlig neuen Verfahren beruht und dessen Langzeitwirkungen zum Zeitpunkt der Massenimpfungen nicht erforscht sind. Da durch eine Injektion dieser Stoffe die Spike-Produktion angeregt wird, aber keine Immunisierung erfolgt – was eigentlich der Sinn einer Impfung ist –, spricht der österreichische Impf-Experte Prof. Dr. Dr. Martin Haditsch von "Spiken" statt von "Impfen"[26].

Die Studien zu den Impfstoffen liefen bis 2023 und alle, die bis dahin "gespiked" wurden, waren Teil dieser Studie, ohne dass man die Betroffenen explizit darauf aufmerksam machte. Langfristige Impfschäden konnten aufgrund der verkürzten Studienzeiten nicht ermittelt werden. Die zahlreichen kurzfristigen Nebenwirkungen dieses Impfstoffs, unter ihnen Herzmuskelentzündungen, Beeinträchtigung der Fruchtbarkeit und sogar Todesfälle, wurden von offiziellen Stellen verharmlost bzw. als "Verschwörungstheorien" hingestellt. Dabei waren beim Paul-Ehrlich-Institut trotz Meldehindernissen und entsprechend hoher Dunkelziffer schon Ende Juli 2021 über 131.000 Verdachtsfälle gemeldet worden. Das entspricht einer 20-fachen Erhöhung der Meldefälle im Vergleich zu den bisher gemeldeten Verdachtsfällen aller gängigen Impfungen aus den Jahren 2000 bis 2020 zusammen[27]! Gleichzeitig diffamierte man Kritiker der Impfung und unterdrückte und löschte zahlreiche warnende Statements von namhaften Wissenschaftlern in Medien und sozialen Netzwerken. Trotzdem schafften es vereinzelt Meldungen über direkt nach der Impfung verstorbene Kinder auch in lokale Zeitungen – oft auf Druck der Nachrichten in alternativen Medien und deren Verbreitung in sozialen Netzwerken: Im November 2021 verstarb beispielsweise in Cuxhaven ein 12-jähriger Junge zwei Tage nach seiner Impfung[28] und im selben Monat starb in der Nähe von Bayreuth ein 15-jähriges Mädchen[29].

Kinder unter 18 Jahren können die Tragweite eines derartigen Eingriffs, der in den öffentlichen Medien verharmlosend als "kleiner Piks" bezeichnet wird, nicht abschätzen. Trotzdem durften sich Jugendliche ab 14 Jahren ohne Einwilligung der Eltern diese Substanz injizieren lassen, was viele, oft zum großen Leidwesen ihrer Eltern, auch taten. Die Angst vor Ausgrenzung und der Wunsch nach Zugehörigkeit waren einfach sehr groß. Außerdem machten es die anderen ja auch.

Das Schulleben ist erstarrt

Durch die Corona-Maßnahmen waren auch das Schulleben und der Schulalltag massiv beeinflusst und beeinträchtigt. „Nichts ist so wie vorher“, fasste es eine Gymnasiallehrerin zusammen.

Die mehrmals wöchentlichen und zeitweise sogar allmorgendlichen Testungen waren für viele Schüler nicht nur unangenehm, sondern kosteten sehr viel Zeit. Damit einher ging ja auch die Unsicherheit, ein positives Testergebnis zu haben und in Quarantäne geschickt zu werden! Hierbei gab es immer wieder unterschiedliche Regelungen: Zeitweise wurde die ganze Klasse in Quarantäne geschickt, dann wieder nur der Banknachbar.

Die neuen Hygieneregeln bestimmten den kompletten Schulalltag, was schon durch das Tragen der Maske äußerlich sichtbar war, die mal durchgehend, mal überall außerhalb des eigenen Sitzplatzes, mal nur in bestimmten Klassenstufen getragen werden musste. Hinzu kamen viele neue Vorgaben: Innerhalb der Schule wurden bestimmte Wege vorgegeben, die alle einhalten mussten. Die Schüler mussten nun vor der Tür warten und durften die Schule bzw. das Klassenzimmer nur mit Abstand betreten. Außerdem mussten sie häufig die Hände waschen und desinfizieren. Über die Einhaltung aller Maßnahmen wachten die Lehrer je nach eigenem Sicherheitsbedürfnis in unterschiedlicher Weise. Die Hygieneregeln wurden immer wieder ausführlich erklärt, ebenso wie die sich häufig ändernden Bestimmungen und Regeln.

Die Maske nicht vergessen, den "richtigen" Weg zur Toilette nehmen, Abstand halten – dies alles bindet Aufmerksamkeit und Konzentration und behindert Aufnahme- sowie Lernfähigkeit.

Kinder, die selbstbestimmt zuhause lernten, konnten in dieser Zeit angstfrei leben und lernen.

Außerdem wurde in Schulen nun häufiges Lüften und Durchzug propagiert und praktiziert. Die Zugluft und die niedrigen Temperaturen im Klassenzimmer führten vor allem in der kalten Jahreszeit zu vermehrten Erkältungen. Dies allein widerspricht schon dem Kindeswohl. Erkältungssymptome ließen außerdem eine Covid-19-Erkrankung befürchten und die Testmaschinerie anlaufen. Zuhause waren Kinder diesem Risiko nicht ausgesetzt und konnten gesund bleiben.

Monatelang vorbereitete Schulfeiern und Schulfahrten wurden abgesagt, oftmals kurzfristig und unvermittelt. Im Dezember 2021 fanden in den allermeisten Schulen zum zweiten Mal keine Weihnachtsfeiern statt – oder unter Ausschluss der ungeimpften Eltern, was vielerorts zu Tränen führte.

Die Liste der Veränderungen, die ab dem Jahr 2020 in Schulen Einzug gehalten hatten, könnte noch unendlich verlängert werden. Durch Masken und Abstand hatte sich auch die Distanz zwischen Schülern und Lehrern vergrößert und viele Lehrer bekamen überhaupt nicht mehr mit, wenn es ihnen anvertrauten Kindern nicht gut ging.

Kinder sind sehr anpassungsfähig. Sie können beispielsweise in schwierigsten Missbrauchssituationen aufwachsen und oft erhalten Außenstehende erst anhand späterer Verhaltensauffälligkeiten, psychischer Probleme oder anderweitiger Erkrankungen mit viel Mühe Zugang zu ihrem Leid. Viele Kinder – und dies gilt besonders für Kinder, die sensibel sind und den Zugang zu ihren Gefühlen und Bedürfnissen noch nicht verloren haben – fühlten sich wegen all dieser Maßnahmen in der Schule nicht mehr wohl und weigerten sich, zur Schule zu gehen. Die Anzahl an Kindern und Jugendlichen, die während der Corona-Krise in Deutschland psychiatrische Behandlung brauchen bzw. bräuchten, überstieg schon bald die Kapazitäten der Kinder- und Jugendpsychiatrien[30]. Die Suizidrate unter Kindern und Jugendlichen vervielfachte sich[31].

Unzulässige Indoktrination durch einseitige Darstellung

Jeder Lehrer ist dafür verantwortlich, den ihm anvertrauten Schülern während des Unterrichts Raum zu geben.

Dies gilt für deren Gefühle, wie: „Ich fühle mich unwohl, wenn Sie die erste halbe Stunde des Matheunterrichts nur darüber sprechen, wie gefährlich Corona ist und welch große Angst Sie davor haben!", „Ich habe Angst, wenn hier fremde Menschen in Schutzanzügen reinkommen und mir ein langes Stäbchen in die Nase schieben!" und Ähnliches.

Es gilt auch für ihre Bedürfnisse, beispielsweise: „Ich bekomme unter der Maske keine Luft!" oder „Ich möchte meine Freundin umarmen!"

Und es gilt für unterschiedliche Meinungen und Sichtweisen: „Ich habe gehört, dass die Impfung nicht so harmlos ist, wie Sie behaupten!", „Meine Eltern sagen, die Masken nützen nichts und sind schädlich!" usw.

Doch nur wenige Schüler hatten den Mut, derartige Sätze auch tatsächlich im Unterricht zu äußern. Der Lehrer oder die Lehrerin könnte sie anschreien: „Ihr habt keine Ahnung, welchen Gefahren ich mich aussetze, indem ich jeden Tag hierherkomme und euch unterrichte!" oder „Setz sofort deine Maske wieder auf! Du könntest mich anstecken und ich könnte sterben!", und er könnte sie vor der ganzen Klasse bloßstellen und manchmal sogar dauerhaft mobben[32] – all dies ist während der Corona-Krise geschehen und wurde mir bezeugt. Lehrer haben aufgrund ihrer Machtstellung sehr viele Möglichkeiten, ihre Autorität auszuüben und einzelne Schüler zu demütigen und zu bestrafen: mit demütigenden Äußerungen, mit Strafmaßnahmen, mit Mobbing und nicht zuletzt mit Bewertung und Notengebung.

So behalten viele Schüler ihre Gefühle und Gedanken für sich und leiden stumm.

Es waren nicht nur die Maßnahmen, die den Schülern den Unterricht verleideten.

Die 12-jährige Leonie erzählte im Sommer 2021 vom Unterricht in ihrer 6. Klasse eines bayerischen Gymnasiums: „In Englisch werden Corona-Sätze für´s Grammatik-Lernen benutzt, in Mathe werden die Inzidenzzahlen und Intensivbetten zum Rechnen benutzt und in Biologie wird die Impfung angepriesen. Ich habe so eine Wut."

Kaum ein Unterrichtsfach blieb also nicht nur durch die vorgeschriebenen Maßnahmen, sondern auch inhaltlich von den politischen Ereignissen verschont.

Nachdem 1949 die Bundesrepublik Deutschland mit der Verkündigung des Grundgesetzes neu gegründet worden war, hatte man dort jahrzehntelang um die Frage gerungen: Wie sollte politische Bildung in den Schulen aussehen, zumal das Grundgesetz keine pädagogischen Ziele enthält und kein Bildungsprogramm ist?[33]

In den 70er Jahren wurde schließlich der Beutelsbacher Konsens formuliert. Dessen drei Bestandteile bezeichnet die deutsche Bundeszentrale für Politische Bildung als "drei zentrale didaktische Leitgedanken" besonders für die formale politische Bildung, die in den Fächern Sozialkunde, Politik und Ähnliche unterrichtet wird.[34]

Nach Joachim Detjen findet politische Bildung jedoch nicht nur in diesen Fächern statt. Für die Mitreflexion politischer Aspekte in den Sachgebieten anderer Fächer habe sich die Bezeichnung "politische Bildung als Unterrichtsprinzip" eingebürgert.[35]

Deshalb halte ich es für legitim, für alle politischen Äußerungen im Unterricht die Einhaltung der drei "didaktischen Leitgedanken" und "Regeln für die pädagogische Praxis" einzuhalten, die da lauten: 1. Überwältigungsverbot, 2. Kontroversität und 3. die Berücksichtigung der Interessenslage des Schülers.

1) Unter dem ersten Punkt "**Überwältigungsverbot**" heißt es: „Es ist nicht erlaubt, den Schüler – mit welchen Mitteln auch immer – im Sinne erwünschter Meinungen zu überrumpeln und damit an der ‚Gewinnung eines selbständigen Urteils' zu hindern. Hier genau verläuft nämlich die Grenze zwischen politischer Bildung und Indoktrination. Indoktrination aber ist unvereinbar mit der Rolle des Lehrers in einer demokratischen Gesellschaft und der – rundum akzeptierten – Zielvorstellung von der Mündigkeit des Schülers."

Das harte Wort "Indoktrination" wird üblicherweise in einem Atemzug mit Manipulation und Propaganda genannt. Wir verbinden es mit Bildung in bestehenden oder angehenden Diktaturen. Die Tatsache, dass es in der Überschrift dieses Abschnitts und damit auch im Inhaltsverzeichnis verwendet wird, hat in obigem Postulat ihren Ursprung: Es ist unzulässige Indoktrination, wenn Schüler im Sinne erwünschter Meinungen überrumpelt und an der Gewinnung eines selbstständigen Urteils gehindert werden.

Von der Corona-Krise mit ihrer medialen Berichterstattung wurde die gesamte Menschheit regelrecht "überrumpelt". Innerhalb weniger Wochen befand sich Deutschland gemeinsam mit dem Rest der Welt in einem Pandemieszenario, wie wir es nie zuvor erlebt hatten.

Die offiziellen Medien vertraten weltweit unisono und fast zeitgleich dieselbe Position und stellten die ergriffenen massiven Grundrechtseinschränkungen als alternativlos dar. In der Folgezeit verhinderten die verantwortlichen Redakteure fast aller offiziellen Medien von Anfang an, dass Wissenschaftler zu Wort kamen, die Kritik an der offiziellen Darstellung übten, Zahlen anders einordneten und Alternativen im Umgang mit dem Coronavirus aufzeigten.

In den sozialen Medien konnte man sie bald immer schwerer finden, da die EU intensiv mit den großen sozialen Plattformen zusammenarbeitete und diese aufforderte, „noch mehr gegen Desinformation in der Corona-Krise zu tun. Die Plattformen (...) machen gefährliche Inhalte und irreführende Werbung weniger sichtbar oder löschen sie", erklärte die EU-Kommissionspräsidentin Ursula von der Leyen im April 2020 [36].

Der Großteil der Politiker und Medien stellte die Aussagen von Kritikern pauschal als "Desinformation" und "Fake-News" dar, wie zum Beispiel die Äußerungen des renommierten Prof. Sucharit Bhakdi, und vermerkte dies auch bei deren Wikipedia-Einträgen [37]. Zahlreiche Verantwortungsträger, die es wagten, die offiziell akzeptierte Position anzuzweifeln, wurden schikaniert, versetzt oder gar entlassen. Dazu gehörten der bayerische Epidemiologe und Gesundheitsamtsleiter Dr. Friedrich Pürner[38], der Vorstand der Krankenkasse BBK Pro Vita Andreas Schöfbeck[39], der Immuntoxikologe und Pharmakologe Prof. Dr. Stefan Hockertz [40] und die Politikwissenschaftlerin Prof. Dr. Ulrike Guerot[41], um nur einige zu nennen. Zahlreiche hochrangige Wissenschaftler, die sich immer noch zu Wort melden, sind im Ruhestand, sodass sie wenigstens keine beruflichen Sanktionen mehr zu fürchten brauchen[42]. Es gab und gibt also kontroverse Stimmen und man hätte mit diesen die Schüler ein eigenes Urteil gewinnen lassen können.

2) Im zweiten Punkt postuliert der Beutelsbacher Konsens: **„Was in Wissenschaft und Politik kontrovers ist, muss auch im Unterricht kontrovers erscheinen. (...)** denn wenn unterschiedliche Standpunkte unter den Tisch fallen, Optionen unterschlagen werden, Alternativen unerörtert bleiben, ist der Weg zur Indoktrination beschritten." Zudem sei zu fragen, ob der Lehrer nicht sogar eine Korrekturfunktion haben solle, d. h. ob er nicht solche Standpunkte und Alternativen besonders herausarbeiten müsse, die den Schülern von ihrer jeweiligen politischen und sozialen Herkunft her fremd seien.

Nach dieser nie infrage gestellten Übereinkunft ist es also Aufgabe des Lehrers, das Kontroverse auch in den Unterricht zu bringen. Er MUSS unterschiedliche Standpunkte offenlegen, Optionen darstellen und Alternativen erörtern lassen.

Kritische Lehrer erzählen hingegen: Sie konnten im Unterricht kaum renommierte Experten zitieren, die das vorherrschende Narrativ über das neuartige Coronavirus und die Impfung infrage stellen, wie den Erfinder der mRNA-Impfungen Dr. Robert Malone, den Virologen und Nobelpreisträger Luc Montaigner, den ehemaligen Vize-Chef von Pfizer Dr. Mike Yeadon, den ehemaligen Leiter des Instituts für Hygiene und Mikrobiologie der Universität Mainz Prof. Sucharit Bhakdi, den ehemaligen SPD-Abgeordneten, Lungenfacharzt und Vorsitzenden von Transparency International Dr. Wolfgang Wodarg und andere. Erzählte ein Schüler dies seinen Eltern, dann brauchte sich nur einer von ihnen an die Schulleitung zu wenden: Der Lehrer wurde daraufhin oftmals vom Schulleiter harsch zurückgepfiffen und teilweise drohte ihm dieser mit einem Disziplinarverfahren.

Lehrer haben das Recht und sogar die Pflicht zu remonstrieren, wenn sie Bedenken gegen die Rechtmäßigkeit dienstlicher Anordnungen haben [43]. Doch die Remonstrationsschreiben, die einige Lehrer an die zuständigen Stellen schrieben, blieben häufig sehr lange unbeantwortet, bis schließlich eine Nachricht kam, dass eine Remonstration in diesem Falle unberechtigt sei [44].

Die Unterdrückung von Fakten, welche die offizielle Darstellung widerlegten, und die pauschale Diffamierung von Kritikern fand immer mehr auch in den verwendeten Arbeitsblättern und in neu auf den Markt gekommenen Schulbüchern ihren Niederschlag [45].

„Die Maske schützt vor Ansteckung und muss getragen werden", „Die Tests sind valide und ungefährlich", „Die Impfung schützt und ist sicher", „Ein infiziertes (=positiv getestetes) Kind kann seine Großeltern umbringen" und Ähnliches – sowohl die Auswahl der zu bearbeitenden Texte, als auch die Aussagen der Lehrer gaben immer nur die offizielle Sichtweise wieder, zumeist auf vereinfachte, plakative Weise. Dabei gab es neben den Gegendarstellungen von Wissenschaftlern sowie Kritik und Protesten in der Bevölkerung ab 2022 auch immer wieder Fehlereingeständnisse der Regierung [46].

3) Der dritte und letzte Leitgedanke des Beutelsbacher Konsens lautet: **„Der Schüler muss in die Lage versetzt werden, eine politische Situation und seine eigene Interessenlage zu analysieren, sowie nach Mitteln und Wegen zu suchen, die vorgefundene politische Situation im Sinne seiner eigenen Interessen zu beeinflussen."** Wo wurde mit den Schülern über ihre eigene Interessenslage gesprochen? Immer ging es um die Interessen der anderen. Immer ging es darum, die Erwachsenen, Eltern und Lehrer und insbesondere die alten Menschen, zu schützen. Wer hat die Schüler gefragt, ob sie unter der Maske ausreichend Luft bekommen? Ein 9.-Klässler sagte: „Ich finde es schlecht, dass die, die oben sitzen, also die Regierung, alles entscheiden, ohne uns zu fragen oder unsere Meinung zu hören, wie wir das finden oder wie wir das lösen würden oder wie wir zum Beispiel mit der Maske die ganze Zeit in der Schule sitzen müssen." [47] Hierfür hätten Lehrer im Unterricht Raum geben müssen!

Viele kritische Lehrer machte es krank, ungerechtfertigterweise gerügt zu werden, gegen die eigene Überzeugung handeln zu müssen, die eigene Sicht der Dinge nicht offen sagen zu dürfen und die Kinder und Jugendlichen unter den Maßnahmen leiden zu sehen. Andere ließen sich – oft monatelang und bis zu über einem Jahr – krank schreiben und/oder stiegen aus Angestelltenverträgen und manchmal sogar aus dem Beamtenverhältnis aus[44]. Nicht wenige wurden aus psychischen Gründen frühverrentet. Eine Lehrerin erzählte mir, dass sie nach einjähriger Krankschreibung mit Mitte 40 frühverrentet wurde, nur weil sie keine Maske tragen kann!

So wurden und werden die Kritiker aus den Schulen getrieben und der Staat scheut dabei keine Kosten.

Die Lehrer, die an der Schule verbleiben, sind dann zumeist "auf Linie" und beugen sich dem System. Andere versuchen, ihren Spielraum zu nutzen und einen Weg zu finden, mit den Vorschriften umzugehen, ohne gegen das eigene Gewissen zu handeln.

Die fehlende Offenheit für kontroverse Diskussionen und die Position Andersdenkender betraf auch den Umgang der Schule mit kritischen Eltern. Politiker und Medienvertreter heizten dieses Klima an.

Eltern, die das vorherrschende Narrativ infrage stellten, Kritik an den rigiden Corona-Maßnahmen in der Schule übten und unangenehme Fragen stellten, wurden zumeist diffamiert und in ihren Anliegen kaum gehört. Viele Privatschulen entledigten sich der unbequemen Familien, indem sie den Schulvertrag für die Kinder einfach kündigten – häufig ohne Begründung oder mit der Begründung "Störung des Schulfriedens" und zudem oft ohne oder mit der kurzmöglichsten Kündigungsfrist. Dies bedeutete manchmal den Rauswurf zum Monatsende und in einem mir bekannten Fall sogar zum Ende der Woche, in der das Kündigungsschreiben einging!

Ein offener Dialog mit der Schulleitung und den Lehrern, wie er vor der Corona-Krise gang und gäbe war, ist seitdem für kritische Eltern nur noch selten möglich, sodass viele von ihnen kein Vertrauen mehr in die Schule haben.

Auch auf Elternabenden konnten und können sie oft bis heute nicht mehr unbefangen und in aller Offenheit sprechen, auch aus Angst vor Denunziation. Maske und Abstand erschwerten vertraute ungezwungene Gespräche und vergrößerten nicht nur die räumliche, sondern auch die emotionale Distanz, wenn der Elternabend überhaupt in Präsenz und nicht als Online-Treffen veranstaltet wurde.

Während vor der Corona-Krise die meisten Eltern die Schule vor ihren Kindern verteidigten und ihr Kind bei einem Tadel der Lehrerin oft zurechtwiesen, sind kritische Eltern heute eher bereit, den Aussagen ihres Kindes Glauben zu schenken. Denn wenn schon Erwachsene nicht in gegenseitigem Respekt Gehör finden, wie werden Lehrer und Betreuungskräfte dann erst mit ihren fast ausschließlich minderjährigen Kindern umgehen, die doch Schutzbefohlene der Einrichtung sind?

Die schulischen Lerninhalte verändern sich

„Was wird die Zukunft bringen?", fragen sich viele Eltern besorgt. Durch die rigorose Durchsetzung der Corona-Maßnahmen ohne Rücksicht auf die Bedürfnisse der Kinder sind sie nun eher geneigt, das, was in der Schule geschieht, zu hinterfragen. Dabei sehen sie zahlreiche weitere Themen, mit welchen sie nicht einverstanden sind, die im Unterricht aber zunehmend Bedeutung erhalten. Außerdem beobachten sie in den Schulen ihrer Kinder viele Veränderungen, die ihnen nicht zusagen, die man öffentlich aber kaum infrage stellen darf, ohne wieder diffamiert zu werden.

So fragen sich Eltern beispielsweise:

Warum spielt der Krieg Russlands mit der Ukraine ab Februar 2022 in der Schule eine so große Rolle? Warum soll mein Kind plötzlich aus Solidarität mit der Ukraine an einem bestimmten Tag in den Farben blau und gelb in die Schule kommen, wozu im März 2022 der Schulleiter eines Berliner Gymnasium aufrief [48]? Warum sieht mein Grundschulkind während der Frühstückspause mit der Klasse Nachrichten für Kinder im Fernsehen und wird mit Kriegsgeschehen konfrontiert? Warum wird mein Kind bloßgestellt, wenn es die Haltung der Regierung nicht teilt und seine Meinung sagt, so wie es früher nicht nur üblich war, sondern auch gefördert wurde?

Dieselbe einseitige Parteinahme findet beim Krieg zwischen Israel und Palästina ab Herbst 2023 statt. Warum wird auch hier der Beutelsbacher Konsens erneut missachtet?

Ein weiteres Thema ist der Umgang mit der Geschlechterfrage.

Warum wird auf das Gendern jetzt auch in der Grundschule so viel Wert gelegt, wenn es doch die Lesbarkeit der Texte erschwert? Steht nicht die Sinnerfassung im Vordergrund?

In den Oberklassen müssen die Schüler vielerorts nun korrekt gendern, sonst droht ihnen Punktabzug. Warum dürfen sie sich nicht völlig auf den Inhalt ihrer Texte konzentrieren und selbst entscheiden, ob sie gendern möchten?

Gleichzeitig hält das Thema Sexualität in den Schulen und sogar in den Kindergärten immer mehr Einzug. Warum sprechen Lehrer in einer Zeit, in der Kinder gerade in ihr Geschlecht hineinfinden, im Unterricht darüber, dass man sein Geschlecht auch ändern könne, anstatt es bei seiner Rollenfindung und Persönlichkeitsentwicklung zu unterstützen?

Warum findet Sexualkundeunterricht nicht mehr so wie früher statt? Warum werden nun schon in frühem Alter Themen wie Masturbation und Analsex explizit behandelt, zu einer Zeit, in der sie weder die Reife noch das Interesse dafür besitzen? Warum werden 12- oder 13-Jährige zu hochpeinlichen Dingen gedrängt, wie beispielsweise vor der ganzen Klasse ein Kondom über einen Holzpenis zu ziehen? Und weshalb muss mein Kind in der Schule die Begriffe für unterschiedliche sexuelle Orientierungen von Erwachsenen und deren Bedeutungen lernen? Weshalb wird hier Toleranz für sehr kleine Minderheiten gefordert, während dieselben Menschen gleichzeitig Andersdenkenden gegenüber keine Toleranz aufbringen?

Warum dürfen in der Schule auch beim Thema "Klimawandel" keine kritischen Fragen gestellt werden? Warum schürt die Schule bei unseren Kindern und Jugendlichen derartige Zukunftsängste? Wir Eltern möchten nicht, dass unser Kind sich als "letzte Generation" empfindet, sondern dass es mit Zuversicht in die Zukunft blickt, voller Vertrauen in die eigenen Kräfte und in die menschliche Fähigkeit, kreative Lösungen für die jeweils anstehenden gesellschaftlichen und persönlichen Problemen zu entwickeln!

All die genannten Fragen und Beispiele wurden mir bezeugt und spiegeln nicht nur die Gedanken einiger weniger wider. Auch stellen sie nur einen kleinen Ausschnitt an Fragen und Kritikpunkten dar.

Es findet also in der Gesellschaft nicht nur keine Aufarbeitung des Corona-Geschehens statt. Vielmehr geht das Unverständnis vieler Eltern weiter und sie fragen sich, wohin das alles führen wird.

Die Krise als Chance nutzen

Der große Umbruch

Die Ereignisse, die im Frühjahr 2020 über die Menschen weltweit hereinbrachen und die in Deutschland die oben beschriebenen Corona-Maßnahmen zur Folge hatten, fasse ich unter dem Begriff Corona-Krise zusammen. Sie läuteten eine große Veränderung unserer Gesellschaft ein: politisch, gesellschaftlich, wirtschaftlich, kulturell und das persönliche Leben sowie die Gesundheit eines jeden Einzelnen betreffend.

Die Menschen unseres Landes nahmen das unterschiedlich wahr: Die einen sahen ihre Gesundheit in Gefahr, andere ihre Selbstbestimmung und die Wahrung ihrer Grundrechte. Gelitten haben aber wohl alle auf die eine oder andere Weise und die Spaltung verursachte zusätzliches Leid.

Die einen glauben, dass der staatliche Eingriff mit dem Ende der Corona-Pandemie aufgehört hat und dass die Entwicklung der Weltgeschichte in den westlichen Ländern im Großen und Ganzen demokratisch von den Menschen bestimmt wird. Die anderen sehen in den Vorgängen, die sie um sich herum wahrnehmen, immer mehr Teile eines großen Puzzles, die zusammen einen Sinn ergeben. Diese Position will ich im Folgenden kurz erläutern.

Seit dem Jahr 2020 findet vor unseren Augen ein großer Umbruch statt. So lautet auch der Titel des Buches, das der Gründer und langjährige Vorsitzende des World Economic Forums (WEF) Klaus Schwab und sein Co-Autor Thierry Malleret im Sommer 2020 veröffentlichten (Der große Umbruch – The Great Reset). Klaus Schwab spricht darin von einem Umbruch in allen Bereichen: wirtschaftlich, gesellschaftlich, geopolitisch, ökologisch und technologisch. Er sieht die Covid-19-Pandemie als günstige Gelegenheit für einen Neustart, um eine nach seinen Angaben robustere, nachhaltigere und gerechtere Welt zu schaffen. Dazu fordert er eine verbesserte globale Ordnungspolitik, deren Notwendigkeit er mit den zahlreichen weltweiten Problemen und Krisen begründet. Der Begriff Klimawandel spielt dabei eine wichtige Rolle. Ziel von Klaus Schwabs Agenda ist eine Wirtschaft namens Stakeholder-Kapitalismus, die von Vertretern bestimmter Interessen

(= Stakeholder) bestimmt wird. [49] Diese haben natürlich starke finanzielle und machtpolitische Interessen hinter ihren medienwirksamen Projekten für Nachhaltigkeit, Vielfalt und soziale Gerechtigkeit. Zur Durchsetzung seiner Agenda trifft sich das WEF seit Jahrzehnten jährlich in Davos und bildet "Young global leaders" aus, die einflussreiche Positionen in Politik und Gesellschaft besetzen.

Dass das WEF dabei für 2030 ein weltweites Leben ohne Privateigentum und ohne Privatspäre prophezeit [50], finden viele Menschen bedrohlich. Das ist nicht die Zukunft, die sich Eltern für ihre Kinder wünschen! Die im vorherigen Kapitel beschriebenen Veränderungen der schulischen Lerninhalte ergeben gemeinsam mit den zahlreichen einschneidenden politischen, wirtschaftlichen und gesellschaftlichen Veränderungen, die Eltern in ihrer Umgebung wahrnehmen, im Licht dieser Agenda einen Sinn. Es geht um eine Transformation.

Die UN-Vollversammlung hat bereits im Jahr 2015 die Agenda 2030 mit 17 globalen "Nachhaltigkeitszielen" (Sustainable Development Goals, SDGs) verabschiedet, welche sich an alle Regierungen, aber ebenso an die Zivilgesellschaft, die Privatwirtschaft und die Wissenschaft richtet und mit der diese sich zur Umsetzung verpflichten [51]. Starke zentrale Institutionen spielen darin eine wichtige Rolle. Die SDGs umfassen hehre Ziele, wie Beendigung der Armut (es heißt dort genau so!), Gesundheit, Frieden und hochwertige Bildung. Jetzt, da immerhin schon mehr als die Hälfte der anvisierten Jahre vergangen ist, nehmen aufmerksame Beobachter des Zeitgeschehens jedoch genau das Gegenteil wahr. Um nur bei den vier soeben genannten Zielen zu bleiben: Aufgrund der Gesundheitsvorschriften, der schrumpfenden Wirtschaft und der Inflation nimmt die Armut in Deutschland zu [52]. Seit Einführung der "Impfung" gegen Covid-19 und seine Mutationen gibt es in Deutschland nicht nur einen außergewöhnlich hohen Krankenstand[53], sondern auch eine hohe Übersterblichkeit[54]. Weltweit entstehen neue Kriege, bei welchen immer mehr Länder die eine oder andere Seite unterstützen. Politiker sowie Medienvertreter bezeichnen dies sogar als "Zeitenwende" (wie Olaf Scholz den Beginn des Ukraine-Kriegs,[55]) und ziehen Vergleiche zu kriegsauslösenden Ereignissen wie den Angriff Japans auf Pearl Harbor oder 9/11 (dies wurde zum Angriff der Hamas-Kämpfer auf Israel im Oktober 2023 gesagt, [56]). Zudem spricht die deutsche Bildungsmisere mit ihrem kaum nachhaltig bekämpften Lehrermangel und dem schlechten Abschneiden bei

den schulischen Leistungen im internationalen Vergleich dem Ziel der hochwertigen Bildung Hohn.
Wir geraten also immer tiefer in die Krise hinein.

Eltern suchen neue Wege

Krisen sind Schicksalsmomente, sowohl im Leben eines einzelnen Menschen als auch einer Gesellschaft. Altes wankt und bricht zusammen. Was wird die Zukunft bringen? Viele Menschen wollen ihre Zukunft und die Bedingungen für die Gestaltung ihres Lebens nicht den Mächtigen überlassen.

Im Chinesischen haben die beiden Begriffe "Krise" und "Chance" dasselbe Schriftzeichen. Die Krise als Chance zu begreifen, als Gelegenheit, um Visionen zu entwickeln sowie Neues zu denken und zu wagen – das hatte schon mir damals geholfen, einen neuen Umgang mit unseren Kindern zu entwickeln, als ihre schulischen und persönlichen Probleme zunahmen und uns unsere Ärztin für die besonderen Schwierigkeiten von Adoptiv- und Pflegekindern die Augen öffnete.

Die Krise als Chance zu sehen kann uns helfen, den Zusammenbruch des Alten, den viele Menschen um sich herum wahrnehmen und der mit vielen Verlusten einhergeht, besser zu verkraften und zu überstehen. Darum geht es in diesem Buch: Wir, die Autorin und diejenigen, die hier zu Wort kommen, begreifen diese Krise als Chance. Als Chance, neue Wege in der Bildung zu gehen: Mütter und Väter in der Bildung ihrer Kinder, Jugendliche, die keine Schule mehr besuchen und sich selbst bilden, und ich als Gründerin der Initiative 'Homeschooling wagen'. Die Erfahrungen, die wir dabei gesammelt haben, wollen wir hier mit all denjenigen teilen, die einen Bildungsauftrag haben (und dazu gehören selbstverständlich auch die Eltern), sowie mit Jugendlichen, die ihre eigene Bildung selbst in die Hand nehmen wollen.

Wenn sich Eltern in anderen Ländern für Homeschooling entscheiden, dann tun sie dies zumeist aus einem bewussten Befürworten häuslicher Bildung heraus: Sie wollen ihre Kinder selbst beschulen! Oft dürfen diese Familien dabei auf staatliche Unterstützung zählen. In den USA zum Beispiel können sie zwischen verschiedenen Settings wählen. Wollen sie von einer Schule wöchentlich ansprechende Materialien zugesandt bekommen? Wenn ja: Für welche Schule und damit für welche Art von Materialien entscheiden sie sich? Oder wollen sie ihre Kinder ganz selbstbestimmt persönlich unterrichten? Oder bilden sich die Kinder und Jugendlichen frei und nehmen vielleicht ergänzend einige Kurse in Anspruch, die eine sich in der Nähe befindliche Schule für Homeschooler anbietet?

Es gibt zwar auch in Deutschland Angebote wie die internationale Clonlara-Schule, Kernbildung oder die religiöse Philadelphia-Schule. Deren Existenz war jedoch im Jahr 2020 bei Eltern, die Schule bis dahin nie hinterfragt hatten, kaum bekannt, da sie die deutsche Schulpflicht nicht erfüllen.

In Deutschland kann man sich nur zwischen staatlicher Schule und staatlich anerkannter Privatschule entscheiden. Die Frage lautet also nicht „Soll bzw. will mein Kind eine Schule besuchen oder nicht?", sondern „Soll mein Kind eine staatliche Schule oder eine Privatschule besuchen?". Wenn Letzteres: „Soll es eine Montessori-, Waldorf-, Jena-Plan- oder eine andere freie Schule sein?" Nur wenige Eltern haben es vor 2020 gewagt, ihre Kinder aus der Schule zu nehmen. Notfalls schickte man sie mit Zwang. Zu groß war die Angst vor gerichtlicher Verfolgung mit drohendem Kindesentzug.

Da in der Zeit, in der dieses Buch verfasst wird, die Schulpflicht in Deutschland wieder streng eingefordert wird, gehen manche Kinder nach einigen Monaten oder Jahren häuslicher Bildung wieder zurück in die Schule. Dann ist es gut, wenn diese Kinder im Lernstoff ihrer Klasse nicht so weit zurück liegen, dass sie die Klasse wiederholen müssen. Daher wollen viele Eltern, dass ihre Kinder auch im Stoff vorankommen und suchen Unterstützung.

Leider standen Eltern, wenn sie die Testungen ihrer Kinder verweigerten oder das Maskenbefreiungsattest ihres Kindes von der Schule nicht anerkannt wurde und das Kind infolgedessen die Schule nicht betreten durfte, zumeist ganz alleine da. Nur ein Teil der Eltern hatte das Glück, mit der Schule eine einvernehmliche und für alle befriedigende Übereinkunft zu treffen. Manchmal konnte man direkt den Eindruck gewinnen, dass man den Kindern das Zuhause-Lernen richtiggehend madig machen wollte: Ein Teil dieser Kinder bekam sehr viele Arbeitsblätter, die sie sich dann von ihren Eltern erklären lassen mussten – Klassenkameraden erzählten ihnen aber, dass sie im Schulunterricht dieses Pensum bei weitem nicht erreicht hatten! In anderen Fällen – und vor allem im Schuljahr 21/22 breitete sich diese Vorgehensweise aus – erhielten Eltern und Kinder überhaupt keine Materialien mehr und hingen quasi in der Luft. Die Kinder wurden dann teilweise ohne Vorbereitung zu Leistungsnachweisen in die Schule bestellt oder erhielten gleich die Note 6 und es drohte Sitzenbleiben, Nicht-Erreichen eines Schulabschlusses oder Rauswurf aus der Privatschule. Was nun?

Offizielle Stellen, bei welchen Eltern derartige Fragen vorbringen und sich beraten lassen konnten, gab es nicht. Im Gegenteil: Wenn Eltern das Gespräch mit Lehrern und/oder der Schulleitung suchten, wurden sie zumeist nur auf die Schulpflicht hingewiesen und ihre Bedenken und Anliegen fanden kein Gehör.

„In Zeiten, in denen die Niergangskräfte dominieren, kommt es auf den Einsatz des ganzen Menschen an. Auf den Entschluss: nicht mit dem Strome und nicht gegen den Strom zu schwimmen, sondern Neuland zu schaffen, in sich selbst und in seinem Wirkungskreis."

Annie Heuser (1896–1962)
(Ehemalige Leiterin des pädagogischen Seminars am Goetheanum)

Die Initiative 'Homeschooling wagen' entsteht

Ich selbst hatte im Jahr 2020 dem Schuldienst schon längst den Rücken gekehrt. Nachdem unsere Kinder nach und nach ihren Weg ins Leben gefunden hatten und ausgezogen waren, hatte man mich in einer 4. Klasse eingesetzt, in der 16 Grundschulkinder und acht geistig behinderte Kinder gemeinsam unterrichtet wurden. Wenngleich eine Grund- und eine Sonderschullehrerin diese Inklusionsklassen gemeinsam leiteten, empfand ich das Zusammenlegen einer derart großen Gruppe von Behinderten mit Kindern einer 4. Klasse, die sich zum Teil auf das Gymnasium vorbereiteten, für alle Kinder als Überforderung. Ich kündigte den Schuldienst und wechselte in die Erwachsenenbildung. Dort unterrichtete ich Deutsch in Integrationskursen für Migranten. Parallel machte ich die Ausbildung zur Waldorflehrerin, eine Jahresausbildung in Gewaltfreier Kommunikation nach Marshall Rosenberg und die Ausbildung zur SAFE-Mentorin, bei der es um die Bedeutung der Eltern-Kind-Bindung ging. Rückblickend kommt es mir so vor, als habe ich mich damit auf die neue Situation vorbereitet.

Mit dem Lockdown 2020 wurden auch meine Deutschkurse ausgesetzt. Da dort anschließend wie in allen Bildungseinrichtungen Corona-Maßnahmen eingeführt wurden, sollte ich nur kurz zurückkehren. Auf meinen Hinweis an die Leitung, dass die Corona-Maßnahmen sowohl für die Migranten als auch für mich als Dozentin unmenschlich seien, wurde ich vor die Wahl gestellt, entweder die Maßnahmen zu akzeptieren oder aufzuhören. Ich entschied mich für Letzteres.

Nach den Schulöffnungen erlebte ich im Bekanntenkreis Kinder, die trotz Schulpräsenzpflicht nicht wieder in die Schule gehen wollten bzw. deren Eltern sie den nun in den Schulen neu eingeführten "Corona-Maßnahmen" nicht aussetzen wollten. Für manche Kinder war es auch eine willkommene Gelegenheit, der ungeliebten Schule endlich den Rücken kehren zu können.

Doch wie soll das gehen, fragten sich viele Eltern. Wie sollen wir das machen? Wird uns die Schule mit Materialien unterstützen? Wollen wir das überhaupt? Wie können wir unsere Kinder selbst bilden?

Diese Kinder und ihre Eltern wollte ich mit meiner Erfahrung unterstützen. Ich hielt einige Vorträge in verschiedenen Städten darüber, wie Eltern die Bildung ihrer Kinder selbst in die Hand nehmen können, und gründete im Sommer 2020 die Initiative "Homeschooling wagen – für eine unbeschwerte Kindheit im Schuljahr 20/21". (Anm.: Da die Maßnahmen anhielten und viele Eltern ihre Kinder auch im Schuljahr 21/22 und darüber hinaus zuhause beschulen möchten, habe ich den Zusatz später umbenannt in "für eine unbeschwerte Kindheit ab Schuljahr 20/21")

Bei meiner Initiative geht es mir nicht darum, dass Kinder zuhause langweilige Arbeitshefte und Arbeitsblätter ausfüllen und Arbeitsaufträge aus der Schule erledigen. Vielmehr möchte ich Eltern aufzeigen, wie sie den eigenen Kindern die Grundlagen im Lesen, Schreiben und Rechnen bzw. später das Grundwissen in Deutsch und Mathematik vermitteln können und wie es aussehen kann, dem Leben ansonsten mit Offenheit, Neugier sowie Interesse für das zu begegnen, was uns umgibt – so, wie mein Mann und ich es mit unseren Kindern gemacht hatten.

In meinem Telegram-Kanal 'Homeschooling wagen' gebe ich seitdem Anregungen und Impulse für möglichst selbstbestimmtes häusliches Lernen. Ich erkläre die Vorgehensweise, mit der mein Mann und ich mit unseren eigenen vier Kinder lernten und sie bis zum externen

Mittelschulabschluss (so wird in Bayern der Abschluss der Volks- bzw. Hauptschule genannt), zur Mittleren Reife und zum Abitur begleiteten bzw. sie darauf vorbereiteten.

Außerdem habe ich eine Website erstellt, auf der Eltern Bücher und andere Materialien finden können, die sich für häusliches Lernen eignen, sowie von mir verfasste Fachtexte zu schulischen und pädagogischen Themen und zu Fragen, die an mich herangetragen werden. Damit möchte ich Eltern sowohl fachliche Informationen geben als auch dazu ermutigen, die Bildung ihrer Kinder selbst in die Hand zu nehmen. Außerdem berate ich Eltern und halte Vorträge über meine Vorstellung eines selbstbestimmten Homeschoolings, das Familien viel Raum für freie Gestaltung lässt. Auf meinen Online-Treffen und -Kursen sowie Seminaren können Eltern Fach- und Sachinformationen erhalten, Fragen stellen und von ihren Erfahrungen berichten.

Wie kann häusliche Bildung aussehen? Es ist so vielfältig, wie die Familien und ihre einzelnen Familienmitglieder selbst. Nach den Schulöffnungen war es ursprünglich nicht vorgesehen, dass Kinder weiterhin zuhause blieben, und daher gab es dafür zunächst nur wenige Vorgaben. Die meisten Eltern suchten selbst nach Unterstützung sowie hilfreichen Materialien und starteten. Es entstanden Portale, auf denen sie sich austauschen konnten, und Menschen und Gruppen, die Impulse und Begleitung anboten.

Während ich im Herbst 2020 noch vermehrt Anregungen gab und kleine "Homeschooling-Aufgaben" anbot, kommen seitdem zahlreiche Rückmeldungen und Erfahrungsberichte über das, was Kinder von sich aus machen, hinzu. Dazu erhalte ich oft Fotos: Ein Kind hat mit seiner Mama ein T-Shirt genäht, ein anderes mit seinem Papa ein Vogelhäuschen gezimmert, ein Jugendlicher hat eine Torte gebacken usw. Einmal schickte mir eine Mutter ein Foto von ihrem Sohn, der mit einem Nachbarsjungen in einem großen Sandkasten etwas aus Plastikrohren und anderen Materialien konstruierte, und fragte mich: „Was steckt da an Lernen drin?" Neben Teamarbeit, Kreativität, motorischen Fähigkeiten und Konzentration entdeckte ich so viele Dinge! Diese Erfahrung und die Dankbarkeit dieser Mutter über meine Antwort führten dazu, dass ich seitdem verstärkt Fotos und Erfahrungsberichte deute und aufzeige, was auch an schulischem Lernen hinter dem steckt, womit sich Kinder und Jugendliche aus eigenem Antrieb beschäftigen. Dadurch bestärke ich Eltern in ihrem Vorgehen und rege sie an, ihre Kinder bei ihren selbst gewählten Tätigkeiten wertschätzend wahrzunehmen und das "Lernen" dahinter zu entdecken.

Ich freute mich zu hören, dass es vielen Kindern mit dem weitgehend selbstbestimmten häuslichen Lernen sehr gut ging und dass Eltern dieses Wagnis und die Anstrengungen, die damit verbunden sind, auf sich nahmen. Gern stand ich bei Problemen beratend zur Seite. Immer mehr wuchs dabei der Wunsch in mir, diese Erfahrungen festzuhalten und einem größeren Leserkreis zugänglich zu machen.

Einige dieser Eltern und eine Jugendliche erklärten sich bereit, die Entwicklung ihrer je eigenen häuslichen Bildung über ein ganzes Schuljahr oder länger aufzuschreiben. Im folgenden Kapitel dieses Buches sind diese Berichte nun zusammengefasst. Sie zeigen eine Vielfalt häuslicher Bildung auf: Eine Mutter begann mit einer Art Unterricht nach dem Stundenplan der Schule, eine andere gestaltete Projekte usw. Jeder Leser und jede Leserin kann sich woanders wiederfinden und sich Anregungen aus den verschiedenen Erzählungen nehmen.

Für viele dieser Eltern war es selbstverständlich gewesen, dass ihr Kind zur Schule ging. Nun wollten sie es den Corona-Maßnahmen nicht aussetzen. Bei anderen haderte das Kind sowieso schon mit der Schule. Und ihre Eltern nutzten die Krise – die Corona-Krise und/ oder die Krise ihres Kindes – als Chance.

Wie selbstbestimmte Bildung aussehen kann – eine Anregung

Im Folgenden stelle ich einzelne Elemente vor, wie meines Erachtens eine grundlegende, nachhaltige sowie umfassende häusliche Bildung gelingen kann.

Die Bereiche, die in der Schule als "Nebenfächer" bezeichnet werden, können Eltern problemlos in den Alltag integrieren: Sie können zuhause gärtnern, ein Haustier pflegen, basteln, an der Werkbank werkeln, zusammen handarbeiten, singen und musizieren, künstlerisch tätig sein und zum Beispiel einen Aquarell-Malkurs besuchen, mit ihren Kindern ihre eigene Religion und Spiritualität pflegen und vieles mehr.

Jahreszeiten, jahreszeitliche Feste und Jahrestage lassen bestimmte Themen oder Tätigkeiten in den Mittelpunkt rücken. Das Frühjahr eignet sich beispielsweise für das Gärtnern, der Sommer lädt dazu ein, schwimmen zu lernen und viel draußen zu sein, im Herbst fallen die unterschiedlichen Bäume auf und der Winter bietet sich für innerhäusliche Aktivitäten an.

Ausstellungen und Reisen bieten die Gelegenheit, etwas Neues kennenzulernen. Wir brauchen nur mit offenen Augen durch die Welt zu gehen! Wer nicht zur Schule gehen muss, hat dafür auch viel mehr Zeit. Es ist ganz natürlich, dass Eltern nicht in all diesen Bereichen gleich begabt sind und dass sie sich im Alltag nicht für alles gleichermaßen begeistern. Ich halte das auch nicht für nötig. Oft machen sie dafür mit ihren Kindern Dinge, die im schulischen Lehrplan überhaupt nicht vorkommen, wie Kräuterkunde, Gemüseanbau, Sternenkunde und Anderes. Und wenn ihre Kinder sich einem Thema oder einer Tätigkeit mit Interesse und Freude widmen, bleibt meist viel mehr – und vor allem Positives! – im Gedächtnis als von einer regelmäßigen Stunde bei einem vielleicht ungeliebten Fachlehrer.

Für die Kernfächer Deutsch, Mathematik und die Sprachen sowie die Nebenfächer ab der Mittelstufe habe ich auf meiner Website eine Liste an Materialien zusammengestellt, die einen guten Erklärteil sowie einen gut aufgebauten und nicht zu umfangreichen Übungsteil haben und die außerdem ansprechend sind. Den Erklärteil können Eltern mit ihren Kindern einfach gemeinsam lesen. Anschließend kann man – entweder gemeinsam oder das Kind macht das selbstständig – die darauffolgenden Übungen bearbeiten und sich gegebenenfalls selbst noch unterhaltsame Übungsmöglichkeiten ausdenken. Der Begründer der Waldorfpädagogik Rudolf Steiner empfahl seiner Lehrerschaft für den Unterricht bis zum zwölften Lebensjahr einmal Folgendes: täglich eineinhalb Stunden konzentrierten Unterricht, dann eine halbe Stunde Märchen oder andere Geschichten und schließlich eineinhalb Stunden Künstlerisches [57]. Ein einziges gut durchgearbeitetes Thema pro Tag, möglichst über zwei oder drei Wochen hinweg, wie es die Waldorfschule mit ihrem "Epochenunterricht" macht, und anschließend eine Verarbeitung desselben durch künstlerisches oder handwerkliches Tun – so kann nachhaltige Bildung aussehen! Mehr als ein zentrales inhaltliches Thema pro Tag muss es überhaupt nicht sein! Dann wird auch nicht so viel durch andere Inhalte überlagert und vergessen.

Die Tatsache, dass meine Kinder verschiedene externe Abschlüsse bis hin zum allgemeinen Abitur geschafft haben, kann Eltern ermutigen: Mit guter Begleitung und geeigneten Materialien können Kinder auch ohne Schulbesuch Abschlüsse schaffen! Hierauf werde ich im 3. Teil dieses Buches eingehen.

Gleichzeitig möchte ich Eltern einen einfachen und für jeden gangbaren Weg aufzeigen, wie ein selbstbestimmtes Homeschooling nicht nur gelingen, sondern auch noch Freude und Spaß machen kann. Und auch wenn im Sommer 2020 alles schnell gehen und einfach sein musste, gilt das, was ich damals in Kürze entwickelte, noch immer und wird nun durch positive Erfahrungsberichte unterstützt.

Erfahrene Freilerner-Eltern wissen es schon längst: Im Alltag stecken so viele Gelegenheiten, um Kenntnisse und Fähigkeiten zu erwerben, die man auch unter schulischen Gesichtspunkten als "Lernen" bezeichnen kann! Als Beispiel wird gern eine Einkaufs- oder Kochsituation angeführt, bei der Eltern mit ihren Kindern rechnen können. Doch es geht um viel mehr: Kinder, deren Eltern sich viel mit ihnen beschäftigen und ihnen eine anregende Umgebung bieten, erfüllen ganz nebenbei viele der "Kompetenzen", die von einem so genannten Experten-Gremium mühevoll für einen länderspezifischen Lehr- oder Bildungsplan formuliert wurden.

Zu den basalen Kompetenzen gehören motorische Fähigkeiten, eine gute Raum-Lage-Wahrnehmung und die eigene Orientierung sowohl auf einem Blatt, als auch in der eigenen Umgebung und schließlich in der Welt. Dafür sind vielfältige Bewegungserfahrungen ab frühestem Alter nötig. Durch den häufigen Umgang mit einem zweidimensionalen Bildschirm erwirbt man sie nicht.

Zu den grundlegenden Kompetenzen gehört auch, sprechen, sich ausdrücken, formulieren und im Gespräch zuhören und aufeinander eingehen zu können, was in der Familie angelegt und geübt werden muss.

Daneben gibt es zahlreiche persönliche und soziale Fähigkeiten wie Konzentrationsfähigkeit, Ausdauer, Selbstbewusstsein, Teamfähigkeit und vieles mehr, die Lernen erleichtern.

Da ich als Sonderschullehrerin schwerpunktmäßig Schüler mit dem Förderschwerpunkt Lernen unterrichtet habe und viele Jahre lang ehrenamtlich in sozialen Brennpunkten tätig war, weiß ich, wie sehr Defizite in diesen Bereichen das Erlernen der Kulturtechniken

Lesen, Schreiben und Rechnen und erst recht komplexerer Stoffgebiete behindern können. Wie soll ein Kind, dem nie vorgelesen und mit dem wenig gesprochen wurde, später einen lebendigen Aufsatz schreiben? Wie soll ein Kind, das sich nicht auf vielfältige Weise bewegt und dabei viele grob- und feinmotorische Erfahrungen gemacht hat, später mit Vorstellungskraft und geistig rege zum Beispiel den Aufbau einer Kaffeemaschine – um nur ein ganz einfaches Beispiel zu nennen – nachvollziehen, geschweige denn kreativ etwas Neues erschaffen können?

Die Anregungen, die ich gebe, bzw. das Konzept der häuslichen Bildung, das ich empfehle, ist dabei bewusst offen gehalten. Ich sehe es als Angebot, aus dem sich jeder das heraussuchen kann, was zu ihm und dem jeweiligen Kind passt. Manche Mütter setzen sich mit ihrem Kind jeden Tag regelmäßig für eine gewisse Zeit zusammen und erarbeiten mit den Materialien, die ihnen die Schule bereitstellt oder die ich auf meiner Website empfehle, die Lerninhalte der entsprechenden Jahrgangsstufe. Andere nutzen lieber günstige Gelegenheiten im Alltag, um ihren Kindern eine Rechenoperation oder anderes beizubringen.

Eltern, deren Kinder nach 2020 keine Schule mehr besuchten, kommen aus ganz unterschiedlichen Richtungen: Manche haben sich schon intensiv mit alternativen Schul- und Bildungsformen befasst, andere haben die Schule und das Schulsystem nie infrage gestellt. Manche Eltern, vor allem Mütter, haben selbst eine pädagogische Ausbildung, für andere wiederum ist das völliges Neuland. Manche sind Akademiker, andere sind Alten- und Krankenpfleger, Heilpraktiker, Bauern, Handwerker oder Reinigungskräfte – mein Konzept richtet sich an jeden. Was Eltern selbst nicht wissen, können sie im häuslichen Lernen mit ihren Kindern gleich mitlernen, indem sie es sich mit ihren Kindern gemeinsam erarbeiten! Bei dem einen ist das Englisch, bei dem nächsten Mathematik oder Rechtschreibung und beim Dritten vielleicht das Handwerken. Und das, was sowieso ihre Leidenschaft ist, lernt ihr Kind zumeist nebenbei, weil es im Alltag ganz selbstverständlich seinen Platz hat: gärtnern, kochen, lesen, handarbeiten, handwerken usw.

Mir ging es als passionierte Lehrerin mit meiner Initiative also zunächst nicht um ein Plädoyer für häusliche Bildung im Allgemeinen, sondern um eine Unterstützung für Eltern, die ihre Kinder in dieser Zeit zuhause lernen lassen wollten. Diese Eltern waren in Not und reagierten nur, um ihre eigene Selbstbestimmung zu erhalten und die psychische und physische Gesundheit ihrer Kinder zu bewahren. Viele dieser Kinder und Jugendlichen sagen nach ihrer Erfahrung des häuslichen Lernens: „Ich will nie wieder in eine Schule gehen!" Viele Eltern unterstützen sie: „Ich zwinge mein Kind nicht dazu, in die Schule zu gehen." Denn das ist es, was die Behörden bei der radikalen Einforderung der Schulpräsenzpflicht von den Eltern verlangen: dass sie ihr Kind in die Schule "schicken", also ihre elterliche Autorität ausüben und ihr Kind zwingen, in die Schule zu gehen („Du musst..."), auch wenn es das aus unterschiedlichen Gründen nicht will.

Doch Eltern sollten ihre Kinder nicht zwingen müssen und Kinder sollten freiwillig und gern zur Schule gehen!

Hoffentlich wird neben vielen bitteren Früchten das Ende der Schulpflicht bzw. des Schulzwangs als süße Frucht aus der Corona-Krise hervorgehen!

Stufen

Wie jede Blüte welkt und jede Jugend
Dem Alter weicht, blüht jede Lebensstufe,
Blüht jede Weisheit auch und jede Tugend
Zu ihrer Zeit und darf nicht ewig dauern.
Es muß das Herz bei jedem Lebensrufe
Bereit zum Abschied sein und Neubeginne,
Um sich in Tapferkeit und ohne Trauern
In andre, neue Bindungen zu geben.
Und jedem Anfang wohnt ein Zauber inne,
Der uns beschützt und der uns hilft, zu leben.

Wir sollen heiter Raum um Raum durchschreiten,
An keinem wie an einer Heimat hängen,
Der Weltgeist will nicht fesseln uns und engen,
Er will uns Stuf' um Stufe heben, weiten.
Kaum sind wir heimisch einem Lebenskreise
Und traulich eingewohnt, so droht Erschlaffen,
Nur wer bereit zu Aufbruch ist und Reise,
Mag lähmender Gewöhnung sich entraffen.

Es wird vielleicht auch noch die Todesstunde
Uns neuen Räumen jung entgegen senden,
Des Lebens Ruf an uns wird niemals enden …
Wohlan denn, Herz, nimm Abschied und gesunde!

Hermann Hesse

Teil II

Eltern und eine Jugendliche berichten, wie sie ihr häusliches Lernen gestalten

Im Folgenden nehmen wir einzelne Kinder in den Blick, von welchen die meisten nach den Schulöffnungen im Frühsommer 2020 nicht mehr in die Schule zurückkehrten. Nachdem die neu eingeführten Covid-Testungen wegen der ungeklärten Haftungsfrage als freiwillig deklariert worden waren, konnten Eltern diese zumindest verweigern. Dadurch entstand ein rechtlich ungeklärter Raum. In manchen Bundesländern gewährten die Entscheidungsträger den Eltern zeitweise die Möglichkeit, ihre Kinder von der Präsenzpflicht zu befreien. Leider gaben die Kultus- und Bildungsministerien dies nicht oder nur in sehr unklaren Formulierungen bekannt, wohl um nicht zu viele Eltern auf diesen Gedanken zu bringen. Immer wieder höre ich den Satz: „Es wäre möglich gewesen, mein Kind im Schuljahr 20/21 in Baden-Württemberg von der Präsenzpflicht zu befreien? Das wusste ich nicht!"

Zu unterschiedlichen Zeiten wurde in den einzelnen Bundesländern die Schulpflicht wieder rigoros eingefordert: in manchen ab Schulbeginn im Sommer 2021, in anderen erst ab Ostern 2022. Ein großer Teil der hier in den Blick genommenen Kinder und Jugendlichen ging daraufhin wieder in die Schule. Andere blieben – teilweise trotz Bestrafung mit Buß- und Zwangsgeldern und oft unter Androhung des Sorgerechtsentzugs – weiterhin zuhause und manche von ihnen sind es immer noch, während dieses Buch verfasst wird.

Ich habe versucht, verschiedene Lebenswelten in dieses Buch aufzunehmen: Jungen und Mädchen verschiedener Altersstufen, berufstätige und nicht berufstätige Mütter, außerhäuslich und im Homeoffice tätige Eltern, eine alleinerziehende Mutter, Kinder mit und ohne Geschwister und Familien in Deutschland, im Ausland und unterwegs. Alle leben in jeweils sehr unterschiedlichen Lebenssituationen. Auch die Herangehensweise der Eltern an ein häusliches Lernen war und ist unterschiedlich und das werden sie hier darstellen: „So haben wir das gelebt. Wir hatten diese Bedingungen und diese Situation und das haben wir daraus gemacht."

Manchmal ändert sich etwas an den Umständen, sei es durch eine Entscheidung, sei es von außen kommend: ein Umzug, eine neu aufgenommene oder aufgegebene Berufstätigkeit oder Ähnliches. Oft ändert sich auch etwas an der Einstellung einer Mutter oder eines Vaters. Und natürlich verändern sich auch die Kinder und Jugendlichen.

Manchmal gibt es allmähliche Entwicklungen der Eltern oder des Kindes, die den Eltern plötzlich bewusst werden.

Diese Veränderungen versuchen wir besonders deutlich zu zeigen und darzustellen: Was hat sich verändert? Wie ging es den einzelnen Familienmitgliedern damit? Wie sind sie damit umgegangen und wie haben sie es gestaltet, damit es möglichst allen Familienmitgliedern gut geht?

Mit der Erfahrung wächst das Selbstbewusstsein und oft gibt es eine Veränderung von der Bearbeitung vorgegebener Materialien hin zu einer immer selbstbestimmteren häuslichen Bildung.

Da die tiefgreifendsten Veränderungen in der Einstellung und der Vorgehensweise – bis sich ein gewisser Rhythmus und ein gewisses Vorgehen bewährt und etabliert haben – üblicherweise in der ersten Zeit einer neuen Phase stattfinden, habe ich die Erzählenden gebeten, die Zeit zwischen dem Lockdown im Frühjahr 2020 und dem Sommer 2021 darzustellen. Manchmal ergab sich aber auch das Hervorheben eines anderen bzw. eines längeren Zeitraums aufgrund der individuellen Bedingungen.

Wir wünschen unseren Lesern viel Freude beim Begleiten der einzelnen Familien auf ihrem jeweils eigenen Weg!

Jonas wird zuhause eingeschult

Im Sommer 2020 sind unsere drei Kinder sieben, fünf und drei Jahre alt und unser ältester Sohn Jonas soll eingeschult werden. Schultasche und Schultüte haben wir schon. Doch das, was ich von der Schule höre, schreckt mich sehr ab: Abstand, viele Regeln, häufiges Händewaschen und Ähnliches. Nach einem möglichst unbeschwerten und fröhlichen Lernalltag hört sich das nicht an!

Jonas und seine Schwester Anna sind aus diesem Grund schon seit dem ersten Lockdown nicht mehr in den Kindergarten gegangen. Unsere Jüngste ist sowieso zuhause und im Frühjahr 2020 habe ich mich immer mehr an die neue häusliche Situation mit allen drei Kindern gewöhnt. Vormittags habe ich eine geringfügige Verwaltungstätigkeit, die ich bequem von zuhause aus erledigen kann.

So suche ich nach einer Möglichkeit, uns als Familie zu schützen und Jonas dennoch die Möglichkeit zu bieten, sich ohne Schulanwesenheit so bilden zu können, dass er eines Tages nahtlos in das Schulleben integriert werden kann. Als eine Freundin mir von dem Vortrag "Homeschooling wagen – für eine unbeschwerte Kindheit im Schuljahr 20/21" von Svenja Herget am 17. Juli in Nürnberg erzählt, werde ich neugierig und fahre mit ihr dorthin. Dieser Abend stellt für mich vieles auf den Kopf.

Bis dahin habe ich nicht gewusst, dass Homeschooling etwas anderes ist als Freilernen und von "Unschooling" habe ich noch nie gehört. Es gibt für mich unglaublich viele Informationen und Ideen, wie ein Lernen zuhause aussehen kann. Die dort vorgestellten Lernmaterialien sehen wirklich sehr ansprechend aus. Und außerdem tut es meiner Freundin und mir so gut, Gleichgesinnte zu treffen!

Voller Zuversicht und Hoffnung sowie beseelt von dem Gedanken, ein echtes Homeschooling mit meinen Kindern umzusetzen, fahre ich nach Hause. Als ich um halb ein Uhr zuhause ankomme, erwartet mich sehnsüchtig ein waches Kleinkind. Ich bin zu aufgeregt, um müde zu sein. An diesem Abend liege ich noch lange wach und fühle mich wie vor einer aufregenden Reise.

Am nächsten Tag bestelle ich voller Elan die auf dem Vortrag empfohlenen Materialien für Erstklässler. Sie geben meinem Mann und mir die Sicherheit, dass unser Sohn den Stoff der 1. Klasse auch zuhause lernen kann. Jonas will gleich die Fotos der Hefte und Bücher sehen und freut sich.

Ich bin hochmotiviert und vieles nehme ich von nun an ganz anders wahr. Ich bin viel aufmerksamer gegenüber dem, was meine Kinder sagen und ausdrücken. Ich nehme mir mehr Zeit, Dinge mit ihren Augen zu sehen, und entwickle eine Sensibilität dafür, wie diese auf sie wirken.

Kurz nach dem Vortrag kommen beispielsweise bei meinen Kindern eines Abends vor dem Einschlafen einige Fragen auf (vielleicht haben sie vorher schon soviel gefragt, aber ich habe es nicht so sehr beachtet?): „Haben Babyhaie bei der Geburt Zähne?“ und „Wo wachsen Kokospalmen und warum nur dort?“ Am nächsten Morgen suchen wir entsprechende Bücher heraus und erkunden gemeinsam die Antworten. Es sieht sehr interessant auf unserem Tisch aus!

Glücklicherweise kann ich immer wieder mit Svenja Herget Rücksprache halten und sie fragen, wenn ich einen Tipp brauche. Oft tut es aber auch einfach gut, ihr von unseren Erlebnissen und meinen Beobachtungen zu erzählen.

23. Juli 2020

Heute sind unsere beiden Großen nach fast fünf Monaten den ersten und letzten Tag im Kindergarten. Sie waren nun ja schon länger abgemeldet und uns wurde angeboten, den letzten Tag vor den Ferien Abschied nehmen zu können. Die Kinder und ich freuen uns sehr. Aber als ich sie hinbringe und an allen Türen wieder die Schilder mit den Bildern der unterschiedlichen kursierenden Krankheiten und den Hinweisen „Bitte geben Sie Ihre Impfnachweise ab!“ lese sowie die vielen Eltern mit Mundschutz sehe, die sich von ihren Kindern ohne Küsse verabschieden, bin ich echt froh, dass ich uns aus diesem täglichen Spießrutenlauf rausnehmen kann!

Anfang September

Mein Mann und ich sind uns einig: Solange in der Schule Masken getragen werden müssen, bleibt Jonas zuhause. Glücklicherweise können wir ihn mit der Begründung "Risikopatient in der Familie" von der Präsenzpflicht befreien. Ich besuche einen Workshop von Kristin Lehmann vom Bundesverband Natürlich Lernen zu rechtlichen Fragen und dem Umgang mit Behörden. Es ist mir sehr wichtig, dass ich mich in rechtlichen Fragen auskenne und für eventuelle Gespräche mit Behörden gewappnet bin.

Das Einzige, was Jonas an der Schule interessiert, ist die Schultüte, die ich in den Ferien für ihn genäht hatte. Am meisten freuen ihn die Süßigkeiten, das neue Taschenmesser und das Feldbesteck. Ansonsten ist die Schule kein großes Thema für ihn. Um mein "Schulkind" komplett auszustatten, haben wir außerdem eine Schultasche gekauft.

Wir haben schon in den Ferien eine eigene Schulbank angeschafft und mit gemeinsamen Tätigkeiten am Tisch losgelegt. Perlen fädeln, basteln, malen – alle Kinder, auch die gerade 2-Jährige, sitzen immer wieder gerne an diesem Tisch und arbeiten, jeder auf seine Weise.

Natürlich spielen sie immer noch viel – es ist ja Sommer und wir sind oft draußen. Ich liebe es, eigenes Obst und Gemüse anzubauen. Früher spielten die Kinder nebenher im Garten, während ich arbeitete. Nun beziehe ich sie immer mehr in die Arbeit mit ein. Wir beobachten die Pflanzen in ihrem Wachstum und sprechen darüber. Und wenn ein Kind etwas fragt, zeige ich ihm, was man wann machen muss und wie es mit welchem Werkzeug umgehen soll. Und das alles begeistert sie sehr. Es gefällt ihnen, dass die Mama sie nun mehr miteinbezieht und ihnen so viel erklärt.

Bei den täglichen Dingen wie Wäsche waschen, Rasen mähen, Hecke schneiden usw., über die sich Mamas oft beschweren, dass sie keiner sieht und wertschätzt, dürfen sie dabei sein und sehen: Unser Alltag ist Arbeit und das ist schön! Wir verrichten viele kleine Tätigkeiten, damit das große Ganze schön wird. So sage ich nicht mehr „Ich muss die Wäsche aufhängen", sondern „Ich möchte die Wäsche aufhängen", „Ich hänge die Wäsche auf" oder „Wir hängen jetzt die Wäsche auf". Das fühlt sich wunderbar an!

Ich beginne auch immer mehr, mich für die Bildung meiner Kinder verantwortlich zu fühlen. Und das macht mir große Freude! Ich habe schon immer gern Bücher gelesen und mich informiert, aber nun merke ich, wie meine Kinder es regelrecht aufsaugen, wenn ich ihnen etwas erkläre, wenn wir gemeinsam in einem Buch etwas nachschlagen oder wenn wir gemeinsam etwas ausprobieren.

Eines Tages schreibt Jonas aus eigenem Antrieb verschiedene Buchstaben, die er schon kennt, mit Kreide auf die großen Pflastersteine, die zu unserem Gartenhaus führen. Ich bin sehr gerührt: Er kennt schon so viele Buchstaben! Und er hat einfach Lust, sie zu schreiben!

Anfang Oktober

Ich werde zu einem persönlichen Gespräch mit der Klassenlehrerin gebeten. Am Telefon hat das Schulamt noch die Worte "Schulversäumnisanzeige" und "Bußgeld" in den Mund genommen. Da die Lehrerin einen zweiten Lockdown auf sich zukommen sieht, verwendet sie diese Worte aber nicht und bietet an, uns Materialien zukommen zu lassen. Als sie mir detailliert die Lerninhalte erklärt, stelle ich fest, dass wir dank der von Svenja Herget empfohlenen Materialien ohne zu übertreiben weit über den in der Schule bisher im Rechnen, Schreiben und auch im Lesen vermittelten Inhalten liegen. Das entspannt mich sehr. In der Schule arbeiten sie teilweise mit ähnlichen Materialien wie wir zuhause. Offiziell sind wir nun im "Distanzunterricht". Ich bin froh und erleichtert, dass das Gespräch mit der Klassenlehrerin so freundlich und kooperativ war. Ich merke: Bei ihr steht das Wohlergehen des Kindes im Vordergrund.

Einstweilen bekomme ich am Rande mit, wie es in den Schulen zugeht. Ein Kind soll an Sauerstoffmangel wegen der Maske gestorben sein. Das zu hören macht mich sehr traurig. Ich bin täglich dankbar, dass sich durch den Vortrag im Sommer bei mir ein Fenster geöffnet hat und dass wir die Kraft aufbringen, diesen unseren Weg zu finden und zu gehen. Jeder Tag, den Jonas zuhause verbringt, ist ein guter Tag für uns. Wieder haben wir in dieser schwierigen gesellschaftlichen Lage einen Tag in geschützter Atmosphäre verbracht!

Oft ist es herausfordernd, mit den beiden jüngeren Geschwistern, die keinen Kindergarten besuchen, alles zu bewältigen. Die Ablenkung ist groß und ich schaffe es nicht immer, geduldig zu bleiben. Zu Beginn des Schuljahres muss ich fast täglich mit Behörden telefonieren und stehe ziemlich unter Druck. Es ist für mich sehr schwer, den Druck, den ich bekomme, gerade weil ich ihn für mein Kind vermeiden will, nicht weiterzugeben.

Anfangs orientieren wir uns am Stundenplan. Wir halten uns zwar nicht an den zeitlichen Umfang, aber wir gehen jedes Fach durch. Bei Handarbeit und Religion lassen sich die Geschwister leicht einbinden. Doch der ständige Wechsel zwischen den Fächern bringt oft zu viel Verschiedenes auf einmal.

Deshalb lasse ich allmählich den Stundenplan los und wechsle nicht mehr so häufig die Themen und Tätigkeiten. Ich richte mich mehr nach den Kindern: Wenn sie über etwas länger reden und arbeiten wollen, richte ich mich danach. Ich löse mich von dem Gedanken „Hier fehlt die Struktur!" und merke, dass es so leichter für uns alle ist. Es kommt den Kindern entgegen, wenn es keine Begrenzung gibt und wir ihre Interessen berücksichtigen können.

Dezember

Die Weihnachtsferien nahen. Es zeichnet sich nun ab, dass auch dieses Schuljahr kein normales Schuljahr werden wird. Ich lerne immer mehr Eltern kennen, die ihre Kinder aus der Schule nehmen wollen. In den Schulen unserer Region findet Wechselunterricht statt. Für uns beginnt eine Phase der Entspannung. Wir machen keine "Ferien" in dem Sinn, dass wir uns mit überhaupt nichts Schulischem beschäftigen. Wir binden es einfach in den Alltag ein wenig mit ein und manchmal ergibt sich etwas, was man als "schulisches Lernen" verbuchen könnte.

Kurz vor Weihnachten schreibt Jonas erste Weihnachtskarten an seine Onkels. Mir fällt ein Stein vom Herzen und ich bin sehr erleichtert: Ein Meilenstein ist geschafft. Jonas kann einen eigenen Text schreiben! Und er kann diesen auch lesen! Wir sind alle stolz: auf ihn und auf uns.

Mit den Weihnachtskarten werden nun erste Ergebnisse unserer täglichen Arbeit auch für Papa und die Großeltern, die nicht so nah dabei sind wie ich, sichtbar. Wir haben einen Beweis: Es geht auch ohne Schule. Wir haben das selbst geschafft! Und das alles, obwohl weder mein Mann noch ich eine Lehrerausbildung haben!

Januar 2021

Ein Glücksgefühl macht sich breit! Während die anderen Kinder und Eltern nur von Woche zu Woche planen können, unter den Maßnahmen leiden und über verschiedene Maskenarten sowie Testmöglichkeiten diskutieren, lernt unser Sohn in Ruhe in einer geschützten Atmosphäre. Er kann nicht nur bereits lesen, schreiben und rechnen, sondern weiß auch mehr über Wildkräuter als so mancher Erwachsene und werkelt mit echtem Werkzeug. Gerade stellt er sich täglich neue Utensilien für das Leben im "Wilden Westen" her, denn er steckt in einer intensiven Cowboy- und Indianerphase. Mit Opa hat er sich schon einen Tomahawk gebaut. Außerdem bastelt er sich aus Pappe und Tesafilm ein Patronentäschchen.

Zu Beginn des Schuljahres habe ich in Tagen und Wochen gedacht. Jeder Tag zuhause war ein gewonnener Tag. Und nun ist schon Weihnachten vorbei! Der Umstand, dass man seine Kinder in Bayern mittlerweile ganz legal von der Präsenzpflicht befreien kann, gibt uns das Gefühl, nichts Verbotenes zu machen, und wir fühlen uns freier. Es gibt keinen Druck von außen.

Mein Hauptaugenmerk liegt darauf, in dieser ungewöhnlichen Zeit so viel normales Leben wie möglich zu leben. Auch möchte ich die Augen meiner Kinder für die Dinge zwischen den Welten, für das Wunder Mensch an sich und für die Dankbarkeit für die Schöpfung öffnen bzw. erst gar nicht schließen. Viele dieser Dinge müssen bei mir erst wieder freigelegt und umprogrammiert werden. Das würde ich ihnen gerne "ersparen" und sie von einer anderen Ebene aus starten lassen, als ich es konnte. Ich bin mir jedoch bewusst und dankbar, dass das zu meinem Weg gehört und dass zu ihrem Weg andere Unwegsamkeiten gehören werden. Alles sehe ich ohne Groll.

Für mich ist es daher ausreichend, wenn ein Grundschüler rechnen, schreiben und lesen kann und wenn er ansonsten Fertigkeiten und Wissen für ein selbstbestimmtes Überleben erwirbt. Eines Tages reinigen wir gemeinsam das Kupfergartenwerkzeug für die neue Saison. Dann malen wir eine Vorlage aus, in der die sieben Chakren eingezeichnet sind, und hören dazu Kinderyoga-Musik. Da kommen bei den Kindern die tiefgründigsten Fragen auf. Ich staune selbst!

Februar

Es geschieht gerade so viel auf der Welt und mein Mann und ich verbringen viel Zeit damit, zu lesen und uns zu informieren.

Jonas kann jetzt immer besser lesen. Er hat schon ein einfaches altes Kinderbuch von mir gelesen! Mit Vorliebe nimmt er sich Bücher über die Natur und Geschichte zur Hand. Ich habe noch alte Kinderbücher von meiner Oma und diese sind ihm die liebsten. Jetzt im Winter sitzen wir oft zusammen in unserem Wohnzimmer, und während mein Mann und ich lesen, sehen sich Jonas und Anna zusammen ein Buch an und Jonas liest Anna die Zeilen neben den Bildern vor.

Außerdem hat er das Weben entdeckt. Als er mich etwas weben sah, wollte er das auch einmal ausprobieren. Also habe ich einen Kinderwebrahmen aus Holz gekauft und wir haben Fäden aufgespannt. Dann hat er eigenständig mit verschiedenfarbiger Wolle einen kleinen Teppich gewebt und eine Kordel dazu gedreht. Anschließend hat er den Teppich zu einem Täschchen zusammengenäht. Gemeinsam haben wir noch eine Kordel angenäht. Und nun ist Jonas ganz stolz auf sein selbstgewebtes Umhängetäschchen!

Schon lange orientieren wir uns inzwischen eher an den täglichen Wünschen und Befindlichkeiten aller Familienmitglieder als am Stundenplan. Svenja Herget besucht uns und ich zeige ihr, was wir im Alltag so machen: Die Kinder spielen, Jonas zeigt sein Webstück und dann lassen uns die Kinder in Ruhe plaudern. Jonas liest seinen beiden Schwestern eine Geschichte vor. Wir erfreuen uns an den Kindern und wertschätzen ihre Tätigkeiten. Das Wertschätzen habe ich im vergangenen halben Jahr gelernt, auch mir selbst gegenüber. Ich erlaube mir nun, Wertschätzung für die ganz normalen Dinge des Alltags wie Kochen, Handarbeiten, Haushalt und Ähnliches zu empfinden und diese auch nach außen hin aufrecht zu vertreten.

Als ich von einer Familie höre, die wöchentlich nur eine Stunde strukturierten "Unterricht" macht und die Kinder sich ansonsten frei entwickeln lässt, beruhigt und bestätigt mich das sehr. Wir sind auf dem richtigen Weg!

Anfang März

Der Frühling kommt. „Im Märzen der Bauer die Rösslein einspannt", singen wir. Wir singen überhaupt sehr viel. Unsere beiden älteren Kinder kennen viele Volkslieder mit allen Strophen auswendig. Das Singen macht uns allen so viel Freude!

Wir sind zu einem Kindergeburtstag eingeladen. Das geschieht gerade nicht häufig und die Kinder sind sehr aufgeregt. Doch dann wird die Geburtstagsfeier abgesagt, weil in der Klasse des Geburtstagskindes mehrere Corona-Fälle waren! Wie schade!

Ich freue mich auf den Frühling. Der Garten ruft. Ich bestelle Samen und gehe das Gartenjahr durch. Früher gehörten Astronomie (Sternkunde) und Astrologie (Sterndeutung) zusammen. Mehr als die wissenschaftlich überprüfte Zusammensetzung des Bodens spielen der Mond, die Planetenkonstellation und der Sternenhimmel bei Aussaat und Pflege für die Menge und Qualität des späteren Ertrags eine Rolle. Diese Bedingungen findet man in einem Mond- oder Aussaatkalender.

Kältetolerante Blattgemüse können gleich draußen oder im Frühbeet gesät werden, die anderen ziehen wir im Haus vor und bringen sie nach draußen, wenn die Temperaturen steigen. Als Boden wird nährstoffarme Anzuchterde empfohlen, denn die nötige "Wegzehrung" ist bereits im Samen angelegt und zu viele Nährstoffe lassen die Wurzeln verbrennen.

Es ist für mich eine ganz neue Erfahrung, dass ich dieses Jahr meine Kinder schon von Anfang an so stark miteinbeziehe und ihnen so viel dabei erkläre und dass sie selbst mitarbeiten dürfen.

Es fasziniert die Kinder, mitzuverfolgen, wie aus einem kleinen Samenkorn eine große Pflanze entsteht. Und es begeistert sie, dass wir dann etwas zu essen haben: Wir haben das bewirkt, indem wir das kleine Samenkorn in die Erde gesteckt und das Pflänzchen gepflegt haben!

Mitte März

Ich mache meine Hausarbeit und die drei Kinder sitzen einträchtig mit einem Buch auf dem Sofa. Jonas liest aus dem Buch vor: "Vier kleine Piraten". Mein Erstklässler liest seinen jüngeren Geschwistern eine Geschichte vor! Ich bin so gerührt.

Gleichzeitig kommt heute per Post das erste Zeugnis für Jonas. Es steht einfach nur der Satz drin, dass auf Grund der Beschulung zuhause kein Zeugnis erstellt werden kann. Als ich es in Händen halte, huscht der Gedanke durch meinen Kopf: „So sieht es also aus, wenn man seinem Kind die Zukunft verbaut!“ Doch dann kommen mir die Tränen, weil ich so froh und stolz und dankbar bin, dass wir unseren eigenen Weg gehen dürfen.

Später sitzen alle drei Kinder am großen Küchentisch, jeder mit einer anderen Arbeit: Jonas schreibt in sein Schreibheft, die jüngere Schwester sieht ihm interessiert zu und die Kleine malt in ihr Malbuch. Es geht uns gut.

Ende März

Wir haben Eier ausgeblasen und bemalen Ostereier. Vorher haben wir Weidenzweige abgeschnitten. Später werden die bemalten Ostereier daran aufgehängt. Sie sehen wunderschön aus und die Kinder sind so stolz!

Der Küchentisch ist längst unser Familien-Arbeitstisch geworden. Jeden Vormittag sitzen wir dort mindestens eine Stunde lang und jeder beschäftigt sich mit etwas. Jonas hat die Arbeitshefte für das erste Schuljahr in Lesen, Schreiben und Rechnen schon durchgearbeitet und ist viel weiter als seine Klassenkameraden aus der Schule, obwohl wir uns dem jeden Tag nur höchstens eine Stunde widmen.

Letzten Sonntag gab es bei uns Rehgulasch und Jonas hat 1,5 kg Paprika geschippelt. Dabei hat er sich mit dem Messer geschnitten und daraufhin gesagt, dass er nie mehr ein Messer anfassen wird. Das wird er wohl nicht lange durchhalten, denn er schneidet und schnitzt so gern!

An einem anderen Tag haben wir uns mit zehn anderen Freilerner-Familien auf einem Abenteuerspielplatz getroffen. Die insgesamt etwa 20 Kinder waren sehr entspannt miteinander und sind auf den Felsen um die Wette geklettert. Sie hatten kaum Zeit zu essen. Natürlich geschah alles ohne Maske und Abstand. Es fühlte sich an wie früher, als ob nichts geschehen wäre.

Jonas spielt so gerne Schach! Jede Woche gibt es mindestens eine Partie mit Opa oder Papa. Ich bin beeindruckt, wie wohlüberlegt er seine Züge setzt und wie klug er in seinem Alter vorgehen kann.

Anfang April

Weiterhin singen wir viel. Seit wir die Kinder vor einem Jahr aus dem Kindergarten abgemeldet haben, lernen wir jede Woche ein neues Lied kennen. Ich habe bemerkt, dass Anna sehr viel Freude am Singen hat und sich mit ihren fünf Jahren unglaublich viele Texte merken kann. Wir singen aus einem alten Liederbuch aus meiner Kindheit, das bisher nur im Schrank stand. Meine Eltern hatten wenig Zeit für solche "Dinge", und ich konnte keine Beziehung zu dem Buch herstellen. Eigentlich wollte ich es schon mehrfach weggeben. Nun bin ich heilfroh, dass wir das nicht getan haben.

Eines Tages kommt Anna völlig aufgeregt aus dem Kinderzimmer angerannt, holt dieses Buch aus dem Schrank und blättert wie in Exstase darin herum, bis sie die Seite für das Lied "Im Märzen der Bauer" findet. Dann erzählt sie mir begeistert, dass sich auf der CD, die ihr der Osterhase gebracht hat, auch dieses Lied befindet! Es ist so eine belanglose Kleinigkeit mit zauberhafter Wirkung!

Heute gab es "Schule" im Freien. Wir haben Löwenzahn und Brennnesselblätter gesammelt und die Brennnesselblätter zum Trocknen ausgelegt, damit wir Tee daraus machen können. Dann haben wir das Grün von den Löwenzahnblüten entfernt, die Blüten mit Wasser aufgekocht und alles köcheln lassen. Nun muss dieser Sud 24 Stunden ruhen. Morgen werden wir die Blüten durch ein Tuch gießen, gut ausdrücken und aus dem Saft mit reichlich Gelierzucker sowie etwas Zitronensaft Löwenzahngelee herstellen. Die Aufkleber für die Gläser mit dem Gelee hat Jonas schon beschriftet.

Und ganz nebenbei konnten wir beim Sammeln ein Entenküken bei seinen ersten Schwimmzügen beobachten.

Ende April

Wir haben reichlich Bärlauch gesammelt und davon Bärlauchbutter und Bärlauchpesto hergestellt. Und wieder hat Jonas fleißig mitgeschnitten und die Gläser beschriftet.

Ich habe Jonas nun auch einmal etwas diktiert, nämlich das Rezept für Bärlauchpesto. Er macht kaum Rechtschreibfehler, obwohl doch einige schwierige Wörter dabei waren und wir das überhaupt nicht geübt haben! Ich bin so stolz auf meinen Großen!

Nach wie vor ist der Kanal 'Homeschooling wagen' für mich eine wunderbare tägliche Begleitung und Inspiration. Für jeden ist etwas dabei und jeder kann sich völlig frei aus dem Potpourri bedienen. Außerdem erfahre ich dort immer wieder von den Projekten anderer Familien, deren Kinder auch zuhause sind. Es ist so wundervoll, was in dieser kurzen Zeit entstanden ist!

Anfang Mai

Im Kanal 'Homeschooling wagen' werden immer wieder Gedichte gepostet. Ich fange an, mich mehr mit Gedichten zu befassen und mich an ihnen zu erfreuen. Dazu habe ich einen alten Gedichtband aus meiner Schulzeit auf den Küchentisch gelegt.

Als ich heute in die Küche komme, sehe ich Jonas aus dem aufgeschlagenen Buch seiner jüngeren Schwester vorlesen:

„Frühling lässt sein blaues Band
wieder flattern durch die Lüfte
Süße unbekannte Düfte
strömen ahnungsvoll das Land
Veilchen träumen schon – wollen balde kommen.
Frühling, ja du bist's – dich hab ich vernommen."

Ich freue mich sehr, dass ich auf diese Weise meine Liebe zu Gedichten an meine Kinder weitergeben kann! Und gleichzeitig freut es mich, dass die Bücher und Hefte aus meiner eigenen Schulzeit, die ich aufbewahrt habe, auf die Weise wertgeschätzt werden.

Ansonsten läuft es bei uns ganz gut. Je nach Tagesform und Wetter beschäftigen sich die Kinder nach Belieben drinnen und draußen. Manchmal sind sie aber auch gereizt und gehen unschön miteinander um. Es kostet mich immer wieder viel Kraft, alle ständig um sich zu haben. Doch die Anstrengung wird reichlich belohnt: Beispielsweise waren wir gestern Morgen Kräuter sammeln. Es ist für mich so schön, wenn die Kinder mich auf Kräuter hinweisen, die sie schon kennen!

Das Gesundheitsamt fordert mich auf, einen Anamnesebogen für Anna auszufüllen, doch ich möchte auf keinen Fall, dass sie im Sommer eingeschult wird, auch wenn sie im September sechs Jahre alt wird!

Anfang Juni

Die Rektorin ruft bei uns an und erkundigt sich nach dem Impfstatus unserer im Haus lebenden Risikogruppe und nach unserem Plan für den Rest des Schuljahres. Ich versuche, gefasst zu reagieren, beantworte die Frage nach der Impfung nicht und lasse sie wissen, dass wir die Möglichkeit der Befreiung bis Schuljahresende gerne nutzen möchten. Jedoch hinterlassen der Anruf und der darauffolgende Brief der Lehrerin ihre Spuren. Eine gewisse Anspannung baut sich in mir auf. Wird man uns unseres trauten häuslichen Lernens berauben?

Im Kanal 'Homeschooling wagen' lese ich eine Zusammenstellung von der Vorgehensweise verschiedener Familien, die dieses Schuljahr außerhalb der Schule lernen. Manche bilden Lerngruppen, andere tun sich zum Homeschooling zusammen, wieder andere lernen so wie wir in der eigenen Familie. Diese Zusammenstellung bewegt mich sehr. Es ist so kraftvoll und heilsam, was da jetzt Neues in Deutschland entstehen darf. Und wir sind ein Teil davon!

Jonas hat sich einen Tabaksbeutel aus Leder genäht. Alle drei Kinder sind Indianer- und Cowboy-Fans, und Winnetou und Old Shatterhand sind ihre großen Vorbilder. Auf Omas Dachboden haben wir noch ein wunderschönes altes Bastelbuch gefunden. Es heißt "Für kleine Indianer" und dort gab es die Anleitung für den Tabakbeutel.

Nun hat sich auch einmal die Klassenlehrerin mit einem handschriftlichen, eineinhalb Seiten langen Brief gemeldet! Ich freue mich! Sie hat verschiedene Arbeitsmaterialien zum Thema Bienen und Löwenzahn beigelegt, sowie ein Heft zum Erlernen der Schreibschrift.

Und siehe da: Es ist das gleiche Heft, das Svenja Herget auf ihrer Website empfiehlt und das wir bereits angeschafft und angefangen haben!

Wir haben nun zum zweiten Mal Fichtenspitzengelee gekocht. Er schmeckt nicht nur gut, sondern ist auch sehr gesund, wie wir in einem Buch gelesen haben.

Und Jonas hat eine Brokkoli-Pflanze selbst gezogen. Er ist sehr stolz und pflegt sie zuverlässig.

Für alle Pflanzen habe ich mit den Kindern ein Hochbeet aus Holz gebaut. Das Sägen hat Jonas am meisten Spaß gemacht. Er ist so geschickt!

Gestern hat mein Mann gesehen, dass Jonas sogar schon die Uhr lesen kann. Er war ganz erleichtert, denn er hat immer Sorge, dass die Kinder, die zur Schule gehen, mehr könnten als Jonas. Das setzt mich oft unter Druck und ich versuche, diesen nicht an die Kinder weiterzugeben.

Mitte Juni

Heute machen wir einen Ausflug zum See. Beim Frühstück ergibt sich die Frage, wie alt eine Marmelade ist, die 2018 eingekocht wurde. Jonas hat eine volle Blockade, die damit endet, dass er laut sagt: „Ich bin ein dummer Mensch!“ Das macht mich etwas traurig und ich sage ihm, dass er in der 1. Klasse ja noch nicht bis 2000 rechnen können muss!

Umso mehr freut es mich, als er später nach sechs Stunden Paddeln und Planschen im See plötzlich mit Schnorchel von der einen Seite zur anderen tauchen und schwimmen kann. Er ist sehr stolz und erzählt es immer wieder. Es ist ein besonderer Moment, der mir die Gewissheit gibt, dass ich einfach nur Vertrauen haben darf.

August 2021

Sommerferien! Wir haben Jonas' erstes Schuljahr zuhause verbracht. Ich blicke zurück und staune. Was haben wir alles erlebt und geschafft!

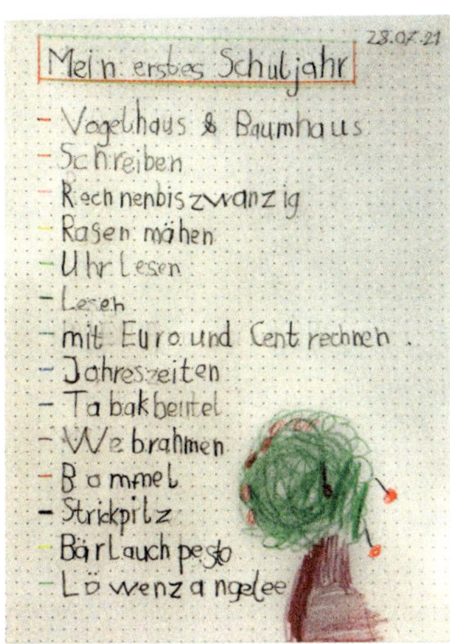

Unser zweites Kind Anna wird im September sechs Jahre alt. Obwohl sie recht fit ist und weiß, was sie will, haben wir sie zurückstellen lassen. Wir wollen auch sie diesen Maßnahmen nicht aussetzen. Und wer weiß, was in einem Jahr sein wird?

Heute, mitten im August, fragt sie Jonas: „Wie gehen eigentlich die Buchstaben? Zeigst du sie mir? Ich will auch lesen lernen!“ Jonas lässt sich nicht lange bitten. Großzügig fängt er zu erklären an.

Als ich später gerade dabei bin, im Internet für Jonas Mathe-Materialien für die 2. Klasse zu bestellen, frage ich Anna: „Soll ich für dich auch ein Rechenheft bestellen?“ Anna schaut mich an und strahlt: „Ja!“ Dann lernt sie weiter Buchstaben mit ihrem großen Bruder.

Ich lehne mich zurück und schaue den beiden zu. Das nächste Schuljahr kann kommen. Und ich habe schon einen Hilfslehrer.

Roswitha E.

Jonas und Anna sind bei der Erstellung dieses Buches immer noch zuhause und es geht ihnen sehr gut. Von September 2020 bis März 2022 war die Zusammenarbeit mit der Lehrerin entspannt. Auch andere Kinder aus der Schule waren wegen der Testpflicht zuhause und manche bildeten Lerngruppen. Viele Kinder waren zeitlich flexibel, die Familien konnten sich treffen und die Eltern tauschten sich untereinander aus.

Dann folgte eine weniger schöne Zeit, weil die Klassenlehrerin auf Anweisung der Direktorin Jonas nun viel mehr Material gab als zuvor. Dieses musste abgearbeitet und alle zwei Wochen in der Schule abgegeben werden. Mit dem Bewältigen des Materials und der Fahrerei war die Familie sehr beschäftigt. Durch den Druck, der dadurch entstand, litt das Verhältnis von Jonas' Mutter zu ihren Kindern.

Im Sommer 2022 wurde Anna offiziell in die 1. Klasse eingeschult. Die Familie unternahm gemeinsam mit den Großeltern einen Ausflug und feierte einen schönen "ersten Schultag". Nun untersagte die Rektorin der Mutter den Kontakt zu den Lehrern. Seitdem bekommen Jonas und Anna überhaupt keine Materialien mehr.

Die Mutter richtet sich im häuslichen Lernen nach den Bedürfnissen der Kinder. Mal machen sie etwas mehr, mal weniger. Weiterhin bieten die Jahreszeiten viele Gelegenheiten für das Einbeziehen auch schulischer Lerninhalte und für gemeinsame Aktivitäten, allen voran die Gartenarbeit. Als die Mutter erneut schwanger wird und körperlich eingeschränkt ist, übernehmen die Kinder viele Aufgaben im Garten: Jonas legt ein Erdbeerfeld an und alle Kinder helfen tatkräftig beim Pflanzen verschiedenster Gemüsesorten mit. Immer wieder schreiben Jonas und Anna nach einem Erlebnis oder einer Tätigkeit einen kleinen Bericht darüber.

Die Familie ist in ihrer Nachbarschaft gut eingebunden und die Kinder spielen viel mit den Nachbarskindern. Außerdem pflegt die Mutter Kontakte zu anderen Freilerner-Familien und besucht mit ihren Kindern Freilerner-Treffen. Dort sind inzwischen schöne Freundschaften entstanden. So vermissen die drei Kinder keine Einrichtung.

Die Familie genügt sich selbst.

Mats darf selbst entscheiden

Homeschooling war für mich immer etwas gewesen, was nur andere machten. Das Wort "Homeschooling" gab es in meinem Wortschatz überhaupt nicht. In meiner Welt ging man einfach zur Schule, beginnend mit der 1. Klasse bis hin zum Schulabschluss. Ich habe das nie hinterfragt und bin auch selbst gern zur Schule gegangen. Die Gründe hatten jedoch – und das muss ich mir selbst eingestehen – fast nie mit der Schule selbst zu tun. Vielmehr gab es in der Schule nette Klassenkameraden, Projektwochen und Klassenfahrten. Der Rest...? Auch wenn es hier und da einmal interessant war, habe ich doch im Großen und Ganzen Lernstoffe einfach nur erfüllt, weil es eben so sein musste. Nur wer krank war, brauchte nicht zur Schule zu gehen. Und Zirkuskinder – diese beneideten wir schon manchmal.

Auch für mich als Mutter stellte sich früher niemals die Frage „Schule ja oder nein?“ Allenfalls fragte ich nach der Art der Schule, denn mir war wichtig, dass mein Kind in dieser Einrichtung gut aufgehoben sein würde. Dieses Gefühl hatte ich bei der von uns ausgewählten Schule.

Mats wurde mitten im Corona-Geschehen eingeschult, also zum Schuljahr 20/21. Das letzte halbe Kindergartenjahr mit drei Monaten Vollschließung hatte es notwendig gemacht, dass ich mich beruflich neu orientierte. Als Umweltpädagogin war ich in erster Linie an Schulen und Kindergärten unterwegs gewesen. Das brach von jetzt auf gleich völlig weg. Das Gute daran: Ich hatte nicht wie viele andere das Problem, wie ich die Betreuung unseres Kindes organisiere. Ich war ja daheim. Und wer wie wir in dieser Zeit daheim war, der weiß sicher noch, was für einen tollen Frühling wir hatten! Wir genossen die Zeit in unserem Hausgarten und es war uns nie langweilig. Die Zeit ging viel zu schnell vorbei.

Diese Zeit war eine sehr wichtige Erfahrung für uns, die uns für die Zukunft stärkte. Wir merkten, dass es uns als Familie guttat, zusammen zu sein, auch über eine so lange Zeit. Wir merkten, dass der Tag nicht voll geplant sein muss, um ausgefüllt zu werden. Auch fiel eine gewisse Stresskomponente weg, weil Mats nicht zu einer bestimmten Zeit im Kindergarten sein musste, wenn ich eigenen Termine hatte.

Dann kam im September die Einschulung. In Baden-Württemberg wäre es zu dieser Zeit bereits problemlos möglich gewesen, das Kind vom Präsenzunterricht zu befreien, doch es war für uns selbstverständlich, dass Mats zur Schule ging. Die Hygiene-Maßnahmen, die die Grundschulen umsetzen mussten, waren überschaubar und letztlich stellte ich den Schulbesuch einfach noch nicht infrage.

Traditionell ist die Einschulung bei uns in der Familie eine große Sache. Während diese in der Region, in der wir derzeit leben, normalerweise fast "nebenbei" erfolgt, veranstalteten wir daher eine richtige mehrtägige Familienfeier, was sonst nie geschieht, weil wir alle sehr weit voneinander entfernt wohnen. Das Wetter war speziell an diesem Tag wundervoll, sodass wir im Garten unter unserem "Zuckertütenbaum" sitzen konnten. Diese Zuckertüten waren natürlich neben Schleckereien auch mit all den Dingen gefüllt, die einem Kind die Schule richtig schmackhaft machen sollen: bunte und verrückte Stifte in allen Farben, lustige Lineale, kreative Büroklammern und so weiter. Der Schulbesuch wurde gefeiert, so wie er für uns als Kinder schon gefeiert wurde.

In unserer Kindheit hatte es allerdings am Einschulungstag noch keine Hausaufgaben gegeben! Wir schoben sie irgendwie ins Geschehen hinein, denn wir wollten ja eigentlich feiern.

Nun ging der Schulalltag also los.

Es zeigte sich sehr schnell, dass dieser Weg trotz einer für mein Empfinden tollen Schule für Mats nicht der passende war.

Mats ging vom ersten Tag an nur sehr zögerlich zur Schule. Es war ihm dort zu laut und zu voll – obwohl es nur eine einzige 1. Klasse gab, mit etwa 25 Schülern, die außerdem fast alle in seinem Kindergarten gewesen waren. Einmal sagte er, dass er es immer schön fand, wenn die Lehrerin das Glöckchen schlug, weil dies das Signal war, leise zu sein.

Mir fiel auf, dass Mats in der Schule seine Schulsachen bemalte, wenn er gerade nichts zu tun hatte. Schließlich gaben wir ihm dann kleine Malblätter in die Tasche, damit er diese Zeit überbrücken konnte und nicht seine Materialien bemalte.

Ich beobachtete das alles und unternahm erst einmal nichts. Mats war schon immer ein Kind, das sehr gerne daheim ist. Wenn man ihn am Morgen fragen würde, ob er zur Schule gehen möchte oder lieber zuhause bliebe, würde er sich immer für das Bleiben entscheiden. Aber dennoch mochte er die Schule und kam mittags immer freudestrahlend zurück und erzählte, was sie Tolles gemacht hatten.

Wirklich alltagsverändernd waren aber die Hausaufgaben, die es jeden Tag gab. Es war nicht viel, aber dennoch bedeutete es, sich nach der Schule noch mal hinzusetzen. Und da nach der Schule erst einmal das Mittagessen anstand und Mats auch häusliche Pflichten hat, wie zum Beispiel beim täglichen Abwasch zu helfen, war er oft genug erst gegen 15 Uhr mit seinen Aufgaben fertig. Das empfand ich als sehr spät. Es bedeutete, dass er sich erst gegen halb vier zum Spielen verabreden konnte, wenn es langsam dunkel wurde. So manchen schönen Herbsttag konnten wir nur kurze Zeit in der Natur verbringen und manchmal verlegten wir die Schulaufgaben auf den Abend, um einfach das Wetter draußen auszunutzen. Ich dachte immer wieder: Hier ist irgendetwas falsch, so sollte es nicht sein.

Aus den Erfahrungen des Vorjahres rechneten die meisten Eltern mit einer Schulschließung noch vor Weihnachten und letztlich bereiteten sich alle zumindest gedanklich darauf vor. Mats und ich fieberten regelrecht darauf hin, da wir uns eine tolle Zeit davon versprachen. Zwar war in unserer Region Deutschlands auch weiterhin die Abmeldung von der Präsenz möglich, aber in Hinblick auf die erwarteten Schulschließungen ging es für uns erst einmal wie gewohnt weiter.

Kurz vor den eigentlichen Weihnachtsferien war es dann so weit: Die Schulen blieben zu und Mats bekam Schulmaterial für daheim. Wir jubelten, als seien jetzt schon die Ferien angebrochen. Es war wie ein neues Abenteuer, das es zu erleben gab.

In der Zwischenzeit hatte ich beruflich ins Homeoffice gewechselt und war sehr froh darum, eine Möglichkeit zu haben, etwas Geld zur Haushaltskasse beizusteuern und gleichzeitig die Schulschließungen abzufangen. Es war für uns eine gesegnete Situation.

Mats bekam einen eigenen Arbeitsplatz in meinem Arbeitszimmer, mir direkt gegenüber. Dorthin kam er von nun an jeden Morgen, manchmal auch im Schlafanzug, "zur Schule".

Die Arbeitspläne, die wir von der Schule erhielten, waren wirklich schön aufbereitet. Es gab immer etwas in Mathe und Deutsch zu bearbeiten und an manchen Tagen auch etwas im Bereich Sachkunde. Voller Elan ging Mats nun an die Aufgaben. Ich empfand es in dieser Zeit als sehr angenehm, dass Mats nun schon lesen konnte, denn damit konnte er die Aufgabenstellung selbstständig erfassen. Manchmal kannte er auch einfach schon die Aufgabenart, weil sie in der Schule schon oft durchgeführt worden war. Wenn er nicht weiterwusste, konnte ich es ihm erklären.

Meine Tätigkeit im Homeoffice ermöglichte es glücklicherweise, dass ich mit einem halben Ohr bei meinem Kind war. Manchmal musste er aber auch hintenanstehen, wenn ich z. B. in einer Telefonkonferenz war und in diesem Moment eben nicht auf seine Frage eingehen konnte. Dann sah er aus dem Fenster, malte etwas oder suchte sich eine andere Aufgabe und bearbeitete diese.

Anschließend kontrollierte ich seine Aufgaben und wenn es Fehler gab, verbesserten wir sie gleich.

Das wurde von nun an unser neuer Alltag. Und wie es sicher auch in der Schule wäre, gab es bessere und schlechtere Tage. Manchmal gab es aber vor allem auch "faule" Tage. Und über diese faulen Tage hatten wir recht unterschiedliche Meinungen: Während Mats gern Aufgaben auf den kommenden Tag verschob, gefiel mir das nicht.

Dazu muss man sagen, dass der Arbeitsaufwand, den Mats zu bewältigen hatte, wirklich überschaubar war. An Tagen ohne Sachkunde oder Bastelaufgabe hätte man die Aufgaben locker in einer bis eineinhalb Stunden schaffen können. Doch Mats ist kein Mathefreund. Wenn er etwas in Mathe bearbeitet, kommt er oft ins Träumen. Und so kann er schon mal an einer Handvoll Aufgaben (wohlbemerkt 1. Klasse, keine hohe Mathematik), die er generell beherrscht, eine halbe Stunde sitzen. Ich fand das immer schade. Aus meiner Erwachsenensicht war das vergeudete Zeit. Aber Mats träumte einfach weiter.

Manchmal gab es Aufgaben, die mich als unvorbereitete Mutter vor neue Herausforderungen stellten. Manche Aufgabenstellungen konnte auch ich nicht einfach beantworten. So musste ich ebenso lernen, vor allem was Begrifflichkeiten anbelangt. Was sind offene oder geschlossene Silben? Was sind Umkehraufgaben? Ich lernte auch, wie viele verschiedene Rechenwege es gibt, um ein und dieselbe Aufgabe zu lösen. Manchmal musste uns das Internet helfen. Und ja, jetzt weiß ich, was offene und geschlossene Silben sind!

In diesen ersten Wochen des Homeschoolings habe ich mich vermehrt mit der Thematik Heimunterricht beschäftigt. Denn bei all der Aufregung, hier etwas Neues zu erleben, habe ich auch gemerkt, dass es das eigentlich Richtige ist. Ich konnte mein Kind beim Lernen beobachten, wie ich es bei einem Schulbesuch nie gekonnt hätte. Ich weiß, was er kann. Ich weiß, was ihn interessiert. Ich weiß, wann er ins Träumen gerät.

Wenn ich hier vom "Homeschooling" spreche, mache ich dies im Übrigen nur, um mich eines neuen, allgegenwärtigen Begriffes zu bedienen. Im alltäglichen Sprachgebrauch nennen wir es für uns einfach "Schule zuhause". Innerlich ist der Begriff "Homeschooling" für mich auch grundlegend falsch, weil dieser etwas Neuartiges, etwas neu Eingeführtes bezeichnen möchte. Dass Kinder in ihrer heimischen Umgebung lernen, ist aber gar nichts Neues, sondern der natürliche Verlauf der kindlichen Entwicklung und bedarf keiner neumodischen Bezeichnung. Aber ich merke oft, wie sehr man in gewohnten Begrifflichkeiten denkt. Denn auch der Begriff "Schule" hat ja wenig mit der heimischen Umgebung zu tun. So lernen wir einfach daheim, unterstützt von schulischen Lernplänen. Mats war glücklich und tiefenentspannt. Und ich als Mutter war es auch.

Im Februar 2021 öffneten die Schulen wieder, was bei uns ein „Oh nein!“ hervorrief. Zu gut fühlten wir uns zuhause. Zunächst wurden an unserer Schule zwei Stunden Unterricht pro Tag angeboten, und auch dies nur jede zweite Woche. Alles in allem war das also keine wirkliche Öffnung. Da uns die letzten Wochen der Schulschließung wie auch die Monate der Kindergartenschließung im Frühjahr 2020 so gutgetan hatten, nutzten wir die rechtliche Möglichkeit, dass Mats zuhause bleiben konnte.

Allerdings schlich sich eine Änderung ein. Während das häusliche Lernen anfangs neu und aufregend gewesen war, ließ Mats' Tatendrang beim Bearbeiten der Aufgaben seit dem Jahreswechsel mehr und mehr nach. Er hatte dazu keine Lust mehr. Nun waren wir in der Zwickmühle. Die Aufgaben mussten abgegeben werden, damit die Lehrerin den Lernstand kontrollieren konnte. Ich wusste zwar genau, was mein

Kind konnte, die Lehrerin aber nicht. Mit Sicherheit wäre es kein Problem gewesen, die Aufgaben einfach mal eine Woche liegen zu lassen und später nachzureichen. Aber das kam für mich nicht infrage: Wenn wir uns die Freiheit nahmen, freiwillig zuhause zu lernen, dann musste es auch klappen. Ich sah dieses "Klappen" in diesem Moment auch als Legitimierung dafür, dass das Daheim-Lernen eine echte Alternative ist. Zu diesem Zeitpunkt waren an der ganzen Schule etwa sechs Kinder im freiwilligen Homeschooling. Und das in einer Gegend, die noch ganz traditionell von Familiengemeinschaften und Hausfrauentum geprägt ist. Es überraschte mich, dass nicht mehr Familien diesen Weg gingen.

Ich musste es mir und anderen beweisen. Es gab keinen Druck von außen. Aber da ich wusste, wie wertvoll unsere Zeit ist und ich im Prinzip für mich schon selbst bestimmt hatte, dass wir so lange es uns damit gut geht, weiter zuhause lernen wollen, brauchte ich etwas zum Vorzeigen. Etwas, das in einer Welt, in der schulischer Präsenzunterricht das Nonplusultra ist, allen beweist, dass hier keine Vernachlässigung stattfindet. Ich brauchte es für mich selbst, ich brauchte es für die Schule und leider brauchte ich es auch für unsere weitere Familie. Von deren Seite gab es sehr wenig Zustimmung. Zwar hatte eine Oma mal ganz unverhofft geäußert, dass anderswo Kinder ja auch daheim lernen und dabei nicht dümmer werden. Aber dennoch war dieses Lernen daheim aus Sicht der Anderen keine Alternative.

Dabei gab es niemals ein Wort des Bedauerns unsererseits, sondern stets die Versicherung, dass es uns gut geht und wir alle glücklich sind. Doch in der Verwandtschaft hörten wir immer nur die gleichen Bedenken, allen voran, dass das Kind auch andere Kinder für seine Entwicklung brauche.

Und so ärgerte es mich, wenn Mats ausgefragt wurde, ob er sich nicht nach den Klassenkameraden und nach der Lehrerin sehne. Ich hatte das Gefühl, hier wird meinem Kind eingeredet, dass das, was wir machen, falsch sei. Es half auch nichts, darauf hinzuweisen, dass die Schule unter den Corona-Maßnahmen überhaupt nicht mehr so war wie zu der Zeit, als sie selbst die Schule besucht hatten. In diesen Tagen gab es kein Gemeinsam. Die Kinder mussten Abstand halten und durften anderen nicht zu nah kommen. Sie durften nicht auf die Toilette gehen, wenn ein Kind einer anderen Klasse gerade dort war.

Außerdem wurde der ohnehin knappe Unterricht immer wieder unterbrochen und die Kinder mussten sich in einer "warmen" Ecke des Klassenraumes sammeln, weil die Lehrer trotz winterlicher Außentemperaturen alle paar Minuten lüfteten. Bei uns zuhause gab es das alles nicht. Wir luden regelmäßig Freunde ein und diese durften miteinander spielen, ganz egal, wer in welcher Klasse war. Und ja, sie durften sich auch umarmen! Auch war es trotz des kalten Winters draußen bei uns schön warm, sodass man ganz entspannt an den Aufgaben sitzen konnte.

Dass all das schon in der eigenen Familie nicht zählte, erhöhte den Druck, allen unser Lernmodell schmackhaft zu machen. Mein Kind sollte also beweisen, dass es zuhause mindestens genauso gut lernt wie in der Schule.

Wie gehe ich nun mit einem Kind um, das den Elan verloren hat? Täglich kam nun die Frage, ob er nicht einmal etwas auslassen dürfe. Auch wurde jeden Tag die Zeit länger, in der er träumend aus dem Fenster schaute. Und täglich verstärkte sich in mir die Sorge, dass Mats doch nicht für das eigenständige Lernen geeignet wäre. Er konnte zwar hier und da mal Aufgaben aufschieben, doch diese mussten am darauffolgenden Tag nachgeholt werden. Mats saß dann natürlich länger an den Aufgaben, manchmal bis zum Mittagessen. Ich hatte das Gefühl, dass uns die tolle Anfangszeit entgleitet.

Da sagte ich eines Tages etwas, was ich schon bereute, bevor ich es ausgesprochen hatte. Aber es wollte raus. Es hatte sich so viel angestaut. Ich sagte in einem sehr ärgerlichen Ton: „Wenn das hier nicht klappt, dann musst du halt zur Schule gehen!“ Diese Kanonade fand ich selbst aus mehreren Gründen völlig unpassend. Zum einen wusste Mats nichts von dem Druck, den ich mir aufgebaut hatte. Er kannte auch die ganze politische und gesetzliche Lage nicht, die diesen Druck mit aufgebaut hatte. Für ihn war einfach klar, dass man zuhause sein kann, ohne irgendwelche Konsequenzen. Welch gesegnete Zeit für ein Kind, wenn die Last der Welt noch fern von einem ist! Sollten wir nicht diese kindliche Welt wieder anstreben?

Ich bin prinzipiell kein Freund von Wenn-dann-Erziehungsmaßnahmen. Vor allem, wenn sie so wertlos waren, wie meine eigene Aussage. Hätte ich Mats tatsächlich in eine Schule geschickt, wenn ich mit dem Herz nicht dabei war? Ganz sicher nicht.

Außerdem erklärte ich mit meiner Aussage den Schulbesuch für nicht erstrebenswert. Das war nun gar nicht mein Ziel! Schule sollte keine Strafe sein, sondern eine alternative Lernform zum Heimunterricht oder gerne auch zum Freilernen.

An diesem Tag arbeitete Mats dann alle Aufgaben schnell und säuberlich und ohne weiteres Klagen ab. Aber er tat es nicht aus eigenem Anreiz heraus, sondern wegen meines Drucks!

Das hat mich sehr beschäftigt. Glücklicherweise begannen nun die Winterferien, die uns ein wenig Abstand brachten und uns den Druck vergessen ließen.

Nach diesem Ausbruch änderte sich etwas bei mir. Ich begann, mich mehr umzuhören und erfuhr, dass viele Familien diese Zeit zum Deschooling oder zum Freilernen nutzten. Auch uns war die Wahl von freien Lernthemen schon immer wichtig gewesen: Wenn Mats etwas besonders interessierte, haben wir uns schon immer Literatur dazu besorgt oder Ausflüge unternommen, um dies zu unterstützen. Gleichzeitig lege ich großen Wert auf Lesekompetenz und Grundlagenmathematik.

Um dem freien Lernen, also der freien Wahl eines Lernthemas, ein wenig entgegenzukommen, führten wir nun unregelmäßige "Kind-Entscheider-Tage" ein. An diesen Tagen durfte Mats (fast) alles selbst entscheiden: Vom Aufstehen bis zum Schlafenlegen galten sein Rhythmus und seine Inhalte. Nur wenn Leib und Leben in Gefahr geraten würden, würde ich eingreifen. Ich selbst war an solchen Tagen natürlich dennoch beruflich eingespannt, sodass Mats diese Zeit selbst nutzen und füllen musste. Die Vergangenheit hatte gezeigt, dass sich Mats für zwei Stunden auch bisher sehr gut allein beschäftigen konnte.

An seinem ersten vielstündigen Kind-Entscheider-Tag brauchte Mats sehr lange, um sich seiner neuen Freiheit klar zu werden. Den ganzen Vormittag lief er unschlüssig im Haus herum, hörte hier und da etwas, z. B. ein Hörspiel, holte sich etwas zu essen aus dem Kühlschrank und tat im Prinzip nichts. Ich hielt mich aus all dem heraus. Ich fragte weder, was er mache, noch was er tun wolle. Ich kümmerte mich um meine Arbeit und später draußen um die Gartenarbeit und war für Mats quasi nicht verfügbar.

Gegen 14 Uhr an diesem Tag zeigte sich, wie wertvoll dieser Anflug von Langeweile sein kann: Mats hatte sich einen gemütlichen Platz gesucht und schrieb dort eine mehrseitige Kurzgeschichte! Dann bebilderte er die Geschichte und versah sie sogar mit einem kleinen Einband. Er werkelte bis weit in die Dunkelheit hinein. Zu den Mahlzeiten brachte ich ihm etwas zum Essen, schaute ihm ein wenig über die Schulter und ließ mir zeigen, woran er tüftelte. Wann er ins Bett ging, weiß ich nicht; es war in jedem Fall nach mir. Was für ein sehr erfolgreicher, kreativer Tag!

Dieser Tag änderte vieles. Bis heute schreibt Mats regelmäßig Geschichten – er hat ohne Schule einfach die Zeit dazu! Bei einem Schulbesuch, der mit den Hausaufgaben erst gegen 15 Uhr wirklich endet, sehe ich diese Möglichkeit nicht. Immer wieder finde ich im Haus kleine Minigeschichten oder auch Geschichtenanfänge und freue mich, dass Mats die Möglichkeit hat, diese Kreativität auszuschöpfen.

Mit dem Einsatz des Frühjahrs zeigten sich die erfreulichen Gegebenheiten unserer heimischen Umgebung noch mehr. Wir hatten vor ein paar Jahren in unserem Garten einen kleinen Teich angelegt. Dort wimmelt es von winzig kleinen Lebewesen. Zu Beginn des Jahres ist es noch recht ruhig, aber sobald um die Osterzeit die Frösche und Kröten ihren Laich ablegen, wird es richtig spannend. Von nun an begannen die Tage für Mats am Teich. Erst musste dort nach dem Rechten gesehen werden. Wir hatten immer viele Beobachtungsgefäße, die mal mit diesen, mal mit anderen Tieren gefüllt waren. Wir beobachteten die Entwicklung der Kaulquappen bis zum Frosch bzw. zur Kröte. Wir sahen den Libellenlarven beim Wachsen zu. Wir beobachteten ihren Schlupf und sahen auch, wenn es kleine Wesen nicht schafften, groß zu werden. Wir waren einfach immer da. Wenn absehbar war, dass bald wieder Libellen schlüpfen würden, ließen wir alle schulischen Aufträge sein und überwachten einfach den Teich. In dieser Zeit haben wir soviel erlebt! Als im Frühsommer die Zeit des

Schlüpfens der Schmetterlinge begann, setzte sich Mats mit seinem Arbeitsmaterial neben eine gefundene Schmetterlingspuppe, um auch den Zeitpunkt ihres Schlüpfens nicht zu verpassen.

Das Schuljahr war sehr gelungen. Nur eines hätte uns zu unserem Glück noch gefehlt: das Reisen. Durch meine Arbeit war ich lokal gebunden. So viele Möglichkeiten mir diese Tätigkeit gab, es fehlte noch eine Stufe, nämlich die der örtlichen und zeitlichen Ungebundenheit. Immer wieder fanden wir Themen, die uns interessierten und bei denen wir sagten, dass es doch toll sei, einfach dort hinfahren zu können, wo wir eben dieses oder jenes entdecken oder erfahren können. In unserer Welt gibt es einfach so viel zu erleben!

So war es für uns wichtig zu wissen, wie es im kommenden Schuljahr weitergehen könnte. Wird die Präsenzpflicht weiterhin ausgesetzt bleiben? Das wäre natürlich perfekt für uns! Wir wurden so toll von der Schule betreut. Die Arbeitsmaterialien waren spannend aufbereitet und immer wieder abwechslungsreich. Hier konnte ich mir das eine oder andere abschauen, um es vielleicht später für eine eigene Lerngestaltung nutzen zu können. Es wäre sehr bequem, alles so weiterzuführen.

Da wir so sehr von der Idee des Reisens überzeugt sind, habe ich zu

Beginn der Sommerferien meinen Homeoffice-Job gekündigt. Dies rief in mir ein Gefühl der Befreiung als auch Unbehagen hervor – denn es muss doch auch finanziell weitergehen! Dennoch habe ich die Entscheidung getroffen: Wir werden reisen und wir werden vieles entdecken. Wir werden versuchen, das Reisen auch gewinnbringend zu gestalten, quasi beruflich reisen mit Kind, die Schule mit im Gepäck. Beruflich bin ich recht optimistisch, dass sich etwas Neues findet.

Für meinen Mann ist bei unseren Planungen immer wichtig, dass wir Mats mit unseren Plänen nicht die Zukunft verbauen. Und so war es für ihn sehr tröstlich zu erfahren, dass man auch als Externer die klassischen Schulabgangsprüfungen ablegen kann oder nach einer Auszeit auch wieder in die Schule zurückkehren kann, wenn man dies möchte.

In der Verwandtschaft sind die Meinungen zu unseren Plänen gespalten. Die einen haben Angst, dass wir Deutschland den Rücken kehren könnten und sie uns nicht mehr sehen. Andere sagen: „Du hast ja schon immer deinen eigenen Kopf gehabt!“ Leider gibt es nicht die volle Zustimmung. Ich hoffe, dass sich das im kommenden Schuljahr noch ändern wird. Diese Entscheidungen sind für uns die richtigen und wir haben sie nicht leichtfertig getroffen. Doch auch wenn wir unseren Weg ganz offiziell gehen und nicht vorhaben, im Verborgenen zu leben, schwimmen wir letztlich gegen den Strom. Und das wäre mit der Befürwortung der Familie viel leichter.

Zum Ende des Schuljahres wurde in Baden-Württemberg bestimmt, dass die Präsenzpflicht im Folgejahr wieder eingeführt wird. Das ist natürlich enttäuschend für uns, soll aber an unserem Entschluss nichts ändern.

In den Sommerferien haben wir einen Antrag auf Schulbefreiung wegen unserer geplanten Reisetätigkeit gestellt. Auch ein Umzug in eine Region, in der das Lernen zuhause rechtlich erlaubt ist, gerät nun in unser Blickfeld. Mir ist klar: Wir wollen uns von unserem Weg nicht abbringen lassen. Zwar ist unser Garten ein uns lieb gewonnener Ort, aber wir haben das Leben hier nie als Endstation gesehen. Es hat immer etwas gefehlt. Zum Beispiel wohnt die Familie zu weit weg. Auch wünschen mein Mann und ich uns mehr Land zur freien Gestaltung. So werden wir nun doch das machen, wovon wir schon seit Jahren reden: Wir suchen uns einen Ort zum Leben, der wirklich zu uns passt. Wo dieser sein wird, wissen wir noch nicht. Wir gehen auf die Suche und hoffen, dass wir etwas finden werden. Etwas für uns, vielleicht für die weitere Familie und mit ein paar anderen Familien um uns herum, die genau wie wir für etwas Neues bereit sind. Denn letztlich müssen Träume verfolgt werden, damit sie eine Chance haben, wahr zu werden.

Kathrin Kießling

Das Schuljahr 21/22 verbringen Mutter und Sohn auf Reisen. Die Mutter freut sich, Orte aus ihrer Vergangenheit zu besuchen. Mats ist es egal, wohin sie fahren. Wichtig ist ihm, dass es an jedem Ort ein Schwimmbad oder eine Bademöglichkeit gibt, denn das Thema Schwimmen wird für ihn im Reisejahr sehr wichtig.

Da die Mutter nicht will, dass Mats ein Schuljahr verliert, arbeiten sie nebenbei den Stoff in Deutsch und Mathematik durch. Während Mats morgens lange schläft, kann die Mutter bis zum Mittag ihre Homeoffice-Tätigkeit am Computer erledigen. Mats ist immer noch abends aktiv und kreativ: Wenn es dunkel wird, beginnt er Bücher zu lesen und Comic-Geschichten zu schreiben und zu malen. Während der ersten Zeit schreibt er auch ein Reisetagebuch.

Die größte Veränderung während des Reisejahres ist, dass Mats sehr aufgeschlossen gegenüber unbekannten Menschen wird. Er, der früher sehr zurückhaltend und schüchtern war, beginnt plötzlich, unbefangen auf andere Menschen zuzugehen.

Immer wieder kehren sie nach Hause zurück, damit Mats seinen Vater sehen kann, der beruflich viel unterwegs ist. Am Ende des Reisejahres zieht die ganze Familie an einen neuen Wohnort in der Nähe der Großeltern.

Seit Sommer 2022 geht Mats aus eigenem Entschluss wieder zur Schule. Er kommt in die 3. Klasse, in der er nach kurzer Eingewöhnungszeit Anschluss findet und sich seitdem wohl fühlt. Obwohl er das zweite Schuljahr auf Reisen verbracht hat, kommt er im Unterricht sehr gut mit. Es freut ihn, dass es in der neuen Schule wenig Hausaufgaben gibt und der Unterricht oft ausfällt. So kann er wieder oft zuhause walten und gestalten, wie er möchte und wie er es aus den ersten beiden Schuljahren kennt.

Wenngleich die Hausaufgaben nicht verpflichtend sind, wirft die Mutter zumindest ein Auge darauf, damit sie weiß, wo Mats steht. Seit sie gemerkt hat, dass in der Schule der Lernstoff nicht ausreichend behandelt wird, bearbeitet sie mit Mats viele Themen zuhause.

Durch das häusliche Lernen und die Reisezeit ist der Mutter bewusst, dass sie für die Bildung ihres Sohnes selbst oder zumindest mitverantwortlich ist.

Marie hat viele Ideen

Die Schulen sind zu und bis zu den Osterferien 2020 gibt es Fernunterricht. Unsere 7-jährige Tochter Marie, die jetzt die 2. Klasse besucht, ist zuhause. Wird es klappen, nicht nur Hausaufgaben mit Marie zu machen, sondern auch alle Inhalte der Hauptfächer zuhause durchzunehmen? Schon bei den Hausaufgaben hat es immer wieder Streitigkeiten gegeben und immer musste jemand dann bei ihr sitzen, obwohl sie sich sonst sehr gern alleine beschäftigt.

Marie ist ganz anders als ihr 15 Jahre älterer Bruder Dennis. Mit Dennis musste ich nie lernen. Er erledigte seine Hausaufgaben zügig und wegen seiner schnellen Auffassungsgabe musste er für die Klassenarbeiten nie lernen. Er ging gerne in die Schule. Sein Lieblingsfach war Mathe.

Maries Interessen und Begabungen liegen jedoch in ganz anderen Bereichen, als es die Schule fordert: Sie ist kreativ, musikalisch, verträumt und phantasievoll und nimmt sich viel Zeit für all ihre Tätigkeiten.

Die Schule gefiel Marie von Anfang an nicht. Die Pausen waren ihr zu laut und der Unterricht zu langweilig. Nur Kunst und Sport machten ihr Freude. Alles strengte sie sehr an. Oft schaffte sie es nicht, während der Schulzeit zu trinken und auf die Toilette zu gehen, und wenn sie nach Hause kam, war sie meist sehr erschöpft. Auch die Fahrt mit dem Schulbus machte ihr zu schaffen, zum einen, weil die Abfahrtszeiten sie unter Druck setzten, zum anderen wegen der Hitze: Im Winter wird der Bus stark geheizt, im Sommer staut sich die Hitze und man kann die Fenster nicht öffnen.

Deshalb habe ich Marie schon seit der 1. Klasse sehr oft "krank" gemeldet. Ich ließ sie immer zuhause, wenn es ihr nicht gut ging, und so hatte sie allein in der 1. Klasse so viele Fehltage wie mein erwachsener Sohn in seiner gesamten Schulzeit nicht. Sie geriet diesbezüglich manchmal in einen Gewissenskonflikt und sagte: „Mama, ich bin doch nicht krank. Ich habe kein gutes Gefühl, wenn ich zuhause bleibe!" Dann habe ich ihr einfach Fieber gemessen und gesagt, dass sie erhöhte Temperatur habe. So konnte sie guten Gewissens zuhause bleiben.

Gegen Ende der 1. Klasse fragte mich Marie, warum man überhaupt zur Schule gehen müsse. Ich antwortete ihr damals, dass man sonst keinen Beruf erlernen und dann kein Geld verdienen könne, um sich selbst zu unterhalten. Als ich mich später mehr mit dem Bildungswesen und der Schulpflicht in Deutschland auseinandersetze und erfahre, dass es nur in wenigen Ländern weltweit eine derart rigorose Schulgebäude-Anwesenheitspflicht gibt wie in unserem Land, erkläre ich Marie sofort, dass man auch einen externen Abschluss machen und auch ohne vorherigen Schulbesuch einen Beruf erlernen kann.

Nun ist März 2020 und Marie freut sich, dass sie nicht in die Schule gehen muss und länger ausschlafen kann.

Während des Distanzlernens bekommen wir viel Arbeitsmaterial. Oft braucht Marie den ganzen Vormittag, bis sie mit dem Stoff durch ist. Da sie keine Lust hat, alleine an den Aufgaben zu sitzen, setze ich mich zu ihr, sonst würde es noch ein oder zwei Stunden länger dauern. Im Rechnen sind die Aufgaben zu schwer und sie hat deshalb keine Lust In Deutsch sind sie zu leicht und es macht ihr keine Freude. Und unter Zeitdruck geht bei ihr gar nichts.

Manchmal reißt mir da schon der Geduldsfaden und ich bin gestresst und oft auch ärgerlich. Gott-sei-Dank muss ich nicht auch noch zur Arbeit gehen! Ich schaffe es jetzt so schon oft nicht, das Mittagessen rechtzeitig vorzubereiten, bevor ich unsere beiden jüngeren Kinder aus dem Kindergarten abhole.

Eines Tages kommt in mir ein Bild aus meiner eigenen Kindheit hoch: Mein Vater schreit mich an und schlägt mich, weil ich in der 3. Klasse bin und immer noch nicht lesen kann.

Ich bin in den 80er Jahren in der Türkei bei meinen Großeltern in einem Dorf ohne Strom und fließendes Wasser aufgewachsen, während meine Eltern in Deutschland als Gastarbeiter lebten. Als ich schulpflichtig wurde, musste ich zu einem Onkel in einen größeren Ort ziehen. Weil ich mich nach der abrupten Trennung von meinen geliebten Großeltern dort nicht wohlfühlte, kam ich bald darauf in ein recht teures Internat. Dass selbst das beste Internat die Eltern nicht ersetzen kann, erkannte die Internatsleiterin schließlich und drängte meine Eltern, mich zu sich nach Deutschland zu holen. Zu diesem Zeitpunkt war ich schon in der 3. Klasse und meine Eltern waren entsetzt, dass ich noch nicht lesen und schreiben konnte. Sie übten starken Druck auf mich aus, organisierten Nachhilfelehrer, versprachen mir Belohnungen und drohten mir, sodass ich es schließlich aus Angst lernte.

Und nun sitze ich bei Marie und merke, dass ich auf sie denselben Druck ausübe!

Als mir das bewusst wird, nehme ich sofort jeden Druck raus. Während ich vorher die schulischen Aufgaben streng eingefordert habe, lasse ich Marie jetzt keine Dinge mehr machen, die sie nicht will. Ich gebe ihr viel Freiraum und sie darf auch mal zwischendurch nach draußen gehen. Und wenn nicht alles so schnell klappt, wie ich es mir vorstelle, dann bin ich gelassener.

Und da geschieht ein Wunder.

Marie fängt an, wieder so neugierig zu werden wie vor ihrer Einschulung. Sie beginnt wieder Theateraufführungen für uns vorzubereiten, wie sie es vor der Einschulung gemacht hat. Sie ist wieder fröhlich und singt wieder viel. Sie wird richtiggehend lebendig. Und das, obwohl wir noch die ganzen Aufgaben von der Schule zu erledigen haben! Doch dabei helfe ich Marie nun mehr und wenn ich Dinge für überflüssig halte, schreibe ich sie Marie einfach vor oder ich löse die Aufgaben gleich selbst.

Eines Tages im April fragt Marie beim Frühstück, ob es Blumen gibt, die nachts blühen. Sie darf im Internet recherchieren – und findet heraus, dass es tatsächlich einige Blumen gibt, die nachts blühen. Die Blume "Königin der Nacht" findet sie am spannendsten und schönsten.

Leistungsnachweise darf Marie nun zuhause schreiben und sie ist deswegen nicht mehr so aufgeregt und angespannt wie in der Schule. „Mama, zuhause kann ich mich viel besser konzentrieren und habe nicht so eine Angst, dass die Zeit nicht reicht", sagt sie. Als sie die Leistungsnachweise noch in der Schule schrieb, war sie die ganze Woche nervös und konnte nicht gut schlafen.

Mitte Mai beginnt die Präsenzpflicht wieder und Marie freut sich auf ihre Klassenkameraden und die Pausen. Aber nach wenigen Tagen Schule ist sie sehr enttäuscht. Alles ist anders. Sie geht an zwei Tagen pro Woche zur Schule und jeweils ist nur die Hälfte der Klasse da. Die Kinder müssen viele Regeln beachten und Abstand halten. Dabei umarmt Marie doch so gern ihre Freundinnen! Sie ist nun immer müde und möchte morgens nicht aufstehen und abends nicht ins Bett gehen.

Oft fühlt sich Marie unwohl und kränkelt und besucht die Schule nur sporadisch. Als die Sommerferien endlich beginnen, sind wir alle erleichtert und Marie ist wieder fröhlich.

Nach den Sommerferien kommt Marie in die 3. Klasse, doch sie will nicht in die Schule gehen. Sie klagt wieder oft über Unwohlsein und so lassen wir sie ganz zuhause, was zu diesem Zeitpunkt wegen der freiwilligen Testungen möglich ist.

Ich beschäftige mich nun sehr viel mit den Themen Lernen, Homeschooling, selbstständiges Lernen und Freilernen. Ich lese Bücher darüber, gehe zu entsprechenden Veranstaltungen und treffe mich mit anderen Eltern, deren Kinder zuhause lernen, und tausche mich mit ihnen aus.

In sozialen Netzwerken finde ich Unterstützung. Die täglichen Impulse aus Svenja Hergets Telegram-Kanal 'Homeschooling wagen' stärken in mir das Vertrauen, dass wir das als Eltern selbst schaffen können. Ich baue Ideen daraus in den Alltag ein und werde selbst immer kreativer: Zum Beispiel lernen wir das Einmaleins mit Seilhüpfen: Mal hüpft sie, mal hüpfe ich und manchmal hüpfen wir auch zusammen. Wir kaufen ein Skelett, an dem wir die Körperteile gemeinsam ansehen. Wir kochen und backen zusammen und sprechen dabei viel miteinander.

So ohne Schule ist Marie ganz ausgelassen. Eine Zeitlang bastelt sie ein Leporello mit Unterwassertieren. Ansonsten ist sie sehr viel mit ihren Freundinnen draußen. Sie ist ganz unbeschwert, umarmt mich oft und ruft: „Mama, ich hab dich lieb!"

Nur wenn die Aufgaben aus der Schule bearbeitet werden sollen – immerhin müssen wir die Arbeitsblätter und Hefteinträge erledigen, die die Klassenkameraden vormittags in der Schule machen, PLUS die Hausaufgaben –, ist ihre Unbeschwertheit verschwunden.

Eines Tages bittet mich Marie, ihre Aufgaben in Zukunft abends bearbeiten zu dürfen: „Tagsüber habe ich so viele Ideen und kann so viel machen und abends habe ich doch Zeit dafür!"

Seitdem klappt alles viel besser. Marie kann den Tag für sich und ihre Interessen nutzen. Abends ist sie sowieso lange wach und wir machen die Aufgaben gemeinsam, wenn die jüngeren Geschwister schon schlafen. Da wir dann keinen Zeitdruck haben, ist es viel entspannter und auch lustiger als früher. Das merkt auch Marie: „Mama, du bist ja viel fröhlicher und nicht mehr so genervt bei den Hausaufgaben! Dann macht es mir auch Spaß! Und jetzt habe ich dich auch nur für mich und du musst nicht noch für Kai und Lina da sein!"

Sogar Mathe gefällt Marie jetzt wieder. Wir spielen und rechnen um die Wette: Wer hat zuerst die Lösung? Wenn es zu viele gleiche und ähnliche Aufgaben gibt, dann rechnen wir nur zu Beginn und die übrigen lösen wir einfach mit dem Taschenrechner. Denn Marie sagt zu Recht: „Ich habe die Aufgabe verstanden und habe zehn Aufgaben gelöst. Jetzt nochmal zehn von derselben Sorte zu rechnen, ist echt langweilig. In dieser Zeit können wir doch Durchkitzeln spielen!"

Nun haben wir einen Rhythmus und es gibt keine Streitigkeiten mehr wegen Schule und Hausaufgaben. Marie ist zunehmend unbeschwerter und lebt in den Tag hinein. Sie geht ihren Interessen nach: Sie fährt Inliner und Fahrrad, spielt mit Freunden und malt gern mit verschiedenen Materialien. Außerdem hilft sie mir, so oft es geht, beim Kochen. Sie möchte gern Köchin werden.

Eines Tages kommt Marie die Treppe heruntergerannt und ruft: „Mama, ich hab ein Gedicht geschrieben! Darf ich es dir vorlesen?" – „Na klar, sehr gerne!" Ich kann es nicht fassen: Meine Marie hat ein Gedicht geschrieben! Und es ist wunderschön!

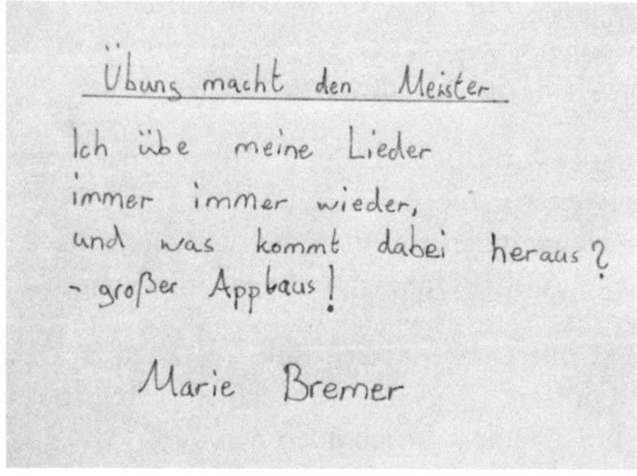
Übung macht den Meister

Ich übe meine Lieder
immer immer wieder,
und was kommt dabei heraus?
- großer Applaus!

Marie Bremer

In den nächsten Wochen schreibt Marie immer wieder tolle Gedichte, sodass ich ihr anbiete, ihre Gedichte binden zu lassen. Zum Geburtstag ist die Patentante von ihrem Gedicht so begeistert, dass sie ihr ein leeres Büchlein schenkt und eine Kopie ihres ersten Gedichts hineinklebt. Nun hat Marie ein Buch, in das sie ihre Gedichte schreiben kann.

Es bleibt nicht bei Gedichten: Eines Tages fängt Marie an, eine Geschichte zu schreiben. Immer wenn ein Kapitel fertig ist, liest sie es uns vor. Das ist jedes Mal ein feierlicher Moment: Wir setzen uns alle um sie herum, lauschen ihrer Geschichte, sehen uns die Bilder an, die sie dazu gemalt hat, und sprechen darüber.

Auf der Geburtstagsfeier ihres Patenonkels lernt Marie einen alten Freund von mir kennen und kommt mit ihm ins Gespräch. Sie findet seine Kleidung und seine Erscheinung sehr schön und interessant. Besonders sein Bart wird zum Gesprächsthema. Als wir wieder zuhause sind, setzt sich Marie hin und malt eine Bildergeschichte über einen Mann, in dessen Bart sich lauter kleine Liliputaner-Kinder verstecken! Ich erkenne meine Tochter nicht wieder. So witzig und einfallsreich ist sie! In solchen Momenten wird mir bewusst, wie unglücklich sie die ganze Schulzeit über gewesen sein muss. Nach Schule und Hausaufgaben hatte sie meistens keine Lust mehr, irgendetwas zu tun. Auch lachte sie kaum. Jetzt ist sie wieder das fröhliche Mädchen, das sie vor ihrer Einschulung war.

Mitten in der 2. Klasse, kurz vor dem Lockdown, hatte es bei Marie einen Lehrerwechsel gegeben. Nach kurzer Zeit sagte die neue Lehrerin bei einem Gespräch vor meiner Tochter: „Marie ist eines der stärksten Kinder in meiner Klasse. Sie hat gute Noten, sie arbeitet toll mit, bringt tolle Ideen ein und ist immer hilfsbereit. Aber sie ist sehr auffällig langsam, sie träumt vor sich hin und wenn andere zehn Aufgaben gelöst haben, hat sie erst eine Aufgabe gelöst." Es sei zu überlegen, ob Marie eine Therapie brauche, da sie durch ihre Langsamkeit auf der weiterführenden Schule Probleme bekommen werde. Zunächst war ich sprachlos. Dann sagte ich: „Marie braucht keine Therapie! Das ist ihr Wesen und so wie sie ist, ist sie wunderbar und in Ordnung! Es kommt nicht darauf an, ob sie 10 oder 20 Aufgaben in einer bestimmten Zeit löst, sondern dass sie es verstanden hat!" Die Lehrerin stimmte mir zu und sagte, dass sie doch nur Gutes wolle. Doch in Maries Zeugnis stand es dann trotzdem.

Marie hat lange an dem geknabbert, was die Lehrerin gesagt hatte, und wir sprachen oft darüber. Immer wieder erklärte sie mir, warum sie nicht schneller sein könne. Immer wieder antwortete ich, dass das, was die Lehrerin gesagt hatte, falsch sei. Doch erst allmählich konnte sie wieder akzeptieren, dass sie ihr eigenes Tempo hat. Und eines Tages sagte sie sogar: „Ist es nicht gut, dass ich euch helfe zu entschleunigen?"

Ich bin sehr froh, dass Marie seit der Testpflicht zu Schulbeginn 2021 nicht mehr zur Schule geht und dass sie zuhause ganz sie selbst sein kann und nicht irgendeiner Norm entsprechen muss! Dass mein Mann mich dabei voll und ganz unterstützt, ist für mich ein besonderes Glück.

Mein Mann und ich sind seit über 25 Jahren zusammen und wir vertrauen uns in allen Bereichen. Als die Schulschließungen begannen, war er sehr entspannt. Schon immer bin ich es gewesen, die sich um die schulischen Angelegenheiten gekümmert hat. Jetzt sieht er, dass ich viel recherchiere. Wir führen ein langes Gespräch, bei dem er viele Fragen stellt: „Falls Marie einmal ein externes Abitur machen möchte, werden wir dann Unterstützung bekommen? Wäre das auch ein Weg für den jetzt 5-jährigen Kai? Was ist, wenn die Kinder doch wieder zur Schule gehen wollen?" Er tauscht sich mit anderen Eltern aus, die denselben Weg gehen. Er sieht, dass Marie wieder aufgeblüht ist, seit sie zuhause ist. Er erinnert sich daran, wie Maries Leichtigkeit und Kreativität vom ersten Schultag an wie ausgelöscht waren und wie anstrengend es für Marie war, schon um sechs Uhr aufstehen zu müssen, weil der Schulbus kurz nach sieben Uhr fuhr. Ihr zwei Jahre jüngerer Bruder hatte damit keine Probleme: Er stand auf und machte sich alleine fertig. Marie hingegen hätte ich um fünf Uhr wecken müssen, damit sie sich die Zeit nehmen konnte, die sie für sich brauchte, weshalb ich mich meistens zu ihr setzte, sie sanft weckte und dann mit viel Kuscheln bis zum Losgehen begleitete.

Mein Mann sieht all diese Veränderungen und unterstützt mich. Er freut sich zu sehen, wie gut es seiner Familie geht. Schon immer hat er sich gern mit den Kindern beschäftigt und nun gibt es mehr Zeit dafür. Manchmal geht er mit allen abends noch zum Einkaufen. Er geht mit ihnen zum Frisör, besucht Spielplätze und bepflanzt mit ihnen die Hochbeete. Wenn er an seiner Werkbank werkelt, dürfen die Kinder oft mithelfen. Sein besonderes persönliches Ritual ist es, abends Marie und Kai ins Bett zu bringen und ihnen eine Gute-Nacht-Geschichte vorzulesen.

Auch wenn ich schon immer mit den Kindern gemeinsam zu Mittag gegessen habe, da alle drei Kinder nur vormittags im Kindergarten oder in der Schule waren, war für mich das Homeschooling eine enorme Umstellung. Die Zeit, in der alle Kinder vormittags mal nicht zuhause waren und ich drei bis vier Stunden für mich und die Hausarbeit hatte, tat mir gut. Als Kai sich wegen der Corona-Maßnahmen im Kindergarten nicht mehr wohlfühlte, ging er gar nicht mehr hin und auch die 2-jährige Schwester Lina blieb nach ihrer kurzen Eingewöhnungsphase in der Krippe wieder zuhause. So konnten wir für uns eine neue Tagesstruktur gestalten und jetzt sind alle zufriedener und ausgeglichener. Niemand muss sehr früh am Morgen aufstehen und frühstücken, wenn man noch keinen Hunger hat. Gegen neun Uhr frühstücken wir gemeinsam und gestalten unseren Tag so, wie es uns gefällt und wie es uns gut tut. Dadurch, dass die Kinder nun viel mehr ins Alltagsleben mit integriert sind und dass es ganz selbstverständlich ist, dass sie mit mir kochen, backen, aufräumen, putzen und die Hausarbeiten erledigen, ist das Zusammenleben ganz natürlich geworden. Ich finde auch mit den Kindern immer wieder Zeit für mich. Der Druck durch einzuhaltende Zeiten und zu erledigende Aufgaben ist weg und das ist auch für mich eine große Erleichterung. So haben wir viel Zeit für uns in der Familie.

Wir haben schon immer selten ferngesehen und wenn wir fernsehen, dann schauen mein Mann oder ich immer mit. Nun stelle ich eines Tages fest, dass unsere Kinder die letzten Monate kein einziges Mal nach dem Fernsehen gefragt haben!

Stattdessen unterhalten wir uns und kuscheln viel mehr, seit unsere Kinder zuhause sind. Der Tag hat viel mehr Freiräume und ist nicht mehr so getaktet – und der Fernseher spielt überhaupt keine Rolle mehr. Unsere Kinder haben kein Smartphone. Hin und wieder dürfen sie mal mein Tablet nutzen, um etwas nachzusehen, und manchmal schauen wir uns dort etwas gemeinsam an. Doch sie finden es viel schöner, miteinander zu spielen und sich zu beschäftigen.

Es gefällt mir auch, mir gemeinsame Aktivitäten und Projekte auszudenken: Als der Patenonkel Geburtstag hat, töpfern Marie und Kai Geschenke aus Ton für ihn. Wir backen immer wieder morgens unsere eigenen Brötchen zum Frühstück. Wir legen uns ein Hochbeet an und beobachten wie das Gemüse wächst und reift. Da keine Schule ist, bleiben die Kinder abends länger wach. Wir zünden dann öfter Holz in unserer Feuersäule an, backen Stockbrot, sitzen gemütlich am Feuer und genießen den Sommer.

Und wenn wir manchmal einfach nur so in unseren Hängematten verweilen, dann stellt Marie plötzlich Fragen wie: „Mama, wie ist das mit der Sonne eigentlich? Wie entstehen Tag und Nacht?“ und „Mama, warum braucht eine Frau einen Mann, um Babys zu bekommen?“ Dann ergeben sich unter uns ganz vertraute Gespräche und wir kommen von einem zum anderen.

Ein besonderes Erlebnis ist für uns alle, als sich unser inzwischen 6-jähriger Kai selbst das Lesen und Rechnen beigebringt. Als Marie eine Zeitlang über die Anton-Lese-App etwas für die Schule machen muss, will Kai auch damit arbeiten. Eines Tages kommt er zu mir und liest mir vor, was auf der Wasserflasche steht. Und wenige Wochen später liest er schon Bücher für Lese-Anfänger an einem einzigen Tag durch! Außerdem kennt er die Zahlen bis weit über die 100 hinaus, und wenn wir zusammen kochen, freut er sich, dass er Rezepte und Aufschriften lesen kann und auch die Mengen schon versteht!

Als Kai im Sommer 2021 offiziell eingeschult wird, geht auch er ins Homeschooling und bekommt wöchentlich Aufgaben. Da er schon lesen kann, bearbeitet er in den Büchern nur die Aufgaben, die er möchte. Die meisten Aufgaben sind für ihn zu leicht und langweilig und er sieht nicht ein, warum er drei Seiten lang das "L" schreiben muss. Wenn er eine Seite erledigt hat, bittet er mich, die anderen für ihn zu machen, und er beschäftigt sich mit dem, was ihm Spaß macht und ihn interessiert.

Eines Tages beginnt Kai, auf dem Weg zum Bäcker die Zahlen von den Autokennzeichen zu lesen und ich bin verblüfft: Die Zahlen bis 1000 kennt er alle. Auf meine Frage, woher er das könne, antwortet er: „Das weiß ich nicht. Ich kann das einfach. Das ist doch nicht schwer.“ Dann fragt er: „Mama, da sind vier Zahlen, wie liest man diese?“ Ich antworte: „Das sind die Tausender, das ist noch zu schwer für dich!" Darauf er: „Wenn vorne eine 4 steht, sind das dann 4000? Und wie lese ich dann die restlichen?" Ich: „Wie die Hunderter." Bam! Bis wir beim Bäcker sind, liest Kai alle Zahlen bis 10.000 richtig! Selbst Zahlen, in denen eine Null vorkommt!

Ich bin berührt und fasziniert. Meine Kinder lernen ohne meinen Anstoß, einfach so! Sie fragen, sie interessieren sich für alles und sind so neugierig! Niemals hätte ich mir träumen lassen, dass das wirklich so funktioniert! Besonders bei Kai, der ja wirklich ganz frei lernt, beeindruckt es mich sehr.

Immer wieder entstehen im Alltag Gespräche. Während des Mittagessens will Marie plötzlich wissen: „Mama, wo genau an mir oder in mir ist mein ICH und was genau ist an mir lebendig?" Wir haben ein sehr schönes Gespräch darüber. Marie ist der Überzeugung, dass ihre Seele in ihrem Herz ist, denn das Herz pumpt das Blut und bringt es in ihren ganzen Körper!

Im Sommer 2021 kommt Marie in die 4. Klasse. Und sie bleibt immer noch zuhause. Ab diesem Schuljahr bekommen wir von der Schule weniger Materialien und auch diese nur noch wöchentlich. Das ist für uns eine große Erleichterung: Wir können uns einteilen, was wir wann bearbeiten, und haben nun weniger Druck. Zusätzlich kaufe ich einige der Hefte und Bücher, die Svenja Herget auf ihrer Website vorschlägt. Sowohl die Kinder als auch ich sind davon begeistert. Es ist alles selbsterklärend, übersichtlich und gut aufgebaut und meine Kinder arbeiten immer wieder sehr gern in diesen Heften.

Weiterhin bereitet es mir große Freude, mit den Kindern zusammen zu lernen und mir schöne Ideen einfallen zu lassen, wie es am meisten Spaß macht, neue Dinge zu lernen. Dabei merke ich, dass ich selbst dabei auch so viel lerne und ganz neue Fähigkeiten gewinne. Zum Beispiel fällt es mir plötzlich ganz leicht, etwas auswendig zu lernen. Dabei habe ich mich damit doch früher immer so schwergetan!

Eine Mutter, die eine halbe Stunde von uns entfernt wohnt, bietet nun einmal pro Woche eine Lerngruppe an. In einem Anfangskreis besprechen die Kinder jeweils, was sie an diesem Tag tun wollen und suchen sich gemeinsam Themen heraus. Marie gefällt es und sie bringt sich kreativ ein. Wegen der weiten Anfahrt, bin ich froh, dass die jüngeren Geschwister mitkommen und im Garten spielen dürfen.

Wir laden die Kinder der Lerngruppe auch immer wieder zu uns nach Hause ein und dadurch haben wir jetzt noch mehr Kinderbesuch als vorher. Manchmal sind es acht bis zehn Kinder, die in unserem Garten herumtollen und Rollenspiele machen.

Nach wir vor ist Marie aber auch gern mit sich allein. Eines Tages sagt sie: „Mama, jetzt wo ich nicht zur Schule gehe, habe ich viel mehr Zeit, meinen Gedanken tiefer nachzugehen. Wenn ich zum Beispiel über Gott nachdenke, dann denke ich immer weiter und weiter und bin dann ganz tief in meinen Gedanken."

Ist das nicht wunderbar in einer schnelllebigen Zeit, in der Erwachsene Achtsamkeitskurse und Therapien machen, um tief in ihr Inneres zu kommen?

Filiz Bremer

Im Mai 2022 werden die Corona-Maßnahmen beendet. Die Eltern sprechen mit beiden Kindern über die Konsequenzen, die auf Familien in Deutschland zukommen, wenn die Kinder nicht zur Schule gehen. Marie und Kai entscheiden sich, die Schule wieder zu besuchen. Mit einer Zirkus-Projektwoche erleichtert ihnen die Schule den Einstieg. Am Schuljahresende bekommt Marie, die nun zwei Jahre zuhause war, ein Zeugnis, in dem nur Einser und Zweier stehen, und erhält eine Gymnasialempfehlung. Doch gemeinsam mit ihren Eltern entscheidet sie sich nach reiflicher Überlegung für die örtliche Sprengelschule ("Realschule Plus"). Dort ist sie Klassenbeste, obwohl sie kaum für die Schule lernen muss. Marie hat also weiterhin viel Zeit für ihre Hobbys. Sie hat angefangen zu fotografieren, schreibt weiterhin Gedichte, singt in einem Chor und spielt Gitarre. Das frühe Aufstehen stört sie noch an der Schule und manchmal bleibt sie einfach zuhause.

Ihr Bruder Kai steigt im Mai 2022 in die 1. Klasse ein. Wegen seiner sehr guten Leistungen im Lesen, Schreiben und Rechnen bietet ihm die Lehrerin an, eine Klasse zu überspringen, zumal er als "Korridorkind" gilt. Doch er bleibt in seiner Klasse. Er fühlt sich in der Schule wohl, erledigt seine Hausaufgaben selbstständig und hat viele Freunde.

Wenn beide Kinder die Wahl hätten, würde Marie lieber zuhause bleiben, während Kai weiter zur Schule gehen würde.

Paul liebt Projekte

Wir sind eine sechsköpfige Patchwork-Familie mit drei bereits erwachsenen Mädchen und schon einer 3-jährigen Enkelin. Unser Jüngster ist unser damals 7-jähriger Paul.

Aller Anfang war schwer für uns, als im Frühjahr 2020 der erste Lockdown verkündet wurde und die Schulen schlossen. In unserer Schule herrschte Chaos, und da ich zu jener Zeit Elternsprecherin in Pauls Klasse war, erhielt ich zahllose Mails und Nachrichten von verzweifelten Eltern, die arbeiten mussten und mit der Situation völlig überfordert waren. Für viele gab es keine Betreuungsmöglichkeiten, auch nicht während des darauffolgenden Distanzlernens. Paul war gerade in der zweiten Jahrgangsstufe innerhalb einer jahrgangsübergreifenden Klasse 1 bis 3. Die Lehrer versuchten, ihr Bestes zu geben, um uns Eltern mit Materialien zu versorgen. Irgendwie fuchsten wir uns durch die vielen Arbeitsaufträge und Mails der Lehrer. Von zahlreichen Eltern erfuhr ich, wie es ihnen in dieser Zeit erging, wie sie versuchten, neben Job und Haushalt gleich mehrere Kinder aus unterschiedlichen Klassenstufen zuhause zu beschulen. Das "Homeschooling" ging bei vielen an ihre persönlichen Grenzen. Auch uns ging es so.

Es war ein stupides Abarbeiten von Arbeitsheften, Arbeitsblättern und Arbeitsaufträgen der Lehrer. Und wir sollten die Kinder täglich motivieren, dranzubleiben! Dabei hatte Paul doch erst mit der Schule begonnen und ging auch gerne zur Schule! Schnell stellte sich bei Paul und mir Frust ein. Er hatte keine Lust auf Schulisches und für uns alle war es ein täglicher Stress. Das Thema "Schule" war jetzt negativ belastet. Obwohl wir keine Fristen gesetzt bekamen und relativ viele Freiheiten hatten, bis wann die Kinder die Aufgaben erledigen sollten, setzten wir Eltern uns selbst sehr unter Druck. Wir hatten Angst, das Kind könnte nicht genug schaffen und im Stoff hinterher sein. Diesen Druck stülpten wir dann auch Paul über und nach kurzer Zeit waren alle frustriert, demotiviert, gestresst und genervt von der Schule. Ich war ständig in meinem Mail-Postfach unterwegs und mit dem Lesen der Mails von der Schule beschäftigt. Der Drucker lief zeitweise heiß und wir kamen gar nicht so schnell hinterher, neue Druckerpatronen und Papier zu besorgen. Der Haushalt und meine angestrebten Projekte als Selbstständige blieben auf der Strecke. Als verantwortungsvolle Elternsprecherin wollte ich allen gerecht werden. Doch ich kam an meine Grenzen. In der Familie war jeder vom anderen genervt, zumal jetzt alle Familienmitglieder von zuhause arbeiteten. Paul und ich gerieten immer öfter aneinander und brüllten uns an. Ein Negativkreislauf entstand. Wir hörten dasselbe auch von anderen Familien: Alle gingen auf dem Zahnfleisch und die Eltern machten sich große Sorgen, dass ihre Kinder den Anschluss verlieren könnten. Jeder versuchte, alles unter einen Hut zu bekommen. Die Schulleitung ließ uns Eltern hier ziemlich in Stich und reagierte nur spärlich auf unsere Mails. Wir forderten eine sofortige Öffnung der Schule, doch wir wurden nicht gehört und mit unseren Sorgen und Nöten allein gelassen. Das verstärkte unseren Frust. Wir waren an unsere Belastungsgrenze gelangt.

Nach und nach versuchte ich mich aus all meinen Verantwortungen als Elternsprecherin herauszuziehen und legte schließlich mein Amt nieder. Ich bearbeitete mit Paul die Schularbeiten so gut es ging. Wir hielten uns viel in der Natur auf und trafen uns mit Freunden, damit Paul unter Kindern war.

Die Natur half uns sehr, wieder in unsere Kraft und unsere Mitte zu kommen. Daher beschlossen wir, das staatlich verordnete "Homeschooling" öfter nach draußen zu verlagern. Wir unternahmen viele Spaziergänge und fingen an, die Natur in unser Homeschooling einzubauen. So stellte sich Stück für Stück etwas mehr Gelassenheit ein. Diese Gelassenheit übertrug sich natürlich auf die gesamte Familie. Wir nahmen den Druck heraus und fingen an, nicht mehr alles, was von der Schule vorgegeben wurde, mit Paul abzuarbeiten.

Im Frühsommer 2020 endete der Lockdown und die Schule wurde unter bestimmten Hygieneauflagen wieder geöffnet. Die Klassen wurden geteilt und es fand Wechselunterricht statt. Darüber waren wir nicht glücklich und auch die Vorgaben der Schule stießen uns auf: Ständiges Händewaschen, Abstandhalten, Gruppeneinteilungen und vieles mehr stellte alles andere als einen normalen Schulablauf dar! Der Fokus auf Bildung ging in all den Regeln und Vorgaben für die Lehrer und Kinder unter. Außerdem fanden keine Veranstaltungen mehr statt, keine Ausflüge ins Theater u. Ä., da noch alles geschlossen war. Auch der Sportunterricht fand nur draußen und bei schönem Wetter statt. Leider blieben auch die Kung Fu Schule und die Musikschule, die Paul sonst besuchte, geschlossen.

Mit Beginn der Sommerferien fiel eine große Last von uns allen ab und das Thema Schule wurde von uns erst einmal verbannt.

Meine psychische und körperliche Gesundheit hatte unter den vergangenen Monaten sehr gelitten und ich litt unter immer mehr gesundheitlichen Beschwerden. Zunehmend war ich Gast bei Ärzten,Therapeuten und Kliniken. Meine Diabeteserkrankung hatte sich verschlimmert und meine Blutzuckerwerte entgleisten regelmäßig. Mein Mann, Paul und ich brauchten dringend eine Auszeit. So beschlossen wir, kurzfristig nach Kroatien in den Urlaub zu fahren. Dort war alles traumhaft entspannt. Strände und Städte waren teilweise wie ausgestorben. Selbst in den Touristenhochburgen war es angenehm leer. Paul war eigentlich nur im Pool. Außerdem unternahmen wir tolle Ausflüge. Nach dem Kroatienaufenthalt entschlossen wir uns spontan noch zu einem Trip nach Venedig, um von dort aus nach Salzburg und Berchtesgaden zu fahren. Paul fand diese Reise großartig: In Venedig erfuhr er viel über diese besondere Stadt, was wir zuhause noch vertieften. In Salzburg besuchten wir die Salzminen, machten eine Städtetour und fuhren mit der Salzburger Bahn zur Burg hoch. Für uns alle war die Reise ein spannendes Erlebnis mit vielen schönen Momenten.

Dieses Erlebnis prägte uns so sehr, dass wir beschlossen, dies zu wiederholen. Das Gefühl, frei zu sein und uns nicht zuhause einsperren zu lassen, inspirierte uns sehr. Unsere Heimatstadt Potsdam fühlte sich nicht mehr wie unser Zuhause an. Unsere Nachbarn und viele Menschen um uns herum hatten sich durch dieses "Virus" verändert. Plötzlich kannte man sich nicht mehr und die Kinder durften nicht mehr ausgelassen und unbeschwert miteinander spielen. Zum Glück gab es aber auch noch die Freunde, die sich weiterhin mit uns trafen und mit uns Dinge unternahmen, soweit dies zu dem Zeitpunkt erlaubt war.

In den Ferien gab es immer wieder Meldungen, dass die Kinder in den Schulen jetzt auch eine Maske tragen müssten. Am letzten Wochenende in den Sommerferien wurde es dann für alle Kinder ab sechs Jahren beschlossen. Obwohl wir damit gerechnet hatten, war es dennoch ein Schock. Paul hatte bis dahin noch nie eine Maske getragen! Die Datenlage über das Tragen einer Maske war sehr bedenklich und es galt als gesundheitsgefährdend. Daher kam es für uns nicht infrage, dass unser Sohn Paul mit sieben Jahren eine Maske tragen würde.

Als es einmal bei einem Tierarztbesuch unumgänglich war, reagierte Paul mit Panik. Wir wandten uns an unsere Ärztin, die Paul gut kennt, und diese erteilte Paul ein Attest, damit er in der Schule keine Maske tragen müsse und frei atmen könne. Mein Mann und ich setzten uns mit dem Thema Ausgrenzung auseinander und wie wir mit der Schule im Gespräch bleiben könnten.

Der erste Tag nach den Ferien war sehr befremdlich. Die Eltern standen mit Abstand vor der Schule und es herrschte eine gedrückte Stimmung.

In der zweiten Schulwoche kam Paul bedrückt aus der Schule. Er erzählte mir, dass ihn eine Lehrerin im Treppenhaus gefragt habe, wo denn seine Maske sei. Die Lehrerin wusste nicht, dass es in der Schule ein Kind (Paul war der einzige!) gab, das ein Maskenbefreiungsattest hatte! Obwohl sie nichts weiter sagte und Paul selbstbewusst reagiert hatte, empfand ich das schon als zuviel für meinen Sohn. Er erzählte mir auch, dass er versucht habe, seinen Klassenkameraden zu sagen, dass sie, wenn sie nach der Pause zum Klassenzimmer in den 3. Stock rennen würden, die Maske abnehmen sollten, um genug Luft zu bekommen. Doch niemand habe auf ihn gehört. Er war verzweifelt.

Damit war für meinen Mann und mich der Moment gekommen zu sagen: Hier ist jetzt Schluss für uns und wir machen das nicht mehr mit! Wir tun das unserem Kind nicht länger an! Es war absehbar, dass Pauls Schwierigkeiten zunehmen würden. Wir entschlossen uns, Paul ganz aus der Schule zu nehmen und meldeten ihn erst einmal krank.

Das war der Beginn unseres eigenen Homeschoolings. Ich schränkte meine Arbeit als Selbstständige ein, damit ich Zeit für Paul hatte, der ja nun den ganzen Tag zuhause war.

Neben den Arbeitsaufträgen aus der Schule, die wir wöchentlich bekamen, versuchte ich, die Natur viel in unseren "Unterricht" einzubauen. Da ich Herbalistin bin, habe ich ein bestimmtes Wissen über Heilpflanzen. Nun versuchte ich (und das mache ich bis heute), dieses alte Wissen an Paul kindgerecht zu vermitteln. Als Erstes beschäftigten wir uns intensiv mit dem Löwenzahn. Paul erfuhr dabei viel über die Pflanze, ihre Eigenschaften, den Nutzen und die Heilkräfte. Wir bezogen Bücher und das Internet mit ein, sodass das Lesen zusätzlich angeregt wurde. Anfang der 2. Klasse spielt das flüssige Lesen eine wichtige Rolle und ich wollte, dass Paul auch hier weiterkommt. Für unser Projekt nutzten wir ein Geschichtenheft, das jeweils eine Blanko-Seite hat, auf die das Kind ein Bild malen kann, und auf der anderen Seite Linien. Paul malt gerne und malte begeistert die gesammelten Pflanzenteile ab. Dann schrieb er mit meiner Hilfe alles Gelernte auf. Am Anfang waren es nur ein paar kurze Sätze, doch mit der Zeit wurden es immer mehr.

Als ich Svenja Hergets Telegram-Kanal 'Homeschooling wagen' entdeckte, war ich begeistert von den dortigen Anregungen, wie Homeschooling gestaltet werden kann. Er gab uns ein gutes Gefühl, dass wir das Richtige mit unseren Kindern machen, indem wir sie zuhause selbst unterrichten und frei lernen lassen. Die Vielfalt der Anregungen beruhigte mich, dass wir auch zuhause alle Fächer abdecken könnten und schenkte mir die Gewissheit, dass das, was ich mit Paul machte, auch unter schulischen Maßstäben genügte. Und er gab mir das Bewusstsein: Wir sind nicht allein!

Leider verschlechterte sich mein Gesundheitszustand wieder, unter anderem aufgrund der weiterhin angespannten Lage in unserem Land. Da mein Mann als Selbstständiger auch von zuhause aus arbeiten kann, beschlossen wir, Deutschland für einige Monate zu verlassen. Wir entschieden uns für Schweden, da dort die Maßnahmen nicht so stark umgesetzt wurden.

Also zogen mein Mann, Paul und ich noch im Spätsommer mit unserem Hund Pepper auf einen Bauernhof in Südschweden, mit Schafen, vielen Feldern und Wald um uns herum. Die erwachsenen Kinder waren leider an ihre Ausbildungen gebunden und blieben in unserem Haus in Deutschland.

Wir lebten auf diesem Bauernhof in einer historischen alten Molkerei. Das allmorgendliche Aufwachen war wie in einem Traum: der Blick auf die Felder, der morgendliche Nebel, der über sie hinweg zog, die Schafe auf der Weide und die Vögel, die zwitscherten. Wir genossen diese Ruhe und Natur um uns herum.

Wir lebten uns schnell ein und fühlten uns pudelwohl. Eine Woche lang erkundeten wir die Gegend, dann machten Paul und ich mit unserer Art des Homeschoolings weiter, die wir schon in Deutschland begonnen hatten: viel Bewegung in der Natur, eigene Projekte und gleichzeitig Aufgaben aus der Schule, die wir auch im neuen Schuljahr wöchentlich bekamen.

Beim morgendlichen Spaziergang mit unserem Hund Pepper erkundeten Paul und ich zusammen die Natur und fanden viele Pflanzen, über die Paul etwas schreiben konnte. Dazu legten wir ein Pflanzenheft an. Um unseren Bauernhof herum waren Holundersträucher angelegt, ein Relikt aus alten Zeiten, wo man den Holunderbusch immer um Höfe und Häuser pflanzte, da er Schutz vor bösen Geistern bieten sollte. Und er stand zu dem Zeitpunkt gerade in voller Frucht! Wir ernteten voller Begeisterung die Holunderbeeren und verarbeiteten sie zu Holunderbeersaft. Daraus machten wir dann eine Holunderbeersuppe mit Grießklößchen. Ein Traum!

Paul erfuhr viel über den Holunder. Er entdeckte, dass sich im Stiel weißes Mark befand. Besonders spannend fand er den Vergleich mit dem Stiel der Brennnessel, der innen hohl ist und nach dem Wegreiben der Brennhaare als Strohhalm genutzt werden kann, was er gleich ausprobierte.

Paul und ich sprachen über alles, was wir in der Natur entdeckten: die Bäume, die Pflanzen, die Tiere. Unser Vermieter, der mit seiner Frau auf demselben Gelände wohnte wie wir, hatte Schafe und diese besuchten wir täglich und halfen bei der Fütterung. Oft nutzten wir die Zeit draußen auch für Wiederholungen im Rechnen: Beim Laufen ergänzten wir beispielsweise bis zur 10 "verliebte Zahlen", rechneten im Kopf und lernten später die einzelnen Einmaleinsreihen.

Um Paul sportlich etwas zu fordern, baute ich auf der großen Wiese vor unserem Haus einen Sportparcours aus alten Baumstämmen auf, die unser Vermieter dort liegen gelassen hatte. Wir sammelten Blätter, Pflanzenteile und Früchte von Bäumen, Sträuchern und Pflanzen, aus welchen ich ein kleines Natur- und Rechenquiz für die verschiedenen Stationen erstellte. Zu dieser Zeit erlernte Paul gerade das Rechnen bis 20, das ich vertiefen wollte. Paul hatte einen Riesenspaß! Ganz nebenbei lernte er in und durch die Naturmaterialien Mathe und war gleichzeitig sportlich aktiv. Später ging es bei dem Parcours auch um Zeit und wir bauten immer wieder andere Stationen ein. Ich legte beispielsweise an eine Station ein Blatt und er musste erkennen, von welchem Baum es stammte.

Außerdem bearbeitete er täglich Übungen in seinem Mathe-Arbeitsheft. Wörter, die er immer wieder falsch schrieb, wiederholten wir im Schreibheft. Jeden Tag übten wir Lesen bzw. wir lasen einfach irgendetwas. Immer wieder lernte Paul auch ein zur Jahreszeit oder zu einem Erlebnis passendes Gedicht. Da Paul in seiner jahrgangsübergreifenden Klasse 1 bis 3 auch Englisch hat, flocht ich auch Englisch einmal pro Woche mit ein. Hierfür nahm ich mir jeweils ein Thema wie die Zahlen, Farben und Körperteile vor, druckte mir Arbeitsblätter aus und wir besprachen die Vokabeln. Oft ließ ich Paul auch entsprechende Bilder malen und dann das Gemalte mit englischen Vokabeln bezeichnen. Da Paul ja gerne malt, war es ein Leichtes, ihn zu dieser Aufgabe zu motivieren.

So entwickelte sich allmählich ein gewisser Tagesrhythmus, der ungefähr folgendermaßen aussah:

9:30 bis 10 Uhr: Frühstück
10 Uhr: Hunderunde durch den Wald und über die Felder mit Erkundung der Gegend
11 Uhr: Parcourslauf
12 Uhr: Mathe oder Deutsch im Haus mit den Aufgaben aus der Schule
13 Uhr: Pause mit Imbiss (wir kochten abends)
13:30 bis 14 Uhr: Wiederholung bzw. Beenden der vor der Pause angefangenen Arbeiten

Mein Mann konnte sich nachmittags oft freinehmen und abends noch weiterarbeiten und unternahm mit Paul oft Ausflüge mit dem Fahrrad. So hatte ich dann am Nachmittag auch mal Zeit für mich.

Oft gestalteten wir den Nachmittag aber auch als gemeinsame Familienzeit und machten alle drei zusammen Radtouren oder Ausflüge mit dem Auto. Dabei entdeckten wir viele schöne Orte in Südschweden. Natürlich gab es auch dort, wo wir wohnten, viele Seen und das Meer war auch nicht weit.

Einmal entdeckten wir mitten im Wald an einem großen See einen wunderschönen magischen Ort. Dort gab es eine Grillhütte und einen Grillplatz und es lag sogar Holz zur freien Verfügung da! So etwas gäbe es in Deutschland nicht. Wir beschlossen, wieder an diesen Ort zu kommen, um dort ein Feuer zu anzuzünden, über offenem Feuer zu grillen und zu picknicken. Auch wollten wir den Volkssport der

Schweden, das Angeln, für uns ausprobieren. Noch nie zuvor hatten wir geangelt! So kamen wir einige Tage später mit einer neu gekauften Angel und Grillzeug an diesen magischen Ort. Paul freute sich riesig, denn er liebt es, draußen zu grillen und zu picknicken. Die Angel wurde mit Papa ausgepackt und startklar gemacht, denn das Angeln ist Papas Part! Zuerst mussten sie das richtige Ausbringen der Angel üben. Das war ein ganz schöner Akt und der Haken landete regelmäßig im Busch. Doch da sie einige Tutorials auf YouTube darüber gesehen hatten, wie man eine Angel richtig auswirft, wurden die beiden Männer immer besser. Auch wenn der erhoffte Fang ausblieb und wir dann am Ende doch Würstchen grillten, hatten die beiden großen Spaß und das war das Wichtigste!

Diesen wunderschönen Ort besuchten wir tatsächlich noch mehrmals und immer wieder entdeckten wir neue Dinge dort, wie beispielsweise eine alte Ruine eines Hauses. Auch lagen auf dem Gelände viele große Steine, auf denen Paul gerne herumkletterte.

Die Natur in Schweden gab uns viele Möglichkeiten, unsere Art des Homeschoolings fast ausschließlich draußen gestalten zu können. Mein Gemütszustand verbesserte sich zunehmend und wir kamen wieder in unsere Kraft zurück. Meine Blutzuckerwerte stabilisierten sich und damit meine gesamte Gesundheit. So konnte ich mich relativ schnell wieder meinen beiden Ausbildungen widmen. Meine Ausbildung im Social-Media Management und meine Heilpflanzenausbildung waren beide in Deutschland gestartet und ich konnte sie aufgrund der in Deutschland herrschenden Corona-Maßnahmen nun online und glücklicherweise auch zeitlich flexibel weiterführen.

Ein besonderes Highlight war für uns, als uns unsere großen Töchter mit unserem Enkelkind für zwei Wochen besuchten. Wir unternahmen zusammen viele Ausflüge, unter anderem nach Dänemark, wo wir Kopenhagen besuchten und besichtigten. Auch fuhren wir ins Legoland, woran in Deutschland in dieser Zeit des zweiten Lockdowns nicht zu denken war. Um so mehr genossen wir die unbeschwerte Familienzeit, speziell unsere großen Kinder, die in Deutschland noch unter den Maßnahmen zu leiden hatten.

Danach besuchten uns Freunde, deren Sohn ein Kindergartenfreund von Paul gewesen war. Die beiden Jungen freuten sich sehr, sich wiederzusehen und erlebten eine wunderschöne Zeit zusammen.

Nach diesen vielen erlebnisreichen Tagen kehrte bei uns wieder etwas Ruhe ein und ich setzte mich noch weiter mit dem Homeschooling auseinander. Denn Paul ließ sich zeitweise vormittags nur schwer motivieren, "Schule zu machen" und die Arbeitsaufträge aus der Schule zu bearbeiten.

Bisher dokumentierte ich alles, was Paul machte, mit Fotos und Videos und schrieb mehrmals pro Woche eine Mail an Pauls Klassenlehrerin. Mir war es wichtig, dass die Lehrerin einen Einblick über Pauls tägliche Arbeiten bekam. Gleichzeitig sollte auch ein Nachweis für die Schule oder eventuell für Behörden bestehen. Denn wir erhielten regelmäßig Post vom Schulleiter mit der Aufforderung, Paul zur Schule zu schicken. Auf unsere ausführlichen Erklärungen, warum wir Paul unter diesen Umständen – inzwischen herrschte auch noch eine "freiwillige" Testpflicht – nicht zur Schule gehen lassen wollten und auch Paul unter diesen Umständen nicht zur Schule gehen wollte, erhielten wir keine Antwort. Mittlerweile war auch das Schulamt schon eingeschaltet und man drohte uns mit einem Bußgeld in Höhe von 2.500 Euro. Wir suchten also nach einer Lösung, wie wir uns rechtlich absichern konnten.

Schließlich erfuhren wir, dass es in Deutschland möglich ist, sein Kind bei einem Auslandsaufenthalt für ein Jahr vom Schulunterricht zu beurlauben. Wir beantragten dies zunächst für ein halbes Jahr und bekamen innerhalb einer Woche bereits die Mitteilung vom Schulamt, dass Paul für sechs Monate von der Schule beurlaubt sei. Damit hatten wir überhaupt nicht gerechnet und uns fiel ein Stein vom Herzen! Mit dieser Nachricht konnten wir wieder besser schlafen und unseren Aufenthalt in Schweden noch mehr genießen.

Ich blieb mit der Klassenlehrerin trotzdem im engen Austausch und sie gab uns auch noch Arbeitsaufträge, Anregungen und Tipps zum Lernen mit Paul und stellte uns Arbeitsblätter zur Verfügung, die ich ausdruckte. Sie sprach sehr positiv über die Dinge, die wir mit Paul machten, und freute sich, dass wir unser eigenes Tempo beim Bearbeiten der Arbeitsaufträge und unseren individuellen Weg mit dem Lernen in der Natur und unseren Projekten gefunden hatten.

Doch Paul hatte keine Lust, etwas in seinen von der Schule vorgegebenen Arbeitsheften und Arbeitsblättern zu erledigen. Ich war ziemlich frustriert, wenn wir mit diesen stupiden Aufgaben arbeiteten.

Mir wurde klar: Hier muss sich etwas ändern! Doch ich wagte es noch nicht, mich von den Vorgaben der Schule ganz zu lösen – zu sehr war ich noch in meinem alten Muster "Schule" gefangen.

In einem Vortrag von Svenja Herget stieß ich auf die Anregung, dass die Kinder als Schreibanlass Tagebuch schreiben könnten. Die Idee gefiel mir: In der Familie hatte ich schon die Erfahrung gemacht, welche Schwierigkeiten entstehen können, wenn jemand wenig aus sich herausgeht und alles mit sich selbst ausmacht. Tagebuch zu schreiben und dazu vielleicht noch ein Bild zu malen, sah ich als tolle Ausdrucksmöglichkeit. Außerdem war es ein willkommener Schreibanlass und so freute ich mich darauf, Paul den Vorschlag zu machen, den Tag vor dem Frühstück mit Tagebuch-Schreiben zu beginnen. Ich besorgte ihm ein DIN-A4-Buch mit festerem Papier und festem Einschlag und Paul ließ sich darauf ein. Zu Beginn gab ich ihm Anregungen, wie er das Schreiben angehen könne. Schließlich war er erst in der 2. Klasse und hatte eigentlich noch keine Erfahrung im freien Schreiben. Und von längeren Sätzen, die über fünf Wörter hinausgingen, war er zu dem Zeitpunkt noch weit entfernt.

Ich regte Paul also an, mit einem Bild von einem Erlebnis zu beginnen. Da Paul sehr gerne malt und dabei sehr kreativ ist und gerne ins Detail geht, war er begeistert, mit einem Bild in den Tag zu starten.

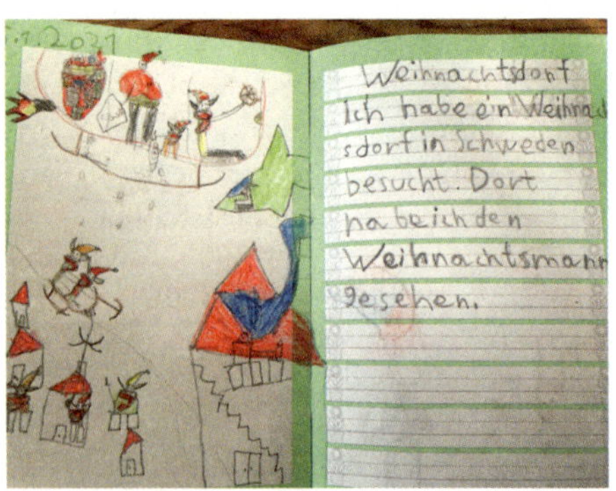

Von nun an fingen wir unser Homeschooling mit täglichen Tagebucheinträgen an. Erlebnisse hatte Paul ja genug! Mit diesem Start in den Tag gab es schnell eine Veränderung: Paul war nicht mehr gefrustet und demotiviert, überhaupt etwas für die Schule zu tun. Es war für uns beide ein sanfter Start ins Lernen.

Am Anfang waren es natürlich noch keine langen Texte, sondern nur ein paar kurze Sätze. Aber hier ging es ja nicht um einen Schreibwettbewerb! Paul war motiviert, mit dem gemeinsamen Lernen zu beginnen und das machte mich glücklich. Manchmal fing er sogar ohne Aufforderung an, ein Bild zu malen und darüber zu schreiben. Er erlernte mit dieser Form des Schreibens, kreativ zu sein, Sätze zu formulieren und Erlebtes für sich zu verarbeiten. Außerdem trainierte er die Rechtschreibung. Nach jedem Eintrag besprachen wir einige Rechtschreibregeln. Paul wollte unbedingt alle seine Fehler korrigieren. Das tat mir leid und ich war im Dilemma: Svenja Herget empfiehlt, beim freien Schreiben in der Rechtschreibung nicht so streng zu sein und die Rechtschreibung gesondert zu üben. Doch mein Mann und ich hatten Sorge, dass Paul sich Wörter womöglich falsch einprägen könnte. Wir sprachen darüber und entschieden uns schließlich für das Vertrauen. Von da an wies ich Paul nur noch auf eine falsche Schreibweise hin, wenn er die entsprechende Regel schon gelernt hatte, wie z.B. nach dem Punkt groß zu schreiben. Nach und nach erklärte ich ihm dann unabhängig davon immer mehr Rechtschreibregeln. So wurde das Schreiben entspannter.

Später fügten wir bei jedem Tagebucheintrag das Datum hinzu. Das gab mir die Gelegenheit, mit Paul regelmäßig über das Jahr, den Monat, die Woche und den Tag zu sprechen und dies durchzunehmen. Am Anfang war das doch sehr holprig und ich hatte das Gefühl, dass er von vielen Dingen noch nie etwas gehört hatte, obwohl es auch in der Schule regelmäßig Thema gewesen war. Auch die Uhr kam dabei ins Spiel und es dauerte nicht lange, da konnte Paul die Uhr lesen.

Das Schreiben eines Tagebuchs war also die beste Anregung, die wir bekommen konnten, und ich bin unendlich dankbar dafür! Es erleichterte uns so viel, dass ich es richtiggehend als Segen für uns empfand. Paul hatte viel Spaß dabei und außerdem konnten wir damit zahlreiche Dinge aus dem sprachlichen Bereich verbinden: einen Satz bilden, etwas gut formulieren, Stifthaltung, Rechtschreibung und Schreibschrift üben! Zu Beginn schrieb Paul täglich in sein Tagebuch. Später machte er zweimal pro Woche einen Eintrag und dabei sind wir die ganze Homeschooling-Zeit geblieben. Ich kann diese Form zum Start in das Homeschooling nur empfehlen.

Später schrieb Paul auch Phantasiegeschichten und bis heute schreibt er immer wieder Geschichten über Ritter, Drachen, Ninjas und Ähnliches.

Da wir nun einen wunderbaren Schreibanlass hatten, mit dem wir so vieles verbinden konnten, bearbeiteten wir immer weniger Arbeitsblätter und Vorschläge, die aus der Schule in Deutschland kamen. Nachdem ich gelesen hatte, dass Kinder unterschiedlich schnell lesen lernen, nahm ich auch hier bei Paul den Druck heraus und siehe da: Es kam von ganz alleine!

Unsere Projekte nahmen einen immer größeren Raum ein und oft gab eine Anregung aus 'Homeschooling wagen' den Anstoß für ein längeres Projekt. So starteten wir ein Bienenprojekt. Wir sprachen über verschiedene Begriffe, malten ein Bild mit Wasserfarben, lernten mit Hilfe von Material aus dem Internet den Lebenslauf einer Biene kennen und schrieben etwas dazu auf. Wir sahen uns auch Waben an – wir hatten tatsächlich ein Nest von Wildbienen gefunden! – und sprachen über die Geometrie der Natur: das Sechseck, was für ein Wunder!

Nebenbei haben wir auch viel gebacken und dabei schwedische Rezepte wie z. B. Zimtschnecken umgesetzt. Und obwohl Paul inzwischen von der Schule freigestellt war, nahm die Lehrerin unser Video über die Zimtschnecken in den Adventskalender der Schule auf!

Später führten wir ein Projekt zum Thema "Wasser" durch. Zuerst besprachen wir den Wasserkreislauf. An einem Nachmittag legte Paul draußen einen künstlichen Staudamm an. Dann bauten wir aus Naturmaterialien einen Wasserfilter. Und jedes Mal malte und schrieb Paul etwas dazu.

Daraus ergab sich dann das Projekt "Wetter", bei dem wir darüber sprachen, wie Wetter entsteht, woher der Niederschlag kommt und so weiter.

An den Projekten beteiligte sich Paul immer mit Feuer und Flamme. Er lernte so viel dabei! Draußen in der Natur nimmt man mit allen Sinnen wahr: Man kann etwas nicht nur sehen, sondern auch hören, spüren, riechen und schmecken. Das so Erfahrene festigt sich nachhaltig, und Paul weiß das heute alles noch, während er von den Dingen, die er mit einem Arbeitsblatt lernen sollte, nichts mehr weiß.

Das Tolle an Projekten ist auch, dass man damit so viele Fächer abdeckt: Neben der Sachkunde kann man etwas Künstlerisches dazu gestalten, etwas dazu lesen und schreiben, man findet vielleicht ein passendes Gedicht, kann etwas werken oder basteln und manchmal auch etwas berechnen.

So ging der Winter in Schweden vorüber. Paul hatte mit unserem Vermieter im Herbst tagelang Holz gehackt, sodass wir es im Winter schön warm hatten. Weihnachten feierten wir mit unseren Vermietern, zu denen wir ein gutes Verhältnis hatten. Deren Kinder waren schon erwachsen und so freuten sie sich immer, wenn Paul mal vorbeikam und beim Füttern der Schafe mithalf oder Eier bei den Hühnern einsammelte. Ansonsten waren wir viel unter uns und waren mit uns selbst zufrieden. Auch Paul vermisste nichts.

Im April 2021 kehrten wir wieder nach Deutschland zurück und feierten Ostern zusammen mit der Familie, wo wir mit großer Freude empfangen wurden.

Da die Maßnahmen in den Schulen noch nicht beendet waren, war für uns klar, dass Paul noch nicht wieder zur Schule gehen würde. Glücklicherweise wurde die Beurlaubung vom Schulamt bis Dezember 2021 gewährt. So konnten wir das Homeschooling weiterhin zuhause, in der Natur und mit weiteren Reisen gestalten. Paul schrieb fleißig seine Erlebnisse in sein Tagebuch und zeichnete auch gerne etwas dazu.

Zu jener Zeit fanden wir eine Lerngruppe, in der mein Mann und ich uns allmählich so sehr mit Projekten engagierten, dass sie schließlich viermal pro Woche stattfinden konnte. Paul freute sich, wieder mit anderen Kindern zusammen zu sein, wenngleich er dies in Schweden nicht sonderlich vermisst hatte. Auch gefielen ihm unsere Projekte zur Elektrizität und ein Kunstprojekt in Zusammenarbeit mit einer Künstlerin.

Als die Verhaltensauffälligkeiten eines Jungen so sehr überhand nahmen, dass Paul die Lerngruppe nicht mehr gern besuchte, beendeten wir unser dortiges Engagement und gingen mit Paul wieder in unser bewährtes Homeschooling über. Die Künstlerin kommt nun öfter zu uns nach Hause und gestaltet mit uns etwas Künstlerisches.

Da wir ohne Lerngruppe nicht mehr gebunden waren, sind wir über den Sommer wieder mehr gereist. Das Fokussieren auf uns und unsere individuellen Bedürfnisse innerhalb der Familie und die Möglichkeit, das Lernen überall in den Alltag integrieren und das Leben und Reisen als Lernfeld erleben zu können, war das schönste Geschenk, das wir durch die Pandemie erhalten durften.

Während unseres Homeschoolings habe ich mit Paul auch immer wieder Gedichte gelesen und gelernt. Ein Gedicht gefiel Paul dabei besonders gut. Bei einem Spaziergang durch den Wald hat er es auswendig gelernt und immer wieder kommt er unvermutet von sich aus darauf. Es drückt unser aller Liebe zur Natur so wunderbar aus.

Es gibt so Schönes in der Welt,
Daran du nie dich satt erquickst
Und das dir immer Treue hält
Und das du immer neu erblickst:

Der Blick von einer Alpe Grat,
Am grünen Meer ein stiller Pfad,
Ein Bach, der über Felsen springt,
Ein Vogel, der im Dunkel singt,

Ein Kind, das noch im Traume lacht,
Ein Sterneglanz der Winternacht,
Ein Abendrot im klaren See
Bekränzt von Alm und Firneschnee,

Ein Lied am Straßenzaun erlauscht,
Ein Gruß mit Wanderern getauscht,
Ein Denken an die Kinderzeit,
Ein immer waches, zartes Leid,

Das nächtelang mit feinem Schmerz
Dir weitet das verengte Herz
Und über Sternen schön und bleich
Dir baut ein fernes Heimwehreich.

Melanie B.

Nach den Winterferien 2022 ging Paul wieder zur Schule. Er freute sich, nach fast zwei Jahren Homeschooling seine alten Klassenkameraden wiederzutreffen. Von seinen Mitschülern wurde er gut aufgenommen und integriert. Sie wählten ihn sogar gleich in den Klassenrat und suchten ihn als Paten für einen Erstklässler aus.

Paul hatte keine Probleme, an den Lernstoff anzuschließen, aber er war zu Beginn nicht glücklich mit der Schule. Gern erinnert er sich an die Zeit der Reisen und des damit verbundenen Lernens zurück. Manchmal wünscht er sich diese Form des Lernens zurück. Vor allem das Lernen im Freien vermisst er sehr. „Dabei habe ich mehr gelernt", sagt Paul immer wieder, obwohl seine Lehrerin sehr engagiert ist und jetzt selbst auch mehr Projekte durchführt. „In der Schule langweile ich mich oft. Ich fände es gut, wenn die Schule mehr draußen stattfinden würde."

Ein einschneidendes tragisches Ereignis ist die schwere Krankheit und der Tod des geliebten Hundes Peppers.

Phantasiegeschichten schreibt Paul noch immer gern.

Henry lernt mit seiner Mama

Homeschooling – ich hatte immer wieder gehört, dass es das bei uns in Österreich gibt und dass manche Eltern ihre Kinder zuhause unterrichten. Wirklich auseinandergesetzt hatte ich mich damit allerdings nie. Die eigenen Kinder nicht zur Schule zu schicken, hielt ich irgendwie für exotisch. Auch war ich ein absoluter Verfechter des gängigen Bildungssystems. Alle meine Kinder haben zuerst die Krabbelstube, dann den Kindergarten und anschließend die Schule besucht. Ich war zu 100 % davon überzeugt, dass nur das optimal ist und den Kindern auch für die Zukunft das beste Rüstzeug liefert.

In diese Grundstrukturen hinein platzte der März 2020 und die damit einhergehenden Maßnahmen in Österreich. Unser drittes Kind war zu diesem Zeitpunkt gerade ein Jahr alt, und da es noch keine Einrichtung besuchte, war ich sehr stark mit seiner Betreuung beschäftigt. Von meiner beruflichen Tätigkeit als Juristin war ich seit der Geburt des ersten Kindes freigestellt. Nun waren mein Zweitklässler Henry und gleichzeitig auch mein 6-jähriger Sohn Magnus von einem Tag auf den anderen vom Kindergarten daheim.

Im ersten Moment überwog bei mir das Gefühl der Freude, meine Kinder zuhause und in Sicherheit zu wissen vor dem, was da gerade in der Welt vor sich ging. Sehr schnell kam aber gerade bei meinem Schulkind die Anforderung der Abarbeitung der wöchentlichen Arbeitspakete hinzu. Da weder ich noch mein Sohn damit Erfahrung hatten, machte sich bei mir im Hintergrund ein leicht mulmiges Gefühl breit. Werden wir das schaffen? Wird sich Henry in die neue, völlig veränderte Lernsituation einfinden? Wird er bereit sein, seine Mama auch als Lehrerin anzunehmen, oder besteht die Gefahr, dass wir uns aneinander aufreiben und darunter dann auch unsere Mutter-Sohn-Beziehung leidet? Wird er in einer Umgebung Leistungen erbringen können, in der der 6-jährige Bruder ausschließlich spielen darf und auch noch ein 1-jähriges Kleinkind laufend Aufmerksamkeit einfordert? Und vor allen Dingen: Bin ich als Mutter in der Lage, alles zur Zufriedenheit aller miteinander in Einklang zu bringen? Ganz ehrlich: Hätte ich es mir aussuchen können, hätte ich mich wohl nicht daran gewagt. Aber so ließen uns die Umstände keine Wahl. Wir starteten also Mitte März 2020 in unsere ersten zaghaften Versuche.

Von Anfang an stellte sich bei uns ein heimeliges Gefühl ein. Wie wir da so jeden Morgen an unserem Küchentisch saßen, Henry, mein Großer, und ich, und uns gemeinsam durch die Arbeitsaufgaben lernten – irgendwie fühlten wir uns wie in unserem eigenen kleinen Kokon, ein wenig abgekapselt vom Rest der Welt da draußen und auf einer gemeinsamen Mission. Hier hatten nur wir beide Zutritt und wir kamen uns wie zwei Eingeweihte vor. So entstand eine ganz neue Verbundenheit zwischen uns beiden, geboren aus der Freude am gemeinsamen Tun. Und ich bemerkte, dass es meinem Großen sehr gut tat, plötzlich für einen begrenzten Zeitraum die alleinige Aufmerksamkeit von Mama genießen zu können. Noch dazu mit einer Materie, zu der die beiden jüngeren Geschwister noch keinen Bezug hatten! Dabei ging es gar nicht so sehr um die Lerninhalte, die wir miteinander immer wieder interessant zu gestalten versuchten, sondern wirklich um die Freude am Tun.

Am Beginn unserer gemeinsamen Reise stellte ich fest, dass sich Henry nach wie vor mit der Welt der Zahlen recht schwer tat. Einstellige Plus- oder Minusaufgaben konnte er immer noch nicht flott lösen und die Einmaleinsreihen hatte er nicht parat. Nun war uns die Zeit gegeben, dass ich direkt auf ihn und seine Bedürfnisse und vor allen Dingen auf sein eigenes Tempo eingehen konnte. Mir wurde immer klarer, dass Henry in der Schule unter 20 anderen Kindern in Mathematik einfach untergegangen war. Die 1:1-Betreuung war Gold wert! Henry erzählte mir, dass manche Kinder in seiner Klasse so schnell beim Lösen der Rechenaufgaben waren, wie er das niemals schaffen konnte. So hatte er wohl irgendwann die Freude verloren und abgeschaltet. Nun gingen wir es gemeinsam noch einmal ganz von vorne an und mein Sohn begann aufzublühen. Plötzlich bereitete ihm Mathematik wieder Freude und sein Selbstvertrauen in seine Fähigkeiten wuchs mit jeder richtig gelösten Rechnung. Natürlich geschah das in seinem Tempo, aber wir hatten ja die Zeit dazu.

Auch seine beiden jüngeren Geschwister begannen sich schön langsam in unsere neue Routine einzufinden. Oft spielten sie eine Zeitlang miteinander neben uns auf dem Teppich. Teilweise machte es sich der Kleinste auch auf meinem Schoß bequem – oft sogar für eine halbe oder sogar eine ganze Stunde! Entweder schaute er seinem großen Bruder interessiert zu oder er schob ein kleines Spielzeugauto vor sich auf dem Tisch immer wieder hin und her. Insgesamt fügte sich alles wesentlich harmonischer ineinander, als ich es erwartet hatte. Jeder fand sein Plätzchen in unserer neuen Lebenssituation.

Für Henry gab es anfangs Momente, in denen ihm die Menge der von der Schule vorgegebenen Aufgaben auch einmal zu viel wurde, vor allem auch, weil wir in Mathematik einiges aufzuholen hatten und dafür dann auch mehr Zeit benötigten. Schließlich mussten die am Montag für die ganze Woche erhaltenen Aufgaben am Freitagmittag fertig bearbeitet in der Schule abgegeben werden! Ich ging sehr bald dazu über, ihn in solchen Situationen auch einmal tatkräftig zu unterstützen und auch Fünfe gerade sein zu lassen: Manchmal las ich ihm vor, statt ihn selbst lesen zu lassen, und sagte ihm in Deutsch, wo die Wörter genau hingeschrieben werden sollten. Beim Rechnen zeigte ich ihm mit meinen Fingern die Rechnung, sodass er schneller und klarer die Lösung erkennen konnte. Alles andere wäre aus meiner Sicht sinnlose Quälerei gewesen und hätte ihm die Freude am Lernen genommen. So hatte er das Vertrauen und die Sicherheit: Wenn es nicht mehr geht, dann springt Mama ein und hilft mir weiter!

Gerade Mathematik bezogen wir stark in den Alltag mit ein und rechneten an allen möglichen Orten. Oft war dies die Küche, da Henry sehr gerne beim Kochen mithalf und weil sich dort so viele Gelegenheiten dazu ergaben: Er durfte Zutaten auf der Waage abwiegen und Gewichtszahlen zusammenrechnen, Mengen verdoppeln, abschätzen, vergleichen und vieles mehr. Auch unterwegs fanden wir immer wieder Möglichkeiten, mit Zahlen umzugehen und zu rechnen: Bei Spaziergängen zählten wir die verschiedensten Dinge wie Eicheln, Kastanien und anderes. Beim Autofahren rechneten wir mit der Geschwindigkeit, beim Einkaufen sahen wir uns die Preisschilder an und verglichen Preise und so weiter.

Wir genossen diese neu gewonnene und selbstbestimmte Freiheit immer mehr. Als die Schulen in Österreich im Mai 2020 unter strengen Auflagen wieder öffneten, war uns klar, dass wir den Rest des Schuljahres, wenn irgend möglich, zuhause verbringen wollten. Unsere Sprengelschule zeigte sich aufgrund der damaligen Sondersituation für eine häusliche Beschulung bis zum Schuljahresende zugänglich. Obwohl Henry das einzige Kind in der ganzen Schule war, das nicht wieder zurück zur Schule kam, hielten wir beide gemeinsam mit Freuden daran fest. Die Tatsache, dass die vorgegebenen Aufgabenpakete nun nicht mehr so starr waren wie zu Beginn, gab uns ein größeres Maß an Freiheit. Inzwischen waren wir in dem, was wir taten, ja schon erfahrener, und damit einhergehend wurden wir auch etwas kühner und wollten alles mit mehr Selbstbestimmung gestalten.

Gegen Ende des Schuljahres äußerte Henry den Wunsch, im darauffolgenden Jahr nicht mehr zur Schule gehen zu müssen und weiter mit Mama als Lehrerin zuhause zu bleiben. Unser mittlerer Sohn, dessen Einschulung im September 2020 anstand, schloss sich dem Wunsch seines großen Bruders an. Da wir uns alle mit unserer Freiheit zuhause sehr wohl gefühlt hatten und es sowieso unsicher war, wie es in den Schulen weitergehen würde, entschieden wir gemeinsam, ab dem neuen Schuljahr in den offiziellen häuslichen Unterricht zu wechseln, wie es bei uns in Österreich möglich ist. Die Abmeldung von der Schule nahmen wir dann schon recht selbstbewusst vor; schließlich wussten wir bereits wie es lief und was wir miteinander erreichen konnten. Besonders freuten wir uns auf die zusätzliche Freiheit, denn jetzt würden wir uns den gesamten Lerninhalt selbst einteilen können, ohne an vorgegebene Arbeitspakete der Schule gebunden zu sein.

Mitte September 2020 starteten wir also in unser erstes völlig selbstbestimmtes Homeschooling-Jahr. Diese zuvor beschriebene, absolute Eigenständigkeit in der Einteilung des Lernstoffes war für uns eine große Veränderung. Außerdem waren wir jetzt nicht mehr nur zu zweit, sondern zu dritt, denn auch Magnus nahm nun an unserem Homeschooling-Projekt als Erstklässler teil. Für Magnus begann das Abenteuer "Lernen" unter völlig anderen Vorzeichen, als wir es früher gedacht hatten. Sein Klassenzimmer bestand aus unserer Küche, sein Schulkamerad war sein Bruder und seine Lehrerin seine Mutter. Henry seinerseits musste sich in die veränderte Situation einfinden, dass ich nun meine gesamte Aufmerksamkeit während seiner Lernzeit nicht mehr nur ihm widmen konnte, obwohl er ja gerade das so sehr geliebt hatte, sondern dass auch sein Bruder Teil unseres eingespielten Teams wurde. Durch unsere bereits absolvierten Lernmonate fühlte ich mich in der Fähigkeit, den Stoff gut zu vermitteln, wesentlich gestärkter als im März 2020, dennoch war mir klar, dass ich Henry an einem ganz anderen Punkt abgeholt hatte als jetzt Magnus. Henry hatte damals bereits eineinhalb Jahre Schulerfahrung hinter sich. Er beherrschte alle Grundlagen des Lesens, Schreibens und Rechnens.

Ich hatte bei ihm also ein stabiles Fundament vorgefunden, auf das ich aufbauen konnte. Bei Magnus war das völlig anders. Ihm musste ich erst vermitteln, wie man liest, schreibt und rechnet. Ich war bei ihm also Pionier in Sachen Bildung, und nicht nur einmal fragte ich mich: „Wie bringt man einem Kind eigentlich das Lesen bei?“ Diese Frage beschäftigte mich lange, hatte ich darin doch weder eine Ausbildung noch irgendeine Erfahrung. Ich wusste beim Lesen, Schreiben und Rechnen nicht, wie ich das anpacken sollte, und befürchtete, dass Magnus im schlimmsten Fall am Ende des Homeschooling-Jahres nichts davon wirklich gut beherrschen würde. Ich hatte große Gewissensbisse, ob ich das meinem Kind zumuten dürfe. Schließlich würde er in diesem Fall am meisten darunter zu leiden haben.

Anfangs trug ich mich diesbezüglich noch mit tausenden Gedanken, wie ich mein fehlendes Wissen auf die Schnelle kompensieren könnte: mich über Fachbücher einlesen, Material von Volksschullehrern besorgen, Internet, YouTube-Videos, ...? In meinem Kopf schwirrte alles Mögliche herum, doch ich konnte mich zu keinem dieser Wege durchringen, weil sich mir kein einziger als der definitiv richtige erschloss.

So zog die Zeit ins Land und schneller als wir uns versehen hatten, war der Schulanfang da und meine Gedanken mit den alltäglichen Anforderungen überdeckt. Schließlich hatten wir einen Schulanfänger und das musste gebührend gefeiert werden. Da sollte kein Unterschied zum Schulanfang seines Bruders sein. Für Magnus drehte sich in diesem Bereich alles um seine Schultüte.

Am ersten Schultag ließen wir Magnus hochleben und überreichten ihm seine lang ersehnte Schultüte. Die Freude war groß und er war sehr stolz. Diesen Tag verbrachten Henry und Magnus dann ganz gemütlich mit dem Ausprobieren des Schultüteninhalts.

Die Schulbücher für das Lernjahr sollten wir von unserer Sprengelschule erhalten und ich hatte mit deren Ankunft eigentlich am ersten oder zweiten Schultag gerechnet. Das sollte sich jedoch als Trugschluss herausstellen und die Bücher erreichten uns erst Mitte der zweiten Schulwoche. Daher startete unser Schuljahr gleich einmal mit unerwarteter Improvisation. Für Henry holte ich die Schulbücher des Vorjahres heraus und wir begannen mit sanfter Wiederholung. Magnus bekam ein noch unbenutztes Vorschulbuch von Henry und wir nahmen uns zuerst einige Schwungübungen vor. Dennoch erwarteten wir schon sehnlichst unsere Bücher, damit wir richtig loslegen konnten. Und mit diesen Büchern hatten wir dann tatsächlich ein riesiges Glück, weil sie toll aufgebaut, einfach strukturiert, klar verständlich und sehr kindgerecht waren. Ich konnte all meine früheren Überlegungen zur Seite schieben, orientierte mich einfach am Inhaltsverzeichnis der Bücher und verschaffte mir einen Überblick. Zusätzlich nahm ich Kontakt zu unserer Prüfungsschule auf und erfragte dort die konkreten Anforderungen. So entstand sehr zügig ein gutes Grundgerüst, an dem wir uns festhalten konnten.

Anfangs tat sich Henry mit der veränderten Situation noch deutlich schwer. Ich merkte ihm an, dass er immer wieder bemüht war, meine Aufmerksamkeit ganz auf sich zu lenken. In diesen Minuten fragte ich mich oft ratlos, wie ich bloß beiden Buben gerecht werden und auf beide gleichzeitig eingehen sollte. Nicht zu vergessen war auch noch unser Kleinster, der immer mit dabei war und durch den Schulstart von Magnus seinen Spielkameraden verloren hatte.

Überraschenderweise löste sich diese Frage innerhalb von einigen Tagen ganz von selbst auf. Ich bekam ein gutes Gefühl dafür, wie ich die Dinge Hand in Hand greifen lassen konnte. So starteten wir unseren Lerntag immer damit, dass ich Henry in seinem Deutschbuch seine Aufgaben des heutigen Tages erklärte. Hier kam mir seine bereits vorhandene Lernerfahrung und seine Selbstständigkeit schon sehr entgegen, da er gut in der Lage war, die Aufgaben eine halbe Stunde lang, abgesehen von gelegentlichen Zwischenfragen, alleine abzuarbeiten. Das gab mir den Spielraum, mich in dieser Zeitspanne ganz Magnus und seinen ersten Lese- und Schreibversuchen zu widmen. Bei ihm zeigte sich früh, dass er sehr wissbegierig war und die Dinge schnell aufnehmen und umsetzen konnte. Auch das Lesen von kurzen Silben bewältigte er sehr gut. Es fiel ihm nicht schwer, die einzelnen Buchstaben zu einer Silbe zusammenzulesen.

Die beiden ersten Buchstaben bearbeiteten wir noch sehr intensiv: Magnus fuhr den Buchstaben zuerst mit bunten Farbstiften nach, schrieb ihn dann mit dem Finger mehrmals in die Luft, anschließend legte er ihn mit rohen Nudeln auf den Küchentisch und am Schluss formte er ihn noch mit Knetmasse. Das reizte auch Henry und er beteiligte sich bei der ein oder anderen Buchstabenaktion.

Die erste Zeit ergab sich bei uns dann auch ein tägliches Ritual. Nach

Deutsch, also Lesen und Schreiben, und Mathematik sangen wir alle zusammen zum Abschluss immer ein Lied – am Ende des Sommers war das z. B. „Jetzt fahr'n wir über'n See" – und anschließend las ich den Kindern eine Geschichte aus ihrer Kinderbibel vor. Auf diese beiden Dinge freuten sie sich jeden Tag so sehr, dass das Lernen mit viel Motivation vonstattenging.

Als ich im Herbst im Telegram-Kanal 'Homeschooling wagen' den tollen Tipp zum Formen von weißem, selbsttrocknendem Ton fand, griff ich diese Anregung freudig auf und bestellte gleich einmal einen 5-kg-Block Ton. Der Ton kam genau zur richtigen Zeit bei uns an, denn Henry lernte in Mathematik gerade die geometrischen Formen. Er kam dann von sich aus auf die Idee, diese Formen mit Ton zu gestalten. Mit Feuereifer stürzten sich die Buben auf den Ton und formten Würfel, Quader, Kegel, Kugel und Zylinder. Für Henry war das eine unglaubliche Bereicherung. Geometrie saß ab diesem Moment bombenfest und ich musste es das gesamte Lernjahr nicht mehr wiederholen. Er hatte es immer sofort fehlerfrei parat – schließlich hatte er es im wahrsten Sinn des Wortes "begriffen".

Der Ton bereitete den Kindern so viel Freude, dass sie ihn innerhalb weniger Tage komplett aufarbeiteten. Sie konnten stundenlang am Küchentisch sitzen und formen und vergaßen dabei die Welt um sich herum. Unter Zuhilfenahme einiger YouTube-Videos wagten wir uns gemeinsam an das Formen von Tieren und so entstanden einige Igelfamilien, Elefanten und Hunde. Für die Igelfamilien formten Henry und Magnus noch kleine Schüsselchen aus Ton, füllten sie mit Herbstblättern, Kastanienschalen und Eicheln und setzten die Igelchen mitten hinein. So hatten wir für zuhause eine wunderschöne Herbstdekoration.

Die Weihnachtszeit verbrachten wir vermehrt in der Küche beim Backen von Keksen. Das Kneten des Teiges war eine tolle Motorikübung für die Buben, außerdem wagten sie sich ans Ausrollen, Ausstechen und Bepinseln der kleinen Kunstwerke, die in dieser Weihnachtszeit selten älter als zwei Tage wurden. Das gemeinsame Aufessen war einfach zu verlockend.

Genau in dieser Vorweihnachtszeit war es soweit, dass Magnus erste kurze Wörter und auch Sätze zu lesen begann. Ich konnte es anfangs gar nicht glauben, doch es funktionierte wirklich: Mein Erstklässler hatte nur mit meiner Hilfe das Lesen erlernt! Ich war völlig aus dem Häuschen und unglaublich stolz auf Magnus. So viele Gedanken hatte ich mir zuvor darum gemacht! Dann hatte das Lernjahr so schnell begonnen, dass mir nicht viel Zeit zum Denken blieb und wir haben einfach gemacht. Ich sehe es einmal mehr als Beweis dafür, dass man manches gar nicht lange planen, sondern es nur geschehen lassen sollte. Alles findet sich.

Mit Magnus' beginnenden Lesefähigkeiten begannen wir, im Lerntag während des Lesenübens eine kleine, wechselseitige Auszeit zu nehmen. Während Henry mir sein Tagespensum aus dem Lesebuch vorlas, machte Magnus eine kurze Lernpause und genoss die Vorlesegeschichte seines Bruders. Danach war Magnus dran und Henry durfte zuhören. So stellte sich bei uns eine gemütliche Routine ein. Selbst wenn es in der Welt dort draußen tobte, wir fühlten uns wohl in unserem Kokon zuhause. Die Lerntage konnten wir uns natürlich auch frei einteilen und so lernten wir immer von Mittwoch bis Sonntag. Montag und Dienstag waren unsere freien Tage, die wir auch sehr gut für Erledigungen nutzen konnten. Diese Einteilung bot sich bei uns an, weil mein Mann am Wochenende zuhause die Betreuung unseres Jüngsten übernahm und wir anderen drei somit Samstag und Sonntag als Lerntage nur für uns gewinnen konnten. Das bedeutete für uns zwei Lerntage ohne Ablenkung und Geräuschkulisse durch den kleinen Bruder. Damit fühlten wir uns sehr wohl und behielten es so das ganze Jahr über bei. Diese Flexibilität war ein weiterer toller Pluspunkt für das Homeschooling.

Mein Mann kümmerte sich jedoch nicht nur um den Jüngsten, sondern unterstützte uns und beteiligte sich in vielerlei Hinsicht bei unserem häuslichen Lernen. Er übernahm viele Arbeiten im Haushalt, sodass ich Zeit hatte, ganz auf die beiden älteren Kinder einzugehen und sie beim Lernen zu unterstützen. Oft waren die Kinder an den Wochenenden oder Abenden auch mit Papa im Wald unterwegs. Im Winter suchten sie große moosbedeckte Steine und sammelten Moos für unsere Krippe. Auch nahmen sie abgebrochene Stecken mit und Papa, der Tischler ist, zeigte den beiden Großen, wie man schnitzt.

Im Jänner begannen wir, ein klein wenig in Richtung der Anfang Juni anstehenden Externistenprüfung zu denken. Die Kinder durften dafür ein Referat zu ihrem Lieblingsthema vorbereiten. Henry entschied sich für die Concorde und Magnus für sein Lieblingstier, den Husky. Wir bastelten zusammen große, bunte Plakate und die Buben beklebten sie eifrig mit Bildern. Henry nutzte die Zeit, die er oft bei seinem Vater in der Werkstatt verbrachte, suchte sich Holzreste und begann sie zu seinem eigenen Concorde-Modell zusammenzunageln. Papa half noch bei den Sitzen und der typischen Spitze und schon war ein ganz individuelles Holzflugzeug aus Kinderhand entstanden. Henry schraubte mit Papas Unterstützung alte Rollen an die Unterseite und schob dann sein rollendes Flugzeug tagelang durch das ganze Haus und spielte gemeinsam mit Magnus.

Bei der Beobachtung meiner Kinder merkte ich, dass ich häuslichen Unterricht, wie er in Österreich möglich ist, zwar wunderschön fand, aber immer deutlicher den Wunsch verspürte, auch die Einschränkungen, die dieses Modell mit sich brachte, abzustreifen: nämlich das Abarbeiten des vorgegebenen Lehrplans und die Beurteilung durch Außenstehende am Jahresende in Form einer Prüfung. Mir wurde klar, dass man die Kinder sich entwickeln und ihre Interessen verfolgen lassen sollte, alles ergab sich dann von selbst. Das Modell des Freilernens empfand ich plötzlich als wesentlich kindgerechter. „So schnell kann es gehen", dachte ich mir, „von der von staatlicher Schulbildung Überzeugten zur Homeschooling-Begeisterten und nun schon mit Freilerner-Ambitionen."

Auch spielen viele Dinge, die die Kinder beim häuslichen Lernen ganz nebenbei mitlernen, keine Rolle bei dem, was man hier in Österreich unter "Homeschooling" versteht:

Mein Mann macht viel Gartenarbeit und da gingen ihm die Jungs oft zur Hand: Sie mähten den Rasen, reinigten die Ziersteine aus unserem Gartenbeet, bürsteten mit der Drahtbürste unseren Holzgartenzaun ab, lernten den Umgang mit der Gartenschere und halfen beim Abzwicken der Zweige von unserem Palmkätzchenbaum mit. Im Spätsommer pflückten sie Holunderbeeren von unseren Sträuchern, die sie dann mit mir zusammen zu Marmelade verarbeiteten. Wie stolz waren sie, als sie die Marmelade kosten konnten und sie ihnen richtig gut schmeckte!

Dann haben unsere Jungs Papa geholfen, in einem Kinderzimmer einen neuen Parkettboden zu verlegen. Sie schleppten Parkettdielen und sortierten diese farblich, sie halfen beim Ausrollen und Verkleben der Bodenunterlage und fügten mit Papas Hilfe auch Nut und Feder der einzelnen Dielen zusammen. Immer wieder durften sie auch beim Zusammenklopfen der Dielen mit dem Gummihammer mithelfen.

Einmal fanden sie einen durch die Schneelast abgebrochenen Ast einer Tanne. Die beiden Jungs wollten ihn unbedingt mitnehmen und mit Papa etwas daraus werken. Zuhause zeigte ihnen Papa, wie man mit der Säge umgeht, und sie sägten acht Beine aus dem Ast. Anschließend sägte ihnen Papa eine Sitzfläche aus einem Stück Holz, das sie mit Schleifpapier bearbeiteten, bis es schön glatt war. Dann schraubten sie die noch wunderbar mit Rinde ummantelten Astbeine an die Sitzfläche und fertig war ihr eigener kleiner Hocker! Diese Unikate haben die Jungs bis heute in ihrem Zimmer.

Allgemein machte unsere Familie in dieser speziellen Zeit einen besonderen Wandel durch. Wir wohnten zwar recht schön, hatten aber schon länger den Wunsch nach mehr Grund und Boden zum Eigenanbau von Gemüse und nach mehr Abgeschiedenheit. Diese Gedanken nahmen auch durch unsere neue Lernsituation mehr Fahrt auf und fügten sich wunderbar zusammen. Wir wollten insgesamt selbstbestimmter leben. Nachdem das in Österreich von Tag zu Tag schwieriger wurde, dachten wir wieder an unsere früheren Pläne für die in einigen Jahren anstehende Pensionierung meines Mannes. Wir planten damals nach Schweden zu gehen. Nun drängte sich dieser Gedanke geradezu wieder auf. Die neue Situation hatte uns insgesamt als Familie völlig verändert und sie hatte uns auch wagemutiger gemacht.

Irgendwann im Februar 2021 fiel dann tatsächlich die Entscheidung, dass wir nach der Externistenprüfung der Buben einige Monate in Schweden verbringen wollten. Der frühe Schulschluss mit den Externistenprüfungen schon Anfang Juni – der Unterricht in der Schule ging bis in den Juli – eröffnete uns auch hier ein flexibleres Zeitfenster. Henry und Magnus waren von diesen Aussichten begeistert und arbeiteten sich mit einer noch größeren Portion Eifer durch den Lernstoff. Dabei geriet der Gedanke an die Prüfung immer weiter in den Hintergrund, denn es wartete ja eine große Reise auf die Buben, die mehr Aufmerksamkeit auf sich zog. Das war mir durchaus recht, wollte ich doch nicht, dass sie sich vor der anstehenden Prüfungssituation ängstigten. Deren Ergebnis spielte für uns auch keine Rolle, da in Schweden niemand danach fragen würde. Nun war das Augenmerk auf etwas ganz anderes gerichtet.

Magnus hatte sich in den letzten Monaten so gut in den Lernalltag eingefunden, dass er immer schneller wurde und teilweise sogar Henry vom Tempo her überrundete. Normalerweise glich ich Ungleichheiten beim Lernen aus, indem ich von beiden immer die Stärken hervorhob und beide lobte und Henrys Aufgaben dann am nächsten Tag so einteilte, dass er schneller fertig war. So fiel ihm das gar nicht auf. Nun drückte Henry auch noch gehörig auf's Gas. Dadurch waren wir mit unserem Lernpensum meist nach ein bis zwei Stunden täglich durch und fanden es toll, so viel zusätzliche Freizeit zu haben.

Im Frühling entdeckte Henry seine Freude an Wolle und Handarbeit. Zuerst versuchte er sich im Fingerstricken. Als ich ihm dann das Häkeln zeigte und er erste Anfangsschwierigkeiten überwunden hatte, stellte er mit der Häkelnadel eine lange Luftmaschenschlange her, die er ganz stolz in seine Portfoliomappe klebte.

Irgendwie war uns die Zeit in diesem Lernjahr viel zu schnell verflogen. Wir hatten schon Anfang Mai alle Bücher durchgearbeitet und es ging mit Riesenschritten auf die Prüfung zu, die mir persönlich immer mehr widerstrebte. Magnus kam mit dem gesamten Lernstoff sehr gut zurecht. Er hatte sich zu einem Mathematikfan entwickelt. Selbst die Zehner-Überschreitung hatte ihm keinerlei Mühe gemacht und er rechnete wie ein kleiner Weltmeister vor sich hin. Mein Erstklässler hatte mich im Laufe der Zeit wirklich alle Anfangszweifel vergessen lassen. Henry war auch sehr eifrig gewesen. Insgesamt merkte ich jedoch, dass er die Dinge nicht so leicht wie Magnus nahm und sich viele Gedanken über den Lernstoff machte und darüber, dass er bei der Externistenprüfung am Schuljahresende versagen könnte. Das hemmte ihn und ihm fielen dann zeitweise Sachen nicht mehr ein, die er eigentlich wusste. Diese Tatsache bestätigte mir mein Gefühl, dass das Lernen ohne eine obligatorische Prüfung am Schluss wesentlich besser für die Kinder wäre. Dieses ganze Lernjahr war so angenehm und entspannt gewesen, dass ich es schon instinktiv nicht mit Prüfungsstress beenden wollte.

Trotz der Externistenprüfung überwogen für uns im Rückblick die Vorteile des Lernens zuhause. Der Zeiteinsatz war wesentlich geringer und die Ergiebigkeit war höher. Zu wissen, dass man morgens ohne Zeitdruck ausschlafen konnte und nicht bei Wind und Wetter vor die Tür musste, war ein weiteres Highlight. Wir konnten uns einfach dem natürlichen Rhythmus der Kinder anpassen und den Tag entsprechend starten. Besonders Henry profitierte enorm von dem Wegfall der wöchentlichen Prüfungssituationen, die durch ständig anstehende Tests entstanden waren. In der Schule hatte es jede Woche ein Diktat und einen Mathetest gegeben, was ihn sehr unter Druck gesetzt hatte. Hausübungen am Nachmittag vermissten wir auch nicht. Ich erinnere mich nur zu gut daran, wie ich nach fünf Stunden Schule mit dem müden und ausgelaugten Henry nachmittags gekämpft hatte, weil ich ihm noch irgendwie die Hausübung abnötigen musste. Nun konnten meine Kinder vormittags immer ausgeruht und frisch ihr Lernpensum bewältigen und am Nachmittag war Zeit zum Spielen. Das war auch für mich eine Steigerung der Lebensqualität. Und zu guter Letzt war die gesamte Familie in diesen eineinhalb Jahren nicht ein einziges Mal krank gewesen. Das war durchaus verwunderlich, da Henry und Magnus zuvor jede Grippe und jeden Husten aus Schule und Kindergarten mit nach Hause gebracht hatten. Alle in der Familie bekamen damals ebenfalls die Krankheiten ab, sodass wir oft wochenlang mit den jeweiligen Infekten beschäftigt waren, bis schließlich alle wieder gesund waren. In Summe gab es von uns daher 100 Punkte für das Homeschooling!

Als dann Anfang Juni die große Abschlussprüfung anstand, begleitete die Buben traumhaftes Sommerwetter. Wir hatten die letzten

Wochen den Lernstoff nochmals zur Gänze wiederholt und so fühlten sich Henry und Magnus gut gerüstet. Ja, sie freuten sich sogar darauf, der Frau Direktor zu zeigen, was sie alles gelernt hatten. Wir hatten mit unserer Prüfungsschule ein Riesenglück und die Kinder konnten dort in einer angenehmen Umgebung ihre Prüfung ablegen. Beide bekamen sehr gute Zeugnisse und waren ganz stolz, als sie jeweils das Ihre in den Händen hielten. Die 15 bis 20 Kinder dieses Prüfungstages hatten sich zwar noch nie zuvor gesehen, doch zwischen den Kindern und Eltern war sofort ein Gemeinschaftsgefühl vorhanden. So haben sich nach der Prüfung noch alle Eltern gemütlich auf der Wiese neben der Schule zu einem Pläuschchen niedergelassen und den glücklichen Kindern beim gemeinsamen Fußballspiel zugesehen. Das war für uns Erwachsene der perfekte Ausklang eines schönen Lernjahres und allen Zweifeln zum Trotz konnte ich mir beruhigt sagen: „Alles richtig gemacht!"

Mit einem freudigen Gefühl machten wir uns auf den Nachhauseweg, schließlich startete morgen unser Trip nach Schweden. Auf in ein neues Abenteuer ...

Zäzilia J.

Seit Sommer 2021 lebt die Familie in Schweden. Der Vater hat dort eine Anstellung als Tischler gefunden. Die Mutter kümmert sich um die Kinder und um das Haus und den großen Garten.

Henry und Magnus gehen in Schweden zur Schule, zunächst hauptsächlich um die Sprache des Landes zu lernen, in dem sie nun leben, und um Freundschaften zu knüpfen und zu pflegen. Die Schulanwesenheitspflicht wird in Schweden streng durchgesetzt. Da sie in ihre Schule und in den örtlichen Fußballverein gut eingebunden sind und dort Freunde gefunden haben, gehen sie gern zur Schule.

Aufgrund einiger Vorkommnisse wächst nach zwei Schuljahren jedoch der Wunsch, wieder ins häusliche Lernen zurückzukehren. Eine längere Reise ist daher geplant.

Elfrieda und die Waldorfpädagogik

Was wärst du, Wind,
wenn du nicht Bäume hättest zu durchbrausen;
was wärst du, Geist,
wenn du nicht Leiber hättest, drin zu hausen!
All Leben will Widerstand.
All Licht will Trübe.
All Wehen will Stamm und Wand,
dass es sich dran übe.

C. Morgenstern

Dieses kurze Gedicht von Christian Morgenstern zeigt in schönster Weise auf, dass alles Leben seine Widerstände sucht, um an diesen zu wachsen. Ich möchte hier von den Widerständen berichten, welche wir uns als Familie in gewisser Weise gesucht haben, und wie wir an ihnen gewachsen sind.

Ich bin Vater von drei wundervollen Kindern und Ehemann einer starken und außergewöhnlichen Frau. Im Jahre 2020, in welchem jene große "Fable convenue", die die ganze Welt fast drei Jahre fest in ihrer Hand halten sollte, ihren Anfang nahm, war mein Stiefsohn Emil gerade acht Jahre alt und besuchte die 2. Klasse der Waldorfschule. Meine beiden Töchter Elfrieda und Heidemarie waren fünf und zwei Jahre alt und besuchten den Waldorfkindergarten. Mit dem ersten Lockdown und den damit verbundenen Schulschließungen blieben unsere Kinder zuhause. Jeder Vater und jede Mutter, welche in dieser Zeit vor die Herausforderung gestellt wurde, von einem Tag zum nächsten Beruf und Kinderbetreuung gleichzeitig zu bewältigen, kennt die Schwierigkeiten, welche damit einhergingen. Wie alle versuchten wir, die von der Schule bereitgestellten Aufgaben zu bewältigen. Doch nutzten wir auch die Zeit, die uns als Familie nun zur Verfügung stand. Als Erzieher in einem anderen Waldorfkindergarten hatte auch ich Kurzarbeit und meine Frau war noch mit Heidemarie in Elternzeit. Wir verbrachten viel Zeit in unserem Garten. Gemeinsam mit den Kindern und Nachbarskindern bauten und gärtnerten wir, kochten über dem

Feuer und kümmerten uns um die Kaninchen, welche ihren Weg zu uns gefunden hatten. Abwechselnd versuchten wir, den Tagesablauf der Waldorfschule mit Emil und zum Teil mit den beiden schulpflichtigen Nachbarskindern zu bewahren. Morgensprüche, Flötenspiel, Werk-, Russisch-, Englisch- und Hauptunterricht waren ebenso wie die einzelnen Epochen Teil unseres Tages. Der innerliche Druck, dieser Seelenpädagogik gerecht zu werden, stand polar dem Gefühl von Freiheit gegenüber, welches sich durch meine geringe Arbeitszeit und das Ausbleiben fester Schulzeiten einstellte.

Als die Schulen wieder öffneten, fiel somit einerseits eine Last von unseren Schultern, andererseits ging eine bisher ungekannte Lebensqualität wieder verloren. Emil war glücklich, wieder in seinem Klassenverband lernen zu dürfen, und unsere Töchter gingen nun wieder in den Kindergarten. In jener Zeit lief die Elternzeit meiner Frau aus und sie suchte sich eine Teilzeitstelle in der häuslichen Krankenpflege. Jedoch trieben uns die neu eingeführten Maßnahmen an Emils Schule dazu, die ausgesetzte Präsenzpflicht zu nutzen und ihn abermals zuhause zu unterrichten. Gemeinsam mit anderen Eltern machten wir unterschiedlichste Projekte zu den aktuellen Epochen. Meine Frau begann in Anlehnung an die Waldorfschule einen eigenen Unterricht für Emil zu gestalten, da von der Schule keine Aufgaben mehr zur Verfügung gestellt wurden. Diese Zeit war eine der herausforderndsten und ich bewundere meine Frau für ihr Engagement und Herzblut, welche sie seit dieser Zeit in das Thema Heimunterricht gesteckt hat. Es flossen viele Tränen bei Emil wie bei meiner Frau, und ich konnte oft nicht mehr tun, als sie am Nachmittag durch Ausflüge mit den Kindern und einem gemeinsamen Austausch oft bis in die Nachtstunden zu entlasten.

Auch für mich war es eine Zeit des Umbruchs. Aus wirtschaftlichen Gründen wurde mein Arbeitsplatz im Waldorfkindergarten abgebaut und nach einem kurzen Versuch an einer anderen Arbeitsstelle machte ich mich in einem völlig anderen Berufsfeld selbstständig. Um frei von staatlichen Maßnahmen und flexibler für die Familie zu sein, bin ich seither als Baumpfleger tätig.

Als Elfrieda Ende des Sommers 2021 in die 1. Klasse der Waldorfschule eingeschult werden sollte, galt bei uns Masken- und Testpflicht. Auf diplomatische Art und Weise, jedoch mit der eindeutigen Haltung, dass weder Elfrieda noch Emil den genannten Pflichten nachkommen würden, wandten wir uns an die Schule. Diese hatte aber ebenso einen klaren Standpunkt eingenommen, nämlich für die bedingungslose Durchsetzung staatlicher Maßnahmen und damit aus unserer Sicht gegen das Wohl der Kinder. Für die Schule war die Beschulung der Kinder von höchster Priorität. Für uns war die körperliche Unversehrtheit unserer Kinder von allerhöchster Priorität und wir stellten uns vor unsere Kinder. Daraufhin kündigte die Schule Emils Schulvertrag zu den Winterferien 2022 und Elfrieda begann ihre Schullaufbahn im Heimunterricht.

Als meine erstgeborene Tochter nimmt Elfrieda eine besondere Stelle in meinem Leben ein, was die Liebe zu meinen anderen Kindern in keiner Weise schmälert, wie jeder Vater wissen wird. Als mittleres Kind nimmt sie ebenso eine besondere Stellung in der Familie ein.

In der Waldorfpädagogik betrachten wir ein Menschenwesen in seinem ganzen Sein. Dabei betrachten wir auch die Leiblichkeit und die äußere Gesamterscheinung und dann wertungsfrei das ganze Wesen, wie es uns mit seinen Charaktereigenschaften und Wesenszügen erscheint.

Elfrieda war schon immer ein großes Kind. Ihr ebenso großes, rundes Gesicht neigt zuweilen zu einem leichten Doppelkinn und wird von welligen und vollen, dunkelblonden Haaren geschmückt. Sie hat einen gedrungenen, von Natur aus üppigen Körperbau, aus welchem die Extremitäten, ebenso zur Fülle und Gedrungenheit neigend, herausgewachsen sind. Dabei wirkt sie in ihrer Leiblichkeit in keiner Weise dick, da ihre Größe diese Konstitution in die Höhe streckt. Als Säugling hatte sie einen Beckenschiefstand, welcher bis heute eine leichte X-Beinstellung hinterlassen hat. Diese wird jedoch nur noch sichtbar, wenn Elfrieda in ein leichtes Laufen kommt und dabei gerne ihre Unterschenkel links und rechts am Körper vorbeischwingt, anstatt die Beine in einer geraden Vorwärtsbewegung anzuwinkeln und zu strecken. Ihr Körper ist seit jeher in freudiger Bewegung und sie tanzt und kaspert gern herum. Wenn sie mit ihren Freundinnen spielt, singen und tanzen sie viel und gerne. Dabei sind Elfriedas Tänze grazil und anmutig, können aber auch schnell in ein wildes Hampeln, begleitet von lautem Lachen, übergehen. „Elfrieda ist laut und lustig", hatte einmal ihre Erzieherin formuliert.

Darüber hinaus ist Elfrieda herzlich, über alle Maße geduldig und tolerant. Ablehnungen und Gemeinheiten ihres älteren Bruders gegenüber ist sie seit jeher versöhnlich und nicht nachtragend. Oft wurde sie mit harten Worten aus dem Jungs-Zimmer verwiesen oder ihr wurde in Rangeleien gezeigt, wer der Ältere und Überlegene ist, doch Elfrieda ging immer nach kurzer Zeit wieder auf ihn zu. Ihrer anhänglichen und einnehmenden kleinen Schwester gegenüber zeigt sie sich stets nachsichtig und bereit zu Verzicht. Um des lieben Friedens willen teilt sie meist alles mit ihr. Dabei weiß sie sehr wohl ihre Grenzen zu wahren. Natürlich kennt auch Elfrieda Trauer und das Gefühl ungerecht behandelt zu werden. Doch ist sie eher bereit nachzugeben und zu verzeihen als andere Kinder. Eine ihrer von Bekannten und Verwandten am häufigsten hervorgehobene Qualität ist eine Mischung aus Aufmerksamkeit und Hilfsbereitschaft, welche freilich nicht immer im Alltag so vorhanden ist wie vielleicht außerhalb der Familie.

Mit ihrem frohen Sinn und ihrem verbindlichen Charakter findet sie schnell Anschluss. Gleichzeitig ist sie sehr treu ihren Freundinnen gegenüber, für die sie vieles tut und deren Bedürfnissen sie gern entgegenkommt. Elfrieda liebt Tiere, aber am meisten liebt sie Pferde. Mit eineinhalb Jahren saß sie das erste Mal auf dem Rücken eines kleinen Ponys. Seither ist ihre Leidenschaft für diese Tiere weiter gewachsen und sie sucht stets und ständig ihre Nähe. Elfrieda hat ein sehr vertrauensvolles und liebeerfülltes Verhältnis sowohl zu mir als auch zu meiner Frau.

Von Beginn meiner Tätigkeit als Erzieher im Waldorfkindergarten an versuchten wir, die Elemente dieser Pädagogik in unser Familienleben zu integrieren. Rhythmen und Rituale in Form von Tisch- und Aufräumsprüchen, festen und gemeinsamen Mahlzeiten sowie Abendritualen geben unseren Kindern Sicherheit und Geborgenheit, genauso wie das Zelebrieren der Jahreszeitenfeste und Geburtstage. Bücher sind überwiegend die einzigen Medien, welche im Alltag unserer Kinder eine Rolle spielen. Außerdem spielen wir viel in der Natur und mit Naturmaterialien, um Phantasie und Kreativität anzuregen. Nun möchte ich nicht den Eindruck erwecken, wir würden aus einem Waldorflehrbuch entspringen; auch wir gehen Kompromisse mit der Verwandtschaft, den Bekannten und Freunden ein. Meine Frau und ich wurden gänzlich anders erzogen und mussten uns alles erarbeiten und wir sind stets dabei, mit uns und unseren Angewohnheiten zu ringen.

Dennoch bot uns die über Jahre aufgebaute Festigkeit des Alltages und das dadurch entwickelte Vertrauen der Kinder in diese Rhythmen und Rituale eine hervorragende Grundlage für den Heimunterricht. Durch die vorangegangenen Erfahrungen mit Emil konnten wir bei Elfrieda schon vieles durch ein "weniger ist mehr" entspannter gestalten. Und der Umstand, dass die Firma, für welche meine Frau tätig war, im Sommer 2021 insolvent ging, eröffnete uns den Weg eines kontinuierlichen Tagesablaufs. Meine Frau entnahm aus dem im Internet verfügbaren "Waldorf-Ideen-Pool" Inhalte für den Unterricht und versuchte diesen täglich neu zu gestalten. Sie ist Krankenschwester und keine Pädagogin, doch die Liebe zu unseren Kindern und eine stetig wachsende Überzeugung, das Richtige zu tun, ließen sie in meinen Augen geradezu übermenschliche Fähigkeiten entwickeln. Mit zwei Schulkindern machte sie am Vormittag Unterricht, während sie ein Kindergartenkind im Haushalt beschäftigte und diesen anschließend oder nebenbei in Ordnung hielt. Außerdem hat sie eingekauft und gekocht, Bürokratie abgearbeitet und Treffen mit Freunden organisiert.

Elfrieda war vom ersten Tag an eine begeisterte "Schülerin". Schon bei unserem "Einschulungsfest", das wir mit zwei Mädchen feierten, mit denen sie in eine Klasse hätte kommen sollen, machte ich mit ihnen die erste Unterrichtsstunde. Ganz wie ich es bei Emils Einschulung gelernt hatte, las ich vor versammelter Verwandtschaft für die drei Mädchen ein Märchen vor, jedoch nur bis zu einem bestimmten Punkt in der Geschichte. Dann lud ich die drei Mädchen ein, mit mir zu kommen und den Rest der Geschichte an einem anderen Ort zu hören. Daraufhin ließ ich sie mit einem Wachsmalblöckchen zunächst eine Gerade und dann eine Krumme zeichnen, so wie es häufig in der ersten Unterrichtsstunde einer Waldorfschule geschieht. Mit stolz geschwollener Brust kamen die drei gemeinsam zu ihren Gästen zurück, wo wir dann noch alle zusammen sangen, aßen und feierten.

Trotz unserer bereits gemachten Erfahrungen bestand unser Heimunterricht aus einer Suche nach der richtigen Form. Besonders Emil verweigerte sich oft und meine Frau und ich überlegten, wie viel "Freilernen" und wie viel "Heimunterricht" richtig wären. Deshalb experimentierten wir mit allen Formen, von vorgegebenen Stundenplänen über Projektarbeit hin zu selbst organisierendem Freilernen. Letzteres funktionierte für uns nicht, und mit der Zeit gingen wir zu einem Minimal-Stundenplan über, welcher Lesen, Schreiben und Rechnen beinhaltete, und zu gemeinsam entwickelten Projekten. Außerdem begann ich beiden Musikunterricht zu geben. Dabei lernte Emil die C-Flöte und Elfrieda zunächst die pentatonische Flöte zu spielen. Dies war für mich die vielleicht schönste Erfahrung im Heimunterricht. Elfrieda wollte täglich mit mir üben und erinnerte mich daran, wenn ich es vergaß. Wenig Lob reichte aus und sie überwand die anfänglichen Schwierigkeiten. Ich machte mit ihr möglichst täglich einige kurze Übungen. Wir begannen jeweils mit einem kleinen Lied aus dem Waldorf-Ideen-Pool. Dieses hat gerade zwei Töne, sodass der Zeigefinger nur gehoben oder im richtigen Rhythmus auf das oberste Loch der Flöte gelegt werden muss. Da ich selbst ein leidenschaftlicher Musiker bin und auch im Waldorfkindergarten Rhythmus und Gesang ein Teil des Alltags ist, war Elfrieda von Geburt an von Musik umgeben und es fiel ihr leicht, dieses kleine Stück zu erlernen. Motorisch bereitete ihr es hingegen größte Mühe, die Tonleiter mit allen Fingern auf und ab zu spielen. Jedoch ließ ich sie dies täglich üben, sodass es ihr zunehmend besser gelang, auch die tiefen Töne sicher anzublasen. Wir lernten gemeinsam pentatonische Lieder (Lieder, welche auf einer Tonleiter ohne Halbtonschritte und auf nur fünf Tönen beruhen), die Elfrieda zum Teil kannte. Dabei wurden von Lied zu Lied immer mehr Finger eingesetzt. Oft nahm sie sich die Flöte und spielte die Lieder, die sie gelernt hatte, stolz ihren Freundinnen vor. Und auch wenn deren Interesse nicht immer so groß war, wie sie sich dies vielleicht gewünscht hätte, ließ sie sich ihre Freude an der Musik nicht nehmen.

Bald konnte Elfrieda Noten lesen und begann sich auch für das Klavier zu interessieren. Schnell und eifrig lernte sie "Alle meine Entchen" zu spielen, wobei ich acht darauf gab, dass sie alle Finger der rechten Hand nutzte und den entsprechenden Fingersatz verwendete. Ihr Interesse am Klavier wuchs und so vernachlässigten wir einige Zeit das Flötenspiel. Sie lernte immer mehr Lieder mit Unterstützung vom Blatt zu spielen und begann, einfache Lieder wie "Alles neu macht der Mai" auch mit der linken Hand zu begleiten. Ich wählte Lieder für sie aus, die sie kannte (das half ihr beim Lesen der Noten sehr) oder welche in die Jahreszeit passten. Da ich mich zur selben Zeit zunehmend mit der klassischen Musik beschäftigte, erklärte ich Emil und Elfrieda auch, wie man seine eigenen Lieder schreiben kann, indem man sich zum Beispiel ein Motiv in Form einer kurzen Melodie ausdenkt. Ich spielte ihnen Vivaldis "Vier Jahreszeiten" vor und hörte mit ihnen die fröhlichen Vögel, Blitz und Donner und vieles mehr. So komponierte

Elfrieda mit meiner Hilfe (nicht in Notenschrift, aber aus dem Gedächtnis heraus) ein Lied über einen Vogel, welcher in ein Unwetter gerät und schließlich am Schluss im Sonnenschein fröhlich singt. Dieses wurde dann der Familie präsentiert und der Stolz funkelte in ihren Augen.

Die Erfahrung, die sie beim Musizieren gemacht hatte – nämlich, dass etwas Mühe kostet und sie sich ein wenig durchbeißen muss –, machte Elfrieda auch beim Lesen. Im Gegensatz zu ihrem großen Bruder, welcher sich das Lesen fast mühelos im Alleingang beigebracht hatte, stellte es für sie eine Herausforderung dar. Vielleicht gerade mit dem Blick auf den großen Bruder war sie deprimiert, als es ihr nicht so leicht fiel. Doch meine Frau und ich versuchten, sie ohne Druck immer wieder zu motivieren, kleine Textpassagen zu lesen, und lobten sie für ihre Fortschritte. Dadurch gewann sie zunehmend mehr Selbstvertrauen. Mit ihrer besten Freundin lag sie dann des Öfteren auf ihrem Bett und gemeinsam im Chor oder abwechselnd lasen sie das Leselernbuch "Salome" laut vor. In dem Buch werden die Worte in ihre Silben aufgeteilt geschrieben und so hörten wir die beiden Silbe für Silbe laut, aber für sich selbst lesen. Dieses freundschaftliche Lesenlernen hat uns tief berührt und Elfrieda zu großen Fortschritten verholfen. Und wenn sie nun nahezu täglich mit einem Buch vor der Nase auf dem Sofa sitzt und ihre kleine Schwester zu ihr sagt „Du bist schon wie Emil, du willst immer nur lesen, lesen, lesen“, dann kann man ein stolzes Lächeln über ihr Gesicht huschen sehen und sie antwortet: „Na und? Lesen macht ja auch Spaß!“

Ein weiterer Teil des Unterrichts, welchen ich gerade in der ersten Zeit begleiten durfte, war das Rechnen. Schon zur Einschulung hatte Elfrieda die für die Waldorfpädagogik typischen Rechensteine geschenkt bekommen. Die kleinen Glassteine werden genutzt, um Zahlen bzw. Mengen zu addieren und subtrahieren. Um über die 20 hinauszurechnen bastelten wir "Zehnerschachteln" aus großen Streichholzschachteln, welche wir mit bunt bemaltem Papier (auf das wir eine 10 geschrieben hatten) beklebten. So lernte sie schnell das Addieren und Subtrahieren im zweistelligen Bereich. Im Grunde wird hierbei zunächst nur abgezählt, doch durch regelmäßige kurze Übungen ging ihr das Rechnen bald in Fleisch und Blut über und sie konnte die Rechenaufgaben auch im Kopf bewältigen. Oft saßen wir auf dem Teppich im Wohnzimmer und stellten uns gegenseitig die "kompliziertesten"

Rechenaufgaben. Es war ihr stets anzusehen, dass sie an etwas anderem mehr Spaß gehabt hätte, doch durch die hübschen, sich schön anzufassenden Steine fiel es ihr leicht und sie entwickelte keine Angst vor der besonderen geistigen Herausforderung des Rechnens. So ist Elfrieda eine sichere und selbstbewusste "Rechenkünstlerin" geworden und behauptet von sich selber, besonders gut im Rechnen zu sein.

Meine Frau hat in dieser Zeit viele Projekte mit den Kindern gemacht und auch ich habe einige angeregt und gemeinsam mit den Kindern wundervolle Erfahrungen gesammelt. Dabei haben auch immer wir Erwachsenen etwas Neues dazu gelernt. Das Schöne an den Projekten ist, dass sie in der Regel allen Charakter von Unterricht verlieren. Über einen meist längeren Zeitraum wird experimentiert, gewerkelt, geforscht und sich ausgetauscht. Dabei fließen "Alltag" und "Unterricht" ineinander über, denn vieles braucht Zeit und manches einen bestimmten Zeitpunkt im Verlaufe des Tages: Mondbeobachtungen sind beispielsweise nur am späten Abend oder in der Nacht möglich. Der Blaudruck, mit welchem wir uns eine Zeitlang beschäftigten und mit dem wir alles mögliche bedruckten, funktioniert nur bei starkem Sonnenlicht.

Ein weiteres jener Projekte war unsere Ahnenforschung. Sie hatte sich aus einer Anregung aus dem Waldorf-Ideen-Pool zur Heimatkunde entwickelt. Meine Frau hatte sich mit den Kindern beratschlagt, was denn nun eigentlich die Heimat wäre. Sie hatten schon eine Schnitzeljagd mit den wichtigsten Orten unseres Dorfes gemacht und einen Umriss der Wohnung und der Kinderzimmer angefertigt. Das Ziel meiner Frau war es nun, in die Weite zu schauen und Bundesland und Staatsgebiet, am Ende vielleicht die ganze Erde zum Thema zu machen. Doch die Kinder formulierten die Familie als den eigentlichen Kern ihrer Heimat. Und so kam die Frage auf, wer denn alles zur Familie gehöre. Da Emil zwar durch seinen leiblichen Vater noch weitere Familienmitglieder hat, jedoch neben der Familie meiner Frau auch die meine ganz selbstverständlich als die seine ansieht, entschieden sie sich, auch diese zu erforschen. Als ich eines Abends nach Haus kam, hing ein auf ein großes Stück Papier gemalter, menschengroßer Baum an der Flurwand. Aufgeregt kamen mir die Kinder entgegen und erzählten von ihrem neuen Projekt. Schon das Gestalten des übergroßen Baumes hatte in ihnen etwas in Bewegung gebracht. Während der nächsten Zeit wurden Fotos von den in einer direkten Linie zu den Kindern stehenden Verwandten (Onkel, Tanten etc. ausgenommen) gesammelt und auf den Baum geklebt. So entstand über längere Zeit ein wundervoller Stammbaum der Familie.

Auch meine Frau und ich waren inspiriert von diesem Projekt und wir beide führten stundenlange Gespräche mit Verwandten, um Namen, Daten und Geschichten aus der Vergangenheit zusammenzutragen. Oft erzählten wir am Abendbrottisch von den spannenden Geschichten, welche sich in unserer Familie zugetragen hatten. Die Kinder lauschten gebannt den witzigen, spannenden und zum Teil dramatischen Geschichten und stellten viele Fragen. Ich regte an, doch auch einen Zeitstrahl zu gestalten, um besser einordnen zu können, von welcher Zeit jeweils die Rede sei. Auch dieser wurde bald gestaltet, und die Kinder staunten, wenn sie sahen, dass diese Oma oder jener Opa schon geboren war, bevor das Automobil, die Glühbirne oder das Telefon erfunden waren. Wir beendeten das Projekt, indem wir die gesammelten Fotos einrahmten und über einen dafür extra hergerichteten "Ahnenaltar" an die Wand hängten. Dort brennt nun stets eine Kerze für diejenigen, welche die Familie schon verlassen haben. Und wir stehen immer wieder gerne vor den schönen Bildern und freuen uns, dass dieses Projekt uns unseren Vorfahren etwas nähergebracht hat.

Nicht alle Projekte entfalteten sich auf diese Weise. Doch dadurch, dass wir jedes Projekt gemeinsam mit den Kindern entwickelten, waren beide immer mit ganzem Herzen dabei. Außerdem hatte Elfrieda noch viel mehr Lernerfahrungen und Möglichkeiten der Entwicklung in dieser Zeit. Es gab viele Tätigkeiten, an denen sie beteiligt war und an denen sie nicht hätte Teil haben können, wäre sie zur Schule gegangen.

So konnte sie mich zweimal zu kleineren Arbeiten begleiten. Beim ersten Mal musste ich mehrere Bäume pflegen. Es mussten tote und zu nah an das Haus gewachsene Äste entfernt werden. Elfrieda bekam einen richtigen Waldarbeiterhelm und ein Paar Arbeitshandschuhe in ihrer Größe. Nachdem ich einige Schnitte gemacht hatte, legte ich die ersten Äste auf einen Haufen und erklärte ihr, sie könne nun alle Äste, welche sie bewegen könne, auf diesen Haufen legen. Und so fingen wir an zu arbeiten. Als hätte sie in ihrem Leben nichts anderes gemacht, wartete sie in sicherem Abstand darauf, dass sie einige Äste nehmen und auf den Haufen legen konnte. Dabei war sie ausgesprochen eifrig und gewissenhaft. Auch schwere Äste schleppte sie mit aller Kraft auf den immer größer werdenden Haufen. Sie sah dabei sehr ernst und konzentriert aus, gleichzeitig nahm sie sich auch immer wieder kleine Pausen, in welchen sie etwas verträumt ein paar Tiere oder Blumen betrachtete. Es war nur ein kleiner Einsatz und bald war die Arbeit vollbracht. Als ich mir den Haufen betrachtete, welchen sie aufgestapelt hatte, war ich ganz verblüfft. Denn wie selbstverständlich hatte sie diesen so aufgeschichtet, dass man ihn zu einem späteren Zeitpunkt bestens abtransportieren konnte. Alle Äste lagen in eine

Richtung weisend ordentlich übereinander. Ich habe schon oft Haufen von erwachsenen Aushilfskräften gesehen, die nicht so ordentlich und praktisch angelegt waren. Als ich Elfrieda dies dann auch so sagte und sie dafür lobte, war sie sehr stolz. Zum Schluss machten wir noch ein Foto von ihr, wie sie in ihrer Waldarbeiterkleidung vor ihrem gestapelten Haufen stand und mit erhobenen Fäusten ihre starken Arme zeigte. In der darauffolgenden Zeit erwähnte sie des Öfteren bei Freunden und Bekannten, dass sie Papas Kollegin sei und vielleicht später mit ihm arbeiten werde. In meinen Augen hat sie an diesem Tag vieles gelernt. In der Waldorfschule gehen die Kinder ab der 1. Klasse lange Strecken wandern, was das Durchhaltevermögen stärken soll. Elfrieda bewies an diesem Tag ein großes Durchhaltevermögen und hatte ein echtes Erfolgserlebnis. Das hat nachhaltig und über einen längeren Zeitraum ihr Selbstbewusstsein gestärkt.

Diese und viele Erfahrungen konnte sie zuhause machen, Erlebnisse, welche viele Kinder nie machen und die sie auf eine ganz andere Weise auf das Leben einstimmen, als es das Lernen in einem Klassenverband tun könnte.

Viele Geschichten könnten diesen noch angefügt werden. Zum Beispiel, wie wir unsere Bienen bekamen und mit dem Imkern begannen. Wunderbar war die Neugier der Kinder und es wurden mehrere Kinderbücher über die Honigbienen mit großem Interesse gelesen. Als dann die erste Honigernte anstand und wir den Honig aus den warmen, weichen Waben herausnaschten, war klar, dass unser Honig der beste auf der ganzen weiten Welt sein musste. Oder als wir ganze Wochen mit dem Zeichnen beschäftigt waren und uns dann gemeinsam in der Moritzburg in Halle eine echte Kunstausstellung ansahen und vieles mehr.

Die Zeit, in der Emil und Elfrieda mit uns im Heimunterricht waren, hat uns Eltern und die Kinder viel gelehrt. Es war eine Zeit, in der wir aneinander und miteinander gewachsen sind. Wir sind als Familie zu einer starken Einheit zusammengewachsen und haben die Erfahrung gemacht, dass wir gemeinsam, selbst in den außergewöhnlichsten Situationen, alle Hürden meistern können und am Ende sogar gestärkt aus jenen Herausforderungen hervorgehen können.

Moritz Behrendt

Nachdem Elfrieda zwei und Emil zweieinhalb Jahre zuhause waren, gehen die beiden Geschwister seit dem Schuljahr 23/24 wieder in eine Schule. Die Familie ist bereit, die Widerstände, welchen sie dort begegnen werden, als neues Übungsfeld anzunehmen.

Die Schulleiterin von Elfriedas Grundschule war entsetzt zu sehen, dass ein Kind ihres Schulsprengels zwei Jahre lang keine Schule besucht hatte. Wie konnte das geschehen? Beim Elterngespräch konnte sie ihr Augenmerk erst auf Drängen des Vaters auf Elfrieda und deren zukünftigen Schulbesuch richten. Sie war verblüfft zu sehen, dass Elfrieda Textaufgaben flüssig und sicher vorlesen und anschließend mühelos im Kopf ausrechnen konnte. Vom ursprünglichen Vorhaben der Schule, Elfrieda wegen des fehlenden Schulbesuchs um ein Jahr in die 2. Klasse zurückzustufen, verabschiedete sich die Schulleiterin mit den Worten: „Das können wir nicht machen. Sie wäre maßlos unterfordert!"

Die Eltern fühlen sich bestärkt. Sie haben alles richtig gemacht. Es geht auch ohne Schule.

Claire findet ihren Weg

Durch den ersten Lockdown im März 2020 kamen wir ganz unverhofft auf einen Weg, den wir vorher nicht einmal in den kühnsten Träumen angedacht hatten.

Wir sind seit fast 20 Jahren mit der Pädagogik Maria Montessoris verbunden. Zwei unserer drei mittlerweile erwachsenen Kinder waren bis zu ihren Abschlüssen an der Montessorischule gewesen und unsere beiden Nachzügler besuchten zu diesem Zeitpunkt die Jahrgangsstufen 3 und 6 der Montessorischule. Die ältere Tochter war hochzufrieden und motiviert, die jüngere, Claire, hatte von Beginn an Schwierigkeiten, ein festes Regelwerk und Vorgaben einzuhalten. Bei ihr kreisten unsere Elterngespräche vor allem um "nicht stören", "Regeln einhalten" und "im Lehrplan voranschreiten". Für uns zuhause war dies weniger ein Problem, denn wir hatten großes Vertrauen in die Entwicklung und Reifung unseres Kindes und in das innere Wollen, das sicher irgendwann kommen würde.

Dann wurde plötzlich von der Regierung "Homeschooling" verordnet. Ich als Mutter empfand das erst einmal als Horror-Szenario: Ich soll Lehrerin meiner Tochter sein?!? Das gehörte bis dahin zu den Berufen, die ich unter keinen Umständen ausüben wollte. Dazu ein voller Alltag mit einer großen Familie, meiner Selbstständigkeit und einem großen Garten – wie sollte ich das noch unterbringen?

Die ersten Wochen waren für mich sehr stressig, weil ich alle Vorgaben erfüllen wollte. Irgendwann hielt ich völlig unzufrieden und erschöpft inne und fragte mich: Worum geht es eigentlich? Warum müssen bestimmte Themengebiete, wie z. B. Wortarten, eigentlich jetzt und genau so bearbeitet und genau diese Arbeitsblätter ausgefüllt werden?

Sehr schnell war mir klar, dass es mir um die Freude am Lernen und Entdecken geht. Nun konnte ich loslassen und entspannen. Wir etablierten eine feste Struktur, einen Rahmen, der nach dem morgendlichen Ausschlafen den Vormittag als Lernzeit definierte. Abends fragte ich immer, was Claire am darauffolgenden Vormittag machen wolle, und notierte die Antworten auf einem Blatt. Dann überlegten wir, welches Material dafür benötigt würde, und richteten alles her.

Als die Klassleitung erkannte, dass Claire zuhause auf ihre eigene Art gut vorankam, ließ sie uns den Raum und wir waren frei, unseren Vormittag zu gestalten. Nur morgens und mittags traf sich die Klasse gemeinsam für etwa 20 Minuten online am Rechner. Glücklicherweise gibt es in der Montessori-Pädagogik auch keine Hausaufgaben und so waren wir wirklich ganz schnell auf unserem ureigenen Weg der Gestaltung des Lernens zuhause.

Unsere Montessorischule nutzt ein Mitteilungsheft, in dem jedes Kind täglich dokumentiert, was es gemacht hat. Bislang war das Heft unserer Tochter weitgehend leer gewesen, da sie weder Lust hatte, irgendwelche Aufgaben zu erfüllen, noch irgendetwas zu dokumentieren. Während des Großteils der ersten zweieinhalb Jahre hatte sie in der Schule neben den gemeinsamen Klassenprojekten fast nur Rechenmandalas gemacht.

Wir besorgten Übungshefte für Mathe, Deutsch und Englisch von einem bestimmten Verlag, weil unserer Tochter dort die Sticker so toll fand. Wir sind zwar eigentlich keine großen Freunde von Belohnung für Leistungen, sahen aber Claires Freude an den entstehenden Wimmel-Bildern. Zusätzlich zu den Arbeitsheften druckten wir Arbeits- und Übungsblätter zu den Themen aus, die Claire interessierten.

Eine Zeitlang beschäftigte sich Claire intensiv mit dem Körper und dessen Aufbau und Funktionen. Dann kamen unterschiedliche Themen aus dem Bereich "Natur": die verschiedenen Bäume, Vögel und andere Tiere und auch unser eigener Gemüseanbau im Garten. Dazu waren wir sehr viel draußen unterwegs und schauten immer wieder Naturdokumentationen. Dass wir außerdem gemeinsam kochten und die Hausarbeiten erledigten, war selbstverständlich.

Allmählich entwickelte unsere Tochter Stolz und Freude über das, was sie jeweils gemacht hatte. Es bereitete ihr auch Freude, dies zu dokumentieren, und so füllte sich das Mitteilungsheft.

Mein Mann und ich merkten schnell, dass sich Claire zuhause deutlich besser konzentrieren kann als in der Schule und dass sie sehr gut alleine lernen kann. Außerdem konnte Claire zuhause ganz nach ihren Bedürfnissen handeln. Sie bevorzugte zum Beispiel mehrere kleine Mahlzeiten und viele kurze Pausen. Wochenlang hatte sie beim Lernen ihre Inliner an und fuhr alle 15 Minuten ein paar Runden um den Tisch (wir haben glücklicherweise ein großes Wohnzimmer).

Zu Beginn tauchten dabei in mir öfter Gedanken auf wie: „So kann man doch nicht lernen!“ oder „Jetzt bleib doch mal sitzen!“ Doch ich entlarvte sie als alte Konditionierungen, wie Lernen zu sein hat, die letztlich allen das Leben schwer machen. Ein „So muss es sein“ bringt selten Leichtigkeit! Wir sahen, dass Claire, wenn sie es auf ihre eigene Art machen durfte, viel mehr und mit viel mehr Freude lernte als all die Jahre zuvor. Weil alles so gut klappte, ließen wir sie bis zu den Sommerferien 2020 zuhause.

Mit dem neuen Schuljahr im Sommer 2020 kam Claire in die 4. Klasse. Da in der Montessorischule die Jahrgangsstufen 1 bis 3, 4 bis 6, 7/8 und 9/10 jeweils zusammen in einer Klasse sind, markierte dies den Eintritt in die Mittelstufe und somit in eine neue Klassengemeinschaft. Claire freute sich, ihre Freunde wieder zu sehen und ging nun bis Dezember wieder in die Schule.

Aber obwohl alle in der Schule ihre Maskenbefreiung akzeptierten, litt sie unter den Maßnahmen der Regierung und nun auch noch deutlicher unter den Regeln und Zwängen des Klassenverbundes. Täglich spürte sie in der Schule die Botschaft: Wenn ich bin, wie ich bin, bin ich falsch. Wenn ich Nähe und körperlichen Kontakt zu meinen Freunden suche, wenn ich aufstehe und viel herumlaufe, wenn ich spontan jemanden umarme und wenn ich öfter essen will, als die Pausen es vorgeben, dann bekomme ich Maßregelungen und Ärger. Kindliche Unbeschwertheit und Autonomie sehen anders aus und so waren wir richtiggehend erleichtert, als sich im Dezember die Schultore wieder schlossen und Claire wieder zuhause bleiben konnte.

Immer öfter kam von Claire der Wunsch, nie mehr in die Schule gehen zu müssen. Sie war nun fast ein Jahr reifer und hatte viele positive Erfahrungen beim Lernen zuhause gesammelt.

Mittlerweile hatten wir Eltern uns auch mit dem freien Lernen beschäftigt und waren begeistert, welcher Schatz sich uns hier auftat: Lernen im Alltag. Das Leben als Lernfeld. Genau so wollten wir das! Die Geschichten vieler Freilerner-Familien faszinierten uns. Wir lasen unzählige Bücher und suchten Kontakt zu Familien, die dies bereits lebten. Ein Stein kam zum anderen und bald war uns klar, dass auch unser Kind mit selbstbestimmter Bildung glücklicher, zufriedener UND erfolgreicher sein würde.

Als die anderen Kinder im Frühjahr 2021 nach dem Distanzlernen in die Schule zurückkehrten, blieb Claire weiterhin zuhause. Wir waren damit sehr zufrieden und hatten den Eindruck, dass Claire zuhause mehr lernte als in der Schule.

Wie sah nun unser häusliches Lernen aus? Mein Mann und ich waren uns einig, dass Claire jeden Tag etwas in ihren Mathe- und Deutschheften oder mit den Montessori-Materialien arbeiten sollte. Dazu haben wir beispielsweise die "Hexenküche" und das Schachbrett zuhause, mit deren Hilfe man das Mal- und Geteiltrechnen erlernen kann. Da wir Eltern beide berufstätig sind, etablierten wir auf Dauer das Vorgehen von der Zeit des Lockdowns: Gemeinsam besprach ich abends mit Claire, was sie am nächsten Vormittag machen würde, während ich – zwar zumeist im Haus, aber möglichst störungsfrei – arbeitete. Dabei sollte etwas aus den Heften oder von den Materialien dabei sein, gleichzeitig richteten wir uns nach ihren aktuellen Interessen. Für die Themen, für die wir zuhause keine Materialien hatten, druckte ich auch öfter ein Arbeitsblatt aus dem Internet aus. Wenn es etwas Neues einzuführen oder zu erklären gab, dann nahmen sich mein Mann oder ich die Zeit dafür. Alles dokumentierten wir für mögliche Kontakte mit den Ämtern. Glücklicherweise war mein Mann aufgrund der äußeren Umstände im Homeoffice und so saßen die beiden vormittags entweder gemeinsam am Wohnzimmertisch oder Claire saß bei meinem Mann an dessem großen Schreibtisch mit im Büro.

Es gab Höhen und Tiefen. Für uns Eltern war und ist das häusliche Lernen mit einer großen Mehrbelastung verbunden, obwohl ich meine Selbstständigkeit schon reduziert hatte. Auch gab es bei Claire immer wieder Phasen der Unlust und des Widerstands und manchmal schaute sie dann einfach die Lösungen im Lösungsteil nach. Dann wieder lief es besser und den Großteil der Zeit bearbeitete sie ihre Aufgaben mit Freude und Stolz.

Wenn Claire kreativ sein konnte, dann blühte sie auf. Wir haben im Haus keinen Fernseher und kein Radio, sie hat kein Handy und für den Computer haben wir die Regelung, dass ihre Nutzungszeit auf eine Stunde pro Tag begrenzt ist. Dadurch kann sie sich bei Langeweile nicht ablenken und vielleicht kommt daher ihre Kreativität. Mindestens alle zwei Wochen stellte sie ihr Zimmer um und hängte neue Bilder an die Wände. Claire bastelt sehr gern. So hat sie eine Zeitlang für ihre Puppen Häuser aus Karton gebaut, Puppengeschirr aus Fimo hergestellt und Kleidung für die Puppen genäht.

Leider blieben die äußeren Umstände mit 2G und Testpflicht schwierig. Für Vereinstätigkeiten, Kurse, Museen und andere kulturelle Veranstaltungen musste man sich testen lassen, was wir ablehnten. So konnten wir nur sehr eingeschränkt den Interessen unserer Wahl nachgehen. Auch fand Claires Schlagzeugunterricht nur online statt. Immer wieder gelang es uns allerdings, jemanden aus dem Bekanntenkreis, der über eine besondere Fähigkeit verfügte, für einzelne Aktivitäten zu gewinnen, die unsere Kinder gerade interessierten. Darunter war beispielsweise eine Frau, die Claire in den Umgang mit der Nähmaschine einführte und ihr das Nähen beibrachte.

Gleichzeitig hielt bei mir immer mehr der völlig neue Gedanke Einzug, vor allem das alltägliche Leben als Lernfeld zu nehmen und weniger vorzugeben. Meine Haltung und unser Alltag veranderten sich deutlich. Ich begann, den Kindern bei allen Tätigkeiten des Alltags viel mehr zu zeigen und zu erklären: sei es, wie eine Waschmaschine bedient wird, weshalb Wasserhähne entkalkt werden, worauf ich beim Kochen achte und anderes. Vieles, bei dem ich bislang unbewusst die Verantwortung anderen, wie der Schule, übertragen hatte, nahm ich nun wieder in meine eigene Verantwortung und das fühlte sich sehr gut an! Sind wir nicht als Eltern am besten geeignet, für unser Kind zu sorgen? Ich begann, meine eigene Kompetenz als Elternteil und Mensch mehr wertzuschätzen und mein Wissen im Rahmen unserer guten Beziehung mehr weiterzugeben und das war und ist für die ganze Familie fruchtbar.

Das darauffolgende Schuljahr 21/22 begann mit einer familiären Ausnahmesituation: Meine Mutter bekam mit nur 69 Jahren plötzlich Anfang September eine Krebsdiagnose im Endstadium und wir holten sie zu uns. Der Fokus lag nun auf der Betreuung der sterbenden Oma und der letzten gemeinsamen Zeit mit ihr.

Und hier überraschte uns Claire. Mit ihren damals zehn Jahren brachte sie nicht nur eine Fülle an Lachen und Freude in die letzten Tage ihrer Oma und war viel mit ihr zusammen, sondern betreute sie auch verlässlich und kompetent, wenn mein Mann und ich beruflich außer Haus waren. Claire liebt es, nach Lust und Laune zu kochen und zu backen. Es gefiel ihr, wenn ich ihr sagte: „Morgen bin ich nicht da, kannst du das Kochen übernehmen?" Oft kochte sie völlig selbstständig das Essen für die ganze Familie. Damals wurde mir deutlich, wie viel Kompetenz und Verantwortung junge Kinder bereits mit Stolz und Freude tragen können, wenn sie den Raum und das Zutrauen dazu bekommen!

Die Oma schenkte Claire etwas, was wir ihr in diesem Maße nicht geben konnten: ihre fast uneingeschränkte Anwesenheit. Bis zu ihrem Tod kam sie jeden Morgen die Treppe herunter und setzte sich an den Wohnzimmertisch. Ganz selbstverständlich stand Claire dann auch auf, machte sich fertig, setzte sich mit ihren Heften und Büchern neben sie und arbeitete ihr am Vortag besprochenes Pensum ab.

Es war in jeder Hinsicht ein großes Geschenk für Claire, so viel gemeinsame Zeit mit ihrer Oma verbringen zu können. In den Abschied war sie von Beginn an eingebunden und half auch hier überall mit. An Allerheiligen starb meine Mutter schließlich. Anschließend hatten wir sie noch drei Tage zuhause und nahmen ausgiebig und würdevoll Abschied. Nach anfänglicher Scheu vor der toten Oma konnte Claire alle Berührungsängste ablegen und erstmals den Tod als Teil des Lebens erfahren. Die innere und soziale Reifung, die wir in dieser Zeit an Claire sehen konnten, war immens, und wir sind zutiefst dankbar, dass auch sie diesen Abschied aufgrund des häuslichen Lernens so intensiv erleben konnte.

Es dauerte einige Zeit, bis wir den Tod der geliebten Mutter und Oma verarbeitet hatten. Als wir schließlich die organisatorischen Dinge geregelt und ihre Wohnung ausgeräumt hatten, war es Weihnachten.

Nach den Weihnachtsferien war es für uns herausfordernd, wieder in einen guten und passenden Lernrhythmus zu kommen. Der Rhythmus, den die Oma vorgegeben hatte, war weggefallen. Auch wenn Claire sozial gut eingebunden war und sich nachmittags oft mit Freundinnen zum Spielen traf, stellte sich doch die Frage nach sozialen Kontakten.

Im Frühjahr fanden wir eine Lerngruppe, der sich Claire anschließen konnte. An vier festen Wochentagen unterrichteten dort eine Mathe- und eine Englischlehrerin sowie zwei Mütter die insgesamt sechs Kinder mit ihren Kompetenzen. Leider war Claires Verhältnis zu dieser Lerngruppe gespalten: Einerseits gefiel es ihr, andererseits waren außer ihr dort nur Jungen, die zudem alle jünger waren als sie. Mich brachten das tägliche Bringen und Abholen an den Lernort für einen relativ kurzen Vormittag oft an meine Grenzen. Gleichzeitig entlastete die Übergabe des Lernens an andere Menschen meine Beziehung zu Claire. Nicht immer ließ sich Claire gern etwas von uns Eltern erklären und so war es gut, dass es auch einmal andere Erwachsene taten.

Als sich die Lerngruppe durch Umzüge zum Schuljahresende auflöste, nutzten wir die Sommerpause zur Neuorientierung. Kurzzeitig überlegte Claire, ob sie nicht doch wegen ihrer Freundinnen wieder in die Schule gehen sollte. Doch es gab für sie ein gewichtiges Argument dagegen: In der Montessorischule halten die Kinder – auch schon in der Grundschulstufe – viele Referate. Dazu arbeiten sie über einen gewissen Zeitraum an einem Thema und das Ergebnis tragen sie als Referat vor. Nach einer problematischen Erfahrung bei einem Referat hatte Claire immer Angst davor, ein Referat zu halten, und schon allein deshalb wollte sie nicht mehr zur Schule gehen. Durch günstige Umstände standen wir rechtlich nicht unter Druck und so konnten wir ihr das ermöglichen. Um Claires Selbstvertrauen zu stärken und ihre Angst vor Referaten abzubauen, schlugen wir ihr vor, immer wieder etwas innerhalb der Familie vorzutragen. Diese Idee gefiel ihr.

So begannen wir alle das Schuljahr 22/23 motiviert und kraftvoll.

Claire besuchte nun bereits die 6. Jahrgangsstufe. Wir sahen uns erstmals den Lehrplan im Internet an und begannen, uns vor allem in Mathematik daran zu orientieren und ein übergeordnetes Ziel für das Schuljahr zu entwickeln. Für die einzelnen Themen suchten wir uns Materialien aus dem Internet und besorgten wieder Hefte von verschiedenen Verlagen.

Nach wie vor planten wir abends die Lernzeit des kommenden Tages. Außerdem besuchte Claire einmal pro Woche eine Kunstschule und lernte dort zeichnen. Überhaupt sahen wir immer nach, ob irgendwo in unserer Nähe ein schöner Kurs stattfand. Immer wieder meldet sie sich zum Beispiel auch für einen Kurs im Einradfahren an und ist darin inzwischen richtig fit.

In der Montessorischule machen die Kinder ab der 4. Klasse jedes Schuljahr mehrmals ein einwöchiges Praktikum. Um Claire auch zuhause die Elemente der Montessori-Pädagogik zu ermöglichen und gleichzeitig um mich zu entlasten, suchten wir einen Praktikumsplatz für einen festen Wochentag. Leider war Claire für die möglichen Praktikumsplätze zu jung, sodass unsere Suche erfolglos blieb. Glücklicherweise tat sich aber im Freundeskreis die Möglichkeit auf, dass Claire an einem Handarbeitskreis teilnehmen konnte. Dort lernt sie nun, Kleidung auszubessern, was ihr gut gefällt. Auch wird dort viel gebastelt.

Außerdem erhielt Claire die Anfrage, ob sie bei der Betreuung dreier Kleinkinder aus der Familie, die nicht in die Kita gehen, mithelfen würde. Sie sagte zu, und obwohl sie immer gedacht hatte, sie könne nicht so gut mit Kindern umgehen, klappt es wunderbar. Sie wickelt die Kinder und spielt mit ihnen. Und sie bereitet das Mittagessen zu. Die Kinder lieben sie und mein Mann und ich freuen uns zu sehen, welche Begabung Claire im Umgang mit Kindern hat.

Mit diesen regelmäßigen außerhäuslichen Aktivitäten klappte es auch mit dem häuslichen Lernen wieder besser. Insgesamt sind wir beeindruckt und glücklich, wie wundervoll sich unsere Tochter entwickelt hat. Jenseits von Manipulation durch Peergruppen, Medien und lehrplanverengter Weltanschauungen erleben wir sie als frei, unbeschwert und absolut authentisch.

Die Freude über Claires Entwicklung lässt uns immer wieder unseren zeitlichen Einsatz und den phasenweisen Ärger mit den Behörden tragen. Insgesamt hat sich unsere Beziehung zu Claire durch das gemeinsame Schaffen im häuslichen Lernen vertieft und wir haben ein ganz neues Miteinander bekommen.

Und jedes Mal sind wir am Ende des Schuljahres ganz erstaunt, wie viel Claire auch nach schulischen Maßstäben gelernt hat!

Claire fühlt sich wohl unter Menschen aller Altersgruppen. Wir treffen uns oft zu Geburtstagen und Familienfesten mit den vielen Mitgliedern unserer großen Familie und erleben dort, wie ungezwungen Claire mit Erwachsenen umgeht und wie gut sie überall integriert ist. Zu einer Hochzeit hat sie sogar die Hochzeitstorte gebacken!

Christine R.

Seit dem Schuljahr 23/24 geht Claire wieder in die Montessorischule. Sie besucht die Jahrgangsstufe 7/8, die den Beginn der Altersstufe darstellt, für die Maria Montessori als Erziehungskonzept den "Erdkinderplan" beschreibt. Dieser umfasst zahlreiche Projekte im Bereich Ackerbau, Handwerk, Handarbeit und überhaupt zum Thema "Arbeit".

Bei einem Watercolouring-Workshop für Kinder ist Claire als Helferin dabei. Anschließend wird ihre Mutter von der Kursleiterin gefragt, ob sie ihre Tochter anstellen könne – solch kreative Talente suche sie. Als Claire fragt, ob man eigentlich überhaupt studieren oder eine Lehre machen müsse, erzählt ihr ihre Mutter von einem Bekannten, der sich direkt nach der Schule selbstständig gemacht hatte und nun ein bekannter Fotograf ist. Die Berufsfindung beginnt.

Raphael lernt unterwegs

Wir sind Peter, Bianca, Raphael (10), Leonie (7), Benjamin (4) und unser Hund Neo.

Seit Oktober 2022 befinden wir uns auf Reisen. Ich wurde eingeladen, für dieses Buch einige Erlebnisse und Erfahrungen von unserer Reise, die ich in meinem Telegram-Kanal "Lebe einfach – einfach leben" geteilt hatte, zusammenzufassen und dabei vor allem unseren ältesten Sohn Raphael in den Blick zu nehmen.

Der Lockdown im Frühjahr 2020 mit den damit einhergehenden Schulschließungen hatte bei uns den Stein ins Rollen gebracht, uns mit dem Thema Schule und Lernen intensiv auseinanderzusetzen und das aktuelle Schulsystem zu hinterfragen. Erst durch das Lernen zuhause wurde uns als Eltern bewusst, wie viel unserer eigenen Verantwortung wir in diesem Bereich an Schule und Staat abgegeben hatten. Mein Mann und ich fragten uns: Wie lernen Kinder eigentlich nachhaltig und mit Freude? Braucht es, um zu lernen, eine Schule, also ein Schulgebäude, in dem die jungen Menschen aufgereiht in ihren Bänken sitzen und einem Lehrenden zuhören, der ihnen Antworten auf Fragen gibt, die sie oft überhaupt nicht gestellt haben? Vor den Schulschließungen wären wir nie auf die Idee gekommen, dass es da noch etwas anderes geben könnte. Freies Lernen und selbstbestimmte Bildung waren Begriffe, die es in unserer Welt nicht gab.

Mein Mann und ich begannen nun, auch unser beider Leben, unsere Lebensweise, unsere Berufe und einfach alles zu hinterfragen. Schnell stellten wir beide fest, dass vieles von dem, was wir machten, eingefahren war. Immer mehr kam der Wunsch nach einer kompletten Veränderung auf. Einfach mal alles auf null stellen und von vorne anfangen, raus aus dem Hamsterrad. Einfach mal reinspüren, was uns beruflich Freude bereiten würde, wo es schön wäre zu wohnen und ob wir mit weniger materiellem Hab und Gut freier leben könnten. Im Mai 2022 fassten mein Mann und ich dann nach langem Hin- und Herüberlegen den Entschluss, unser Haus, mit allem was darin war, zu verkaufen.

Als wir uns selbst sicher waren, sprachen wir mit unseren Kindern darüber. Wie würden sie reagieren? Wenn eines der Kinder großen

Widerstand zeigen würde, waren wir bereit, unsere Entscheidung zu überdenken. Gleichzeitig bestärkte mich eine Erfahrung, von der Arno Stern einmal erzählt hatte und aus der er gefolgert hatte: Das Wichtigste ist, dass die Eltern Sicherheit geben sowie Klarheit und Beständigkeit ausstrahlen. Als erstes wollten also wir Eltern Klarheit haben, bevor wir damit an die Kinder herantraten.

Für unsere Kinder war das alles ein großes Abenteuer. Die Aussicht in einem Wohnwagen zu leben, viele neue Familien mit Kindern kennen zu lernen und Neues zu erleben, weckte in ihnen eine große Vorfreude.

Unsere Erfahrung mit Schule und Lernen

Unsere Kinder sind sehr aufgeschlossene, wissbegierige und kreative Menschen. Vor allem Raphael ist wie ein Schwamm: Wenn ihn etwas interessiert, saugt er es auf. Sehr oft gibt es Situationen, in denen er mir Zusammenhänge erklärt, über die wir nie gesprochen hatten. Einmal erklärte er mir die Hydraulik eines Baggers bis ins kleinste Detail. Ich stand vor ihm und mir fiel die Kinnlade herunter. Aus einem Buch über Baufahrzeuge hatte er sich das Wissen angelesen. Trotz dieser Wissbegierde war Raphael nie gern zur Schule gegangen. Vieles interessierte ihn einfach nicht oder es interessierte ihn eben gerade in diesem Moment nicht. Für das, was ihn begeisterte, war kein Platz in der Schule. Da er recht genügsam ist, beklagte er sich allerdings nicht und nahm es einfach so hin.

Zur Zeit des staatlich verordneten "Homeschoolings" während des Lockdowns 2020 war Raphael gerade in der 2. Klasse. Danach ließen wir ihn erst wegen der Maßnahmen und später wegen der Corona-Testungen zuhause. Erst als unsere Tochter Leonie, die wir im Sommer 2021 nicht in Präsenz einschulen ließen, in den Weihnachtsferien den Wunsch äußerte, die Schule einmal kennen lernen zu dürfen, ging er mit ihr nach eineinhalb Jahren häuslichen Lernens wieder in die Schule.

Die Erfahrung mit Leonie hat sich tief in meinem Gedächtnis eingeprägt: Mit freudestrahlenden Augen kam sie nach den ersten Schultagen jeweils nach Hause. Sie fand alles toll, vor allem, endlich mit ihren Freundinnen zusammen zu sein. Doch schon nach der ersten Woche war das Strahlen erloschen. Zu vieles gab es, was sie tun musste, obwohl sie sich nicht dafür interessierte. Zu vieles gab es, was sie angeblich nicht konnte und was andere besser konnten. Immer wieder war Leonie geknickt. Teilweise äußerte sich dies in Wutausbrüchen oder in Selbstzweifeln. Nach zwei Monaten wollte sie überhaupt nicht mehr hingehen und Raphael schloss sich ihr an. Da unser jüngster Sohn als Risikopatient galt, konnten wir sie von der Präsenz befreien.

Die ganze Zeit, in der Raphael (und später auch Leonie) zuhause war, bekam er Materialien aus der Schule, die er bearbeiten musste. Das fand er furchtbar! Er sah nicht ein, warum er etwas machen sollte, was ihn nicht interessierte und noch dazu auf eine Art und Weise – nämlich meistens mit Arbeitsblättern –, die ihm nicht gefiel. Er stand unter Druck und damit auch wir. Weder der Lerninhalt noch die Art, wie er lernen sollte, waren selbstbestimmt. Das störte uns alle sehr. Nachhaltiges Lernen geschieht, wenn etwas aus innerem Antrieb, mit Begeisterung und ohne Leistungsdruck und Konkurrenzdenken erfasst wird! Doch inwieweit lässt sich diese Erkenntnis mit dem derzeitigen Schulsystem vereinbaren, fragten wir uns.

Immer mehr beschäftigten mein Mann und ich uns mit dem Thema "Freilernen". Für uns stand fest, dass das Leben doch die schönste Lernwerkstatt ist und wir einen Weg heraus aus diesem System finden wollten.

Reisevorbereitung

Es gelang uns schon Anfang Juli 2022, unser Haus zu verkaufen. Die erste Hürde war genommen! Nun mussten wir alles, was sich im Haus befand, sortieren und reduzieren. Unser erwachsener Sohn Kevin, der auf die Reise nicht mitkommen würde, stellte uns ein Zimmer in seiner Wohnung zur Verfügung, um Sachen einzulagern.

Es begann ein Prozess des Loslassens, in dem wir uns von vielen Dingen trennten. Ich empfand das insgesamt als sehr befreiend und auch unsere Kinder hatten damit offensichtlich kein Problem. Oft bemerkten sie nicht einmal, wenn Spielsachen wegkamen. Da Raphael sehr gerne werkelt, richteten wir reichlich Werkzeug her, das wir für unsere Reise sowieso brauchen würden.

Mein Mann erstellte eine Liste mit Dingen, um die wir uns jetzt kümmern mussten: Krankenversicherung, Kindergeld, Arbeitsplatz, Versicherungen, Schule u.v.m. Nachdem er schon Anfang des Jahres in ein Abfindungsangebot seiner Firma eingewilligt hatte, da er sich neu orientieren wollte, war das Berufliche bei ihm vorerst geklärt. Ich war als Kinderkrankenschwester sowieso gerade zuhause.

Im Juli kauften wir uns dann auch gleich unser neues Zuhause: einen zehn Meter langen Wohnwagen. Wir entschieden uns für einen Wohnwagen, da wir diesen auf einem Campingplatz stehen lassen und mit unserem Kleinbus Ausflüge und Einkäufe machen könnten. Mein Mann machte einen Führerschein, um einen Wohnwagen dieser Größe überhaupt fahren zu dürfen. Zu diesem Zeitpunkt waren wir absolute Neulinge auf dem Gebiet Camping und hatten noch nie einen Wohnwagen besessen!

„VÖLLIG IRRE", mag jetzt so manch einer sagen. Für uns war es ein Abenteuer.

Nach unserer Abmeldung aus Deutschland würden unsere beiden schulpflichtigen Kinder nicht mehr der deutschen Schulpflicht unterliegen. Wir schrieben also der Schule, dass sie ab September nicht mehr kommen würden. Wir hatten die Erfahrung gemacht, dass es wichtig ist, immer freundlich, aber bestimmt mit den Ämtern zu kommunizieren. Wir sagten nur das, was nötig war, und so gab es keine Schwierigkeiten.

Ein großer und emotionaler Schritt war es, unserer Familie und unseren Freunden von unserem Vorhaben zu erzählen. Die Reaktionen waren zum größten Teil sehr positiv. Die meisten hatten sowieso schon gesehen, dass bei uns eine Veränderung anstand.

Für mich war es oft ein Auf und Ab der Gefühle. Immer wieder gab es Momente, in denen ich dachte: „Oh mein Gott, was tun wir da?" Wirkliche Zweifel hatte ich aber nie. Ich bin überzeugt davon, dass Ängste immer nur aufgrund eigener Glaubenssätze entstehen. Bei mir waren dies Sätze wie: „Jeder braucht doch einen Job, sonst kommst du unter die Räder", „Kinder brauchen Schule und ein festes Zuhause", „Das Leben ist kein Zuckerschlecken, es ist immer anstrengend und hart", um nur einige von ihnen zu nennen. Ich wollte mir nun beweisen, dass das nicht stimmte.

Reiseroute

Über die Monate hatte ich schon viele Kontakte zu Menschen aufgebaut, die auch aus dem System ausgestiegen waren. Es überraschte mich sehr, wie viele alternative Lebensgemeinschaften, Freilerner-Familien und Aussteiger es in Europa gab.

Unser erstes Ziel sollte Italien werden: ein erster Stopp am Gardasee, dann weiter nach Assisi zu einer Gruppe von Freilernern. Als nächstes wollten wir Pompeji besichtigen und dann nach Kalabrien, um dort eine alternative Lebensgemeinschaft kennenzulernen. Überwintern wollten wir an verschiedenen Campingplätzen in Sizilien. Anschließend würden wir über Sardinien im Frühjahr wieder zu einem Besuch nach Deutschland kommen. An jeder Station wollten wir einige Wochen bleiben, zur Ruhe kommen und uns einleben. Wohin es nach unserem Besuch in Deutschland gehen sollte, wussten wir noch nicht.

Bewusst versuchten wir, wenig zu planen, und wollten stattdessen für das offen sein, was auf uns zukommen würde. Für mich war das ein großer Entwicklungssprung, denn normalerweise habe ich alles gern im Griff. Es blieb spannend.

Gardasee

Am 24. Oktober ging es endlich los. Wir waren alle aufgeregt, voller Vorfreude, aber auch unsicher, was uns erwarten würde. Nachdem wir noch einige in letzter Minute aufgetretene Widrigkeiten überwunden hatten, saßen wir endlich im Auto.

Im Wohnwagen mit den beengten Verhältnissen fühlten wir uns gleich alle wohl. Darüber war ich besonders froh, da wir vorher in einem großen Haus gewohnt hatten, in dem jeder sein eigenes Zimmer zur Verfügung hatte.

Die Tatsache, dass wir wenig Spielzeug mitnehmen konnten, stellte sich schnell als unproblematisch heraus. Raphael hatte sein Schnitzmesser, einige Bücher und seine Lieblingsgesellschaftsspiele dabei. Das reichte ihm völlig aus. Bastelsachen und einige Lernmaterialien, die ich mir nach Anregungen aus dem Waldorf-Ideen-Pool und einem Montessori-Kanal gebastelt hatte, waren auch mit an Bord. Diese Lernmaterialien gingen wir zusammen am Beginn der Reise durch, sodass jeder wusste, wo es zu finden war, und die Kinder, wenn sie Lust hatten, darauf zugreifen konnten. Wenn ich merkte, dass ein Thema gerade präsent war, platzierte ich ganz nebenbei Materialien dazu auf dem Tisch oder der Sitzbank. So war es im Blickfeld und oft griffen vor allem die beiden jüngeren Kinder dann irgendwann danach.

Schnell merkten wir, dass neue Strukturen und Rituale geschaffen werden mussten. Unser Alltag war nun ein anderer. Morgens hatten wir keinen Zeitdruck mehr, denn wir gingen nicht arbeiten und die Kinder nicht mehr zur Schule. Wenn wir beispielsweise keine festen Essenszeiten schafften, hatten die Kinder ständig Hunger und ich stand dauernd in der Küche. Wenn es abends keine festen Bettgehzeiten gab, hatten mein Mann und ich überhaupt keine Zeit mehr für uns. So vereinbarten wir einige Regeln und richteten feste Rituale ein. Die gemeinsamen Mahlzeiten und feste Bettgehzeiten gehörten dazu. Außerdem schufen wir gemeinsame Vorlesezeiten vor dem Schlafengehen, mindestens einen Spieleabend pro Woche und natürlich auch Zeiten, in denen wir Eltern einmal frei hatten. Das alles besprachen wir in der ersten Zeit immer wieder miteinander. Wir Eltern zeigten uns auch offen dafür, diese Rituale und Regeln immer wieder neu zu verhandeln und anzupassen.

Wir trafen auch Absprachen über die Mediennutzung und einigten uns darauf, sie zeitlich auf das Wochenende zu beschränken und auch dann auf nur je eine Stunde pro Tag. Jedes Kind darf sich dann entscheiden, ob es einen Film ansehen oder ein Computerspiel spielen möchte. So können sich unsere Kinder nicht von Medien beschäftigen lassen und müssen sich selbst Aktivitäten suchen.

Für Raphael begann nun überhaupt erst die Zeit des Freilernens. Nach eineinhalb Jahren Schule und anschließend zwei Jahren Distanzlernen mit den ungeliebten vorgegebenen Aufgaben gab es nun erstmals nichts, was er unbedingt machen musste. Die von mir eingepackten Lernmaterialien anzufassen, kam für ihn nicht infrage. „Ich gehe nie wieder in die Schule und nehme nie wieder ein Schulbuch in die Hand", sagte er. Da musste ich erst einmal schlucken. Doch auch wenn es mich Überwindung kostete, mich herauszuhalten, blieb ich meiner Überzeugung treu, nichts aufzuzwingen, sondern anzubieten, zu begleiten und einmal etwas nebenbei miteinfließen zu lassen.

Die erste Zeit war Raphael sehr antriebslos und wusste nicht viel mit sich und seiner Zeit anzufangen. Er brauchte viel Aufmerksamkeit und Begleitung. Zuhause hatte er seine Freunde gehabt, außerdem seine Werkstatt und alles was er kannte. Jetzt war alles neu und ausgerechnet auf unserem ersten Campingplatz waren keine Kinder. Doch mit der Zeit konnten wir sehen, wie er kreativ und aktiv wurde. Er baute kleine Holzschiffe, die er im Gardasee schwimmen ließ und wurde ein guter Schwimmer.

Beim Kochen in unserer kleinen Wohnwagenküche war Raphael oft dabei und half viel mit. Wir lernten beide zusammen den Umgang mit dem Gasherd und nach einer Weile kamen wir gut damit zurecht.

Besonders liebt es Raphael, wenn wir abends gemeinsam Gesellschaftsspiele spielen. Sein Interesse galt vor allem bayerischen Kartenspielen wie Watten und Schafkopf. Mein Mann, der diese Spiele ebenfalls mit großer Begeisterung spielt, kann sich hier stundenlang mit Raphael beschäftigen. Das hat die Vater-Sohn-Beziehung ungemein gefestigt. Diese Zeit, die mein Mann jetzt hat, da er erst einmal nicht arbeiten muss, ist unbezahlbar für uns als Familie. Gerade Raphael mit seinen zehn Jahren genießt es, wenn sich sein Vater auch einmal uneingeschränkt nur mit ihm beschäftigen kann.

Auch das Einparken des Wohnwagens, den Auf- und Abbau des Vorzelts und alles Handwerkliche, was auf unserer Reise anfällt, bewältigen mein Mann und Raphael als festes Team zusammen. Darin sind beide mittlerweile richtige Profis.

Kalabrien, November 2022

Auf unserem Weg nach Kalabrien haben wir Pompeji besucht. Raphael war schwer beeindruckt von den Überresten dieser von einem Vulkan einst zerstörten Stadt und von deren Geschichte. Wie könnte Geschichtsunterricht spannender sein? Solche Erlebnisse prägen sich ein und sind ein Leben lang gespeichert.

Auf unserer Reise beschäftigt sich Raphael viel mit dem Atlas und will wissen, wo sich welches Land und welche Stadt befindet. Es ist unsere erste große Reise und er beginnt, sich für die Länder Europas zu interessieren. Besonders interessiert ihn natürlich, wo wir uns jeweils gerade befinden.

Überhaupt liest Raphael gern. Er liest vor allem Sachbücher und hat daraus ein umfangreiches Wissen, mit dem er uns immer wieder verblüfft. Auch mit Minecraft-Büchern beschäftigt er sich und schreibt dann Pläne, was er am Wochenende vorhat, wenn er am Computer spielen darf. Er, der ansonsten nicht gern schreibt, hat auf diese Weise immer wieder Schreibanlässe! So lernen die Kinder mit Freude und ganz nebenbei auch ohne äußeren Druck. So fügt sich doch alles, wenn man Kinder nur lässt!

Sizilien, Dezember 22

Raphael nimmt immer noch keines unserer mitgenommenen Lernmaterialien in die Hand. Also lassen mein Mann und ich vieles nebenbei in unseren Campingalltag mit einfließen. Wenn mein Mann etwas baut, dann stellt sich z. B. die Frage: Wie berechnet man diese Fläche in Quadratmetern? Und da erstaunt uns Raphael immer wieder – er weiß alles! Er kann diese Dinge alle, obwohl er das nie irgendwo bewusst "gelernt" hat. Ebenso beim Bruchrechnen: Ja, er wäre jetzt in der 5. Klasse und würde dort lernen, wie man mit Brüchen rechnet. Doch er kann es trotzdem! Als wir kürzlich Grießbrei kochten und das Rezept mit Brüchen umrechnen mussten, wusste er das sofort! Vielleicht kommt es daher, dass er so gerne werkelt und er dabei diese Dinge regelrecht "be-greifen" kann?

Bei unseren Standorten suchen wir explizit naturnahe Campingplätze. Dort verbringt Raphael oft Stunden im Wald, wo er mit seiner Klappsäge Äste absägt und daraus die verschiedensten Dinge baut und Speere, Spieße, Angeln und anderes schnitzt.

Leider können wir seine oft großen Werke wie Boote bei der Weiterfahrt nicht in unserem Wohnwagen mitnehmen. Auch bedauert er oft, dass wir einen Ort nach einigen Wochen jeweils wieder verlassen und träumt davon, sich eines Tages an einem festen Standort ein Baumhaus bauen zu können. So hat er sich inzwischen v. a. auf den Bau kleinerer Boote und auf das Schnitzen verlegt.

Obwohl es Winter ist, ist es in Sizilien wunderbar warm. Wir können immer noch baden, und Raphael, dem früher Schwimmen wenig Spaß gemacht hatte und der ja erst am Gardasee ein guter Schwimmer geworden war, ist nun oft im Wasser. Manchmal gibt es hohe Wellen im Mittelmeer und er liebt es, mit seinem Board in den Wellen zu reiten.

Sizilien, Januar 23

In Sizilien sind an unserem Campingplatz oft keine Familien mit Kindern. Dann finden häufig die Geschwister wieder mehr zueinander. Und Raphael ist auch gern mit Erwachsenen zusammen, wenn er sich von diesen ernst genommen fühlt. Als er vor unserer Reise einmal merkte, dass ich besorgt war, wie es ihm auf Reisen ergehen würde, wenn einmal keine Kinder zum Spielen an einem Platz sein würden, sagte er zu mir: „Mama, ich brauche nicht unbedingt immer Kinder. Es gibt auch spannende Erwachsene, mit denen ich gern zusammen bin."

In Freilerner-Gemeinschaften wird immer wieder darüber diskutiert, ob man den Medienkonsum frei zugänglich oder reglementieren soll. Für mich persönlich ist es eine klare Sache. Die Menschen verlieren sich schnell in diesen virtuellen Welten. Meiner Meinung nach schrumpft die Kreativität und die Lust an eigenen Ideen mit zunehmendem Medienkonsum. Für uns steht deshalb fest, dass es zwar weiterhin Zeiten geben wird, in denen die Kinder Medien nutzen können, dass diese aber begrenzt werden.

Mein Mann und ich reflektieren unser Handeln immer wieder zusammen mit unseren Kindern. Uns ist es wichtig, dass sie auch unsere Medienbegrenzung nicht als Verbot sehen, sondern erkennen, wie der Bildschirm ihren Geist beeinflusst, und dass wir eine gemeinsame Verabredung darüber treffen. Unter der Woche sehen wir höchstens einmal eine Dokumentation, wenn eine Frage aufkommt, zu der wir uns genauer informieren möchten, z. B. "Wie der Roggen entsteht". Auch bei Regen gibt es natürlich Ausnahmen. Aber grundsätzlich haben wir das in der Familie so besprochen und wir halten uns daran.

Sardinien, Februar 23

Nach unserem langen Aufenthalt an verschiedenen Campingplätzen in Sizilien haben wir nun nach Sardinien übergesetzt.

An einem wunderschönen sonnigen Tag waren unsere Kinder wieder einmal von morgens bis abends draußen unterwegs. Raphael hat mit einem Freund ein Lager im Wald errichtet. Aus einer Metallplatte, die sie in die Sonne gelegt hatten, haben sie sich eine Herdplatte gebaut, auf der sie Nudeln kochen wollten. Das hat leider nicht so geklappt, wie sie es sich vorgestellt hatten. Danach holten sie sich Wasser aus einem Bach und stellten mit selbstgesammelten Kräutern Limonade her. Voller Begeisterung erzählte er beim Abendessen davon. Als er zurückkam, saßen wir gerade zusammen mit lieben Menschen bei Tee und Kaffee in der Sonne. Tina, eine befreundete Camperin, sagte: „Was die Kinder hier lernen, das können sie nirgendwo anders lernen. Sie lernen soviel voneinander und miteinander und sind dabei so frei!" Immer wieder sind wir von ganz tiefer Dankbarkeit erfüllt, dass wir das alles so erleben dürfen. Die Kinder um uns herum, das Meer vor uns und die Sonne über uns. Mein Gott, die Welt ist so wundervoll!

An einem anderen Tag hat es lange geregnet. Wir haben es uns gemütlich gemacht, zusammen gewerkt, gekocht und gelernt. Ich habe es sehr genossen, einmal wieder einen ruhigen Tag in der Familie zu verbringen.

Raphael und ich haben versucht, ein Makramee-Obstnetz zu knüpfen. Unser 4-jähriger Benni zählte alle Seile und richtete sie an und konnte dabei spielerisch die Welt der Zahlen entdecken. Sogar erstes Plus- und Minusrechnen war dabei! Immer wenn ich ein Seil weggenommen hatte, zählte er, wie viele Seile dann noch da waren. Währenddessen knotete und knüpfte Raphael hochkonzentriert.

Am Abend haben wir zusammen Rinderrouladen gekocht. Raphi hat alle Rouladen selbst bestrichen und gewickelt. Beim Anbraten im Vorzelt musste er dann mit Stirnlampe arbeiten, da es schon dunkel war. Das sah so lustig aus! Dies sind Momente, die man nie mehr vergisst.

Sardinien, März 23

Eines Tages durfte ich eine schöne Erfahrung machen: Kerstin, eine Friseurmeisterin, die schon länger hier auf dem Platz stand, kam heute von einer einwöchigen Inseltour zurück. Sie hat selbst keine Kinder, ist aber für die Kinder wie ein Magnet. Als ihr Camper über den Platz rollte, kam sofort eine Horde Kinder aus den Gebüschen gestürmt. Alle rannten laut schreiend „Kerstin ist da! Juhu!" hinter ihrem Auto her.

Wir kennen uns alle noch nicht wirklich lange und trotzdem ist es wie in einer großen Familie. Auf dieser Reise kann ich immer wieder feststellen, wie offen die Menschen sind, wenn sie sich verbunden fühlen. Auch wenn wir alle unterschiedlich sind und man nicht mit allen gleich schwingt, ist eine große Akzeptanz und Toleranz spürbar.

Auch bei den Kindern kann ich das beobachten. Die Gruppe mischt sich immer wieder neu. Mal spielen sie in einer großen Gruppe, mal in kleineren Grüppchen und mal auch nur zu zweit. Schön ist auch, dass sowohl Alter, als auch Geschlecht nicht immer wichtig sind. Raphi hat sich seit einer Woche mit zwei Mädchen in seinem Alter angefreundet, mit denen er im Moment von morgens bis abends unterwegs ist.

Jeder kann selbst entscheiden, ob und wann er mit jemandem zusammen sein will und mit wem. Dabei ist uns auch wichtig, dass jeder immer mal wieder seinen Rückzugsort hat. Besonders für Raphael wird das jetzt immer wichtiger. Er ist der Älteste und möchte auch immer wieder einmal einfach nur für sich sein. Er hat kein Zimmer, wo er einfach mal die Tür hinter sich schließen kann, und ein Baumhaus kann er sich wegen unseres ständigen Ortswechsels nicht bauen. Da für mich ehrliche und klare Kommunikation im zwischenmenschlichen Kontakt unerlässlich ist, haben wir eine Vereinbarung getroffen: Egal ob im Wohnwagen oder in der Natur, wenn jemand klar kommuniziert, jetzt Zeit für sich zu brauchen, wird dies immer akzeptiert.

An Kerstins Wohnwagen gab es am späten Nachmittag noch ein gemeinschaftliches Lagerfeuer. Raphael schichtete zusammen mit Lars das Holz auf, damit es optimal Glut ziehen konnte, um gut zu brennen. Anschließend bauten sie darüber ein Grillgestell, weil es Pizza geben sollte. In Kerstins Wohnwagen formte Raphael hochmotiviert kleine Pizzen aus dem Hefeteig. Auf dem Grill wurden sie kross gebacken.

Immer wieder schaute ich dem Geschehen zu und war so glücklich für das, was wir als Familie erleben dürfen. Diese Erfahrungen nimmt uns keiner mehr.

Sardinien, April 23

Ein Regentag hat uns wieder etwas zur Ruhe kommen lassen.

Mittags hat Raphael Dampfnudeln gemacht. Dabei unterhielten wir uns über die Hefe und darüber, wie man den Teig gehen lassen muss. Außerdem hat er alle Zutaten selbst abgewogen und abgemessen. Und nach dem Mittagessen haben wir zusammen Spiele gespielt, gemalt und gebastelt.

Deutschland, Ende April 2023

Wir sind wie geplant zu einem Besuch nach Deutschland zurückgekehrt. Das ist in mancherlei Hinsicht ernüchternd und hat uns in unserem Vorgehen bestärkt. Als ich Raphael nach seinem ersten Wiedersehen mit seinem Freund abholte, saßen die beiden mit noch zwei anderen Jungen vor dem Bildschirm und spielten Computerspiele. Das betrübte mich sehr. In Sardinien, wo keines der Kinder Computerspiele hatte, war dies überhaupt kein Thema gewesen. Auch nach Fernsehen war meist nur an Regentagen gefragt worden.

An einem anderen Tag reparierte Raphael stundenlang mit einem Bekannten, bei dem wir gerade mit unserem Wohnwagen stehen, dessen Auto. Der Bekannte hat eine ganze Halle voller Werkzeuge und Maschinen, und Raphael konnte vom Staplerfahren bis zum Bohren mit der Standbohrmaschine vieles kennenlernen. Dabei wurde mein Sohn völlig ebenbürtig behandelt, ohne besserwisserische Belehrungen. In seinem Gesicht konnte ich die Begeisterung sehen. Er durfte alles ausprobieren und wie ein Schwamm saugte er alles auf. Begleitung statt Belehrung, das ist es, was er braucht.

Unsere Entscheidung als Familie zu reisen und unser Lernen selbst in die Hand zu nehmen, haben wir bisher keinen einzigen Tag bereut. Veränderungen, egal in welchen Bereichen, erfordern Zeit, Geduld und Mut. Immer wieder gibt es Phasen bei uns, in denen es mal holprig verläuft oder in denen der ein oder andere in unserer Familie einen Durchhänger hat. Mein Mann und ich konnten feststellen, dass diese weniger schönen Gefühle genauso zum Leben dazu gehören und durchlebt werden dürfen. Wir als Eltern leben den Umgang mit diesen inneren oder äußeren Konflikten vor, und so können unsere Kinder am Vorbild lernen und an diesen Widrigkeiten wachsen. Auch das gehört für uns zum Lernen.

Nach zwei Wochen in Deutschland sitzen wir wieder in unserem Kleinbus mit Wohnwagen und fahren Richtung Rumänien. Die Reise geht weiter. Was wir wohl diesmal erleben werden?

Bianca F.

Nach einem längeren Aufenthalt in Rumänien besucht die Familie Ungarn. Diesmal überwintert sie in Griechenland. Allmählich ist der Wunsch entstanden, innerhalb des nächsten Jahres einen Ort zu finden, an dem es allen Familienmitgliedern gefällt und an dem sie wieder sesshaft werden können. Vielleicht ergibt sich für sie die Gelegenheit, mit einer oder mehreren anderen Familien etwas Gemeinsames aufzubauen?

Moritz entdeckt seine Talente

Ein Tag im September 2020.

6.00 Uhr morgens: Mein Wecker klingelt. Noch zehn Minuten, bitte!

6.10 Uhr: Mein Wecker klingelt erneut. In mir sträubt sich alles – wogegen sträube ich mich denn eigentlich so?

„Mama, ich will nicht in die Schule.“ „Hasi, ich weiß! Aber du musst!“ „Warum?“ Ich blicke noch kurz in das völlig gequälte Gesicht meines jüngsten Schulkindes Moritz und entscheide mich, diese Frage für den heutigen Morgen zu ignorieren, weil eine vernünftige Antwort im Augenblick den Zeitrahmen sprengen würde.

Was nun folgt, ist unser alltäglicher Wahnsinn.

„Mama! Die Salami ist alle!” – „Dann nimm Leberwurst!” ”Mama! Moritz blockiert immer noch das Bad!” – ”Moritz, dein Bruder muss auch noch Zähne putzen! Bitte räumt die Sachen wieder in den Kühlschrank. Habt ihr eure Masken eingepackt? Wo ist euer Portemonnaie? Die Bahncard? ... Wie? Du findest sie nicht mehr? Seit wann?”

Ich bekomme langsam Kopfschmerzen.

Ich bin zunehmend genervt und die Jungs auch. Ein Blick zur Uhr sagt mir, dass es knapp wird mit der Zeit. Der Geräuschpegel unter den Kindern steigt. „Los, los, los! Ihr müsst in die Pötte kommen, sonst verpasst ihr den Zug!!!” Ich spüre, die beiden wollen einfach nicht aus dem Haus. „Mama wir müssen noch testen.“ „Oh Mann ... das hab ich völlig vergessen. Geht's nicht auch mal ohne?“ „Nein. Sonst lassen die Lehrer uns nicht aufs Schulgelände!“ „Aber es ist doch Wandertag.“ „Trotzdem. Mama, bitte füll einfach diesen Zettel aus, okay?“

Die Zeit rennt. Ich unterschreibe irgendetwas und drücke es den Kindern in die Hand. Schnell verschwindet das Blatt im Ranzen. Nun verstreichen nur noch Sekunden ... knutschi ... „Bis nachher!”, „Schnell!” ... Da kracht noch kurz und laut das Tor – Ruhe!

Ich stehe am Fenster und blicke ihnen nach, wie sie völlig gehetzt in die Pedale ihrer Räder treten und das Kopfsteinpflaster unserer holprigen kleinen Dorfstraße Richtung Bahnhof hinunterrasen, um noch den vollgestopften Zug zu bekommen, der sie zwanzig Minuten später nahe der Schule wieder ausspuckt.

Mein Kopf brummt und ich stelle mir, wie schon so oft, ein und dieselbe Frage: Warum tun wir uns das immer wieder an?

Mein Telefon klingelt. Am anderen Ende meldet sich die noch verschlafene aber auch genervte Stimme meiner besten Freundin und Nachbarin: „Na, wie geht's dir? Meine Tochter ist soeben aus dem Haus raus. Deine Jungs auch? War dein Morgen auch so stressig wie meiner?"

Auch wenn nun eigentlich die Beseitigung der eben entstandenen chaotischen Hinterlassenschaften der Kinder auf dem Plan steht und ich mich nun auch meiner beruflichen Tätigkeit der Acker- und Feldpflege widmen muss, die ich heute glücklicherweise vom Computer aus erledigen kann, höre ich geduldig meiner Freundin zu. Es tut gut zu wissen, dass ich mit dem allmorgendlichen Stress nicht alleine bin. Ich habe nur noch einen Gedanken: Schluss mit diesem ganzen Wahnsinn!

Und so fing alles an. Ich bin Esti, alleinerziehend mit drei Jungs, von denen zwei im schulpflichtigen Alter sind. Vom Kleinkind bis zum "PuberTier" ist mittlerweile hier alles dabei. Ich sitze an unserem großen Küchentisch – es ist Sommer 2021 – und schreibe einen Rückblick auf unser vergangenes "Schuljahr". Ein Jahr ohne Präsenzunterricht. Ein Jahr voller Höhen und Tiefen. Ein Jahr, von dem ich anfangs nicht geglaubt hätte, dass es so ein Jahr überhaupt geben kann.

Die wenigsten Eltern bekommen wohl ihr Kind mit dem Gedanken, dies ohne das gängige Schulsystem großziehen zu wollen. Ganz im Gegenteil: Wir erinnern uns an unsere eigenen schönen Momente der Schulzeit und freuen uns darauf, für die eigenen Kinder eines Tages die Zuckertüte zu packen und später ein offenes Ohr für den ersten Liebeskummer zu haben, weil die Neue in der Klasse soooo süß ist. Oder dem Rektor mal die Meinung zu geigen, weil wir ein Elterngespräch wegen herumgeschnipster Papierkügelchen für völlig überzogen halten. So ging es jedenfalls mir, als meine beiden Ältesten noch klein waren.

Die Realität holte mich ein, als mein ältester Sohn Joel nach den ersten eineinhalb Jahren an der staatlichen Grundschule plötzlich keinen einzigen Buchstaben mehr zu Papier bringen wollte und sich dem Lernen ganz und gar verschloss. Nach etlichen Lehrergesprächen und Auswertungen durch Schulpsychologen, trafen wir die Entscheidung: Waldorfschule! Der Wechsel war ein absoluter Segen für uns alle. Auch Moritz ließen wir dann in diese Schule einschulen. Doch er kam mit Schule und dem schulischen Lernen von Anfang an nicht gut zurecht und es wurde immer schlimmer. Im Schuljahr 19/20 war Moritz in der 5. Klasse, und es kam eine 180-Grad-Wende dieses eigentlich so freien und alternativen Schulsystems nach Rudolf Steiner: Maskenpflicht, Lockdown, Hygiene- und Abstandsregeln, PCR-Tests und Spaltung der Gemeinschaften in allen Lebensbereichen.

Die Auswirkung dessen war für das gesamte Schulkollektiv fatal: ausgegrenzte Kinder, Mobbing wohin man auch sah, überfordertes Personal, Unsicherheit auf der ganzen Linie. Und was blieb am Ende übrig?

Ein 11-jähriger Junge namens Moritz, der mich schon Samstagvormittag mit Bauchschmerzen und Tränen in den Augen anflehte: „Bitte, bitte Mama! Ich kann nicht mehr! Ich will einfach nicht mehr! Ich halte das keinen Tag länger mehr aus." – „Ja was denn???" – „Die SCHULE, Mama! – ICH HABE ANGST."

Dazu kam der 14-jährige Joel, dessen Wutfalte zwischen den Augen kaum noch Gelegenheit zur Entspannung bekam und von Tag zu Tag tiefer wurde. „Wieso sind die alle so blöd? Was sollen diese sinnfreien Maßnahmen überhaupt? Was ist bloß mit den Lehrern los? Die sind alle falsch, die lügen nur rum! Am liebsten würde ich denen ein paar auf die Fr... hauen!“ Joel strotzte nur so vor aufgestauter Aggression. Noch nie war er so wutgeladen gewesen.

Da war er plötzlich, der Tag, an dem mein Entschluss feststand und ich meinen Kindern morgens freudig verkündete: „Ihr könnt ab jetzt zuhause bleiben!“

Und nun kam die Überraschung: Ich blickte in völlig entsetzte Gesichter. Eine riesige Welle Unsicherheit schwappte aus den Kindern heraus. „Wie jetzt? Wir müssen nicht mehr zur Schule? Aber das geht doch nicht, Mama! Dann werden alle sauer auf uns sein!“

Und so war es auch. Lehrer drohten mit dem Jugendamt, Großeltern waren entsetzt, Papa äußerte Bedenken und auch einige Freunde wandten sich ab. Darunter waren einige meiner Freunde, aber auch viele Freunde der Kinder. Sätze wie „Ihr denkt wohl, ihr seid etwas Besseres!" oder „Oh Gott, die lässt ihre Kinder verdummen!" hörte ich immer wieder. Ich biss in den sauren Apfel und ließ alle Kontakte abreißen. Wir befanden uns in einer Art Gesellschaftsquarantäne. Doch das war mir egal. Mir ging es um das Wohl meiner Kinder.

Moritz war durch die Schule schwer belastet. Die Welt der Buchstaben blieb ihm verschlossen – er konnte sie sich einfach nicht merken und hatte in der Schule bis zu den Schulschließungen weder lesen noch schreiben gelernt. Eine Lese-Rechtschreib-Schwäche wurde diagnostiziert, dazu kam ein Lehrerwechsel. Bauchschmerzen, Übelkeit, Durchfall und Erbrechen waren an der Tagesordnung. Völlig ausgezehrt durch die körperlichen Symptome war ein "Lernen" unmöglich geworden. Die Schultage, -wochen, -monate und -jahre vergingen unter Tränen und Apathie. Ich musste ihn immer wieder von der Schule abholen und oft ging es ihm so schlecht, dass er ganz zuhause blieb.

Dies alles änderte sich nun, da er zuhause bleiben durfte, schlagartig. Plötzlich hörte ich von ihm lang vergessene Sätze wie „Mama, was gibt es heute zu essen? – Au ja! Da freue ich mich schon drauf!" Oder ein lautstarkes Lachen aus seinem Kinderzimmer schallte durchs Haus.

Auch hatte Moritz die Nachmittage oft im Bett verbracht. Nun war ich ganz überrascht, sein Bett mitten am Nachmittag leer vorzufinden. Nach anfänglichem Schreck und kurzer Suche fand ich ihn dann draußen auf dem Hof: Die Taschen voller Schraubenschlüssel und Zangen kniete er vor seinem eingestaubten Fahrrad und werkelte.

Kein Tag verging mehr, an dem Moritz nicht mit Ideen, Projekten, selbst gebackenen Leckereien oder neu erlernten sportlichen Kunststücken um die Ecke kam. Plötzlich schenkte er auch kleinen Misserfolgen, die früher noch ein immenses Problem dargestellt hatten, gar keine Beachtung mehr. Was zählte, war nur noch die Freiheit, selbstbestimmt leben zu können. Er blühte auf.

Sein älterer Bruder Joel hingegen konnte anfänglich mit der neu gewonnenen Freiheit nicht umgehen und wusste nichts mit sich anzufangen. Er, der schon immer gern unter Menschen war, litt nun unter den mangelnden Kontakten.

Doch es dauerte nicht lange und meine Rechnung ging auf: Es waren die echten Freunde, die sich nun bei den Kids meldeten. Was blieb, war die Erkenntnis: All diese künstlich geschaffenen Klassenkollektive und Schulfreundschaften, dieser inszenierte Gruppenzusammenhalt, das ist alles nicht echt, wahrhaftig und real. Es ist kein soziales Fundament fürs Leben, sondern eine Seifenblase, die platzt, sobald sie irgendwo aneckt. Als meine Söhne dies erkannten, verschwanden plötzlich ihre Ängste. Sie waren gestärkt.

Und ich? Da stand ich nun als Lehrer meiner eigenen Kinder! Es war ein komisches Gefühl und so ging es wohl vielen Eltern, sodass sie diesen Schritt nicht wagten. Auch mich plagten zunächst Zweifel: Ich hatte das selbst noch nie gemacht. Schaffe ich das? Alle sagen, Kinder ohne Schule werden nichts. Vielleicht haben sie alle recht? Gleichzeitig erinnerte ich mich an eine Erfahrung, die ich gemacht hatte, als Joel einmal krank war. Innerhalb von zwei Wochen hatten wir beide zusammen ein Pensum absolviert, über das ich hinterher völlig erstaunt war. Dabei hatte ich ihm nur hin und wieder die Aufgaben erklärt, die er für die zwei Wochen erhalten hatte! Diese Erfahrung machte mir Mut.

Anfangs hatte ich die Vorstellung, Gleichgesinnte mit gleichaltrigen Kindern in unserer Nähe zu finden, mit denen wir uns zu einer Gruppe zusammenschließen und immer abwechselnd unsere Kinder vormittags unterrichten könnten. Aber von diesem Gedanken verabschiedete ich mich ganz schnell, denn es scheiterte schon daran, dass wir nicht innerhalb kürzester Zeit Gleichgesinnte mit gleichaltrigen Kindern fanden, noch dazu im näheren Umfeld.

Also überließ ich es einfach den Jungs, wann, wie und mit wem sie ihre Zeit verbringen wollten. Und so kam es, dass Joel sich vornahm, einen Angelschein zu machen, und herumzog, um sämtliche Angelfreunde in unserem Dorf zu diesem Thema auszufragen. Ich staunte, mit welchem Fachwissen er nach nur wenigen Tagen nach Hause kam.

Und doch war es Moritz, der eines Tages beim Angeln den größten Fisch fing!

Überhaupt überraschte mich Moritz am meisten. Es war unglaublich, wie wundervoll er wieder zu seiner ursprünglichen Kraft kam. In der ersten Zeit fragte er zwar immer wieder, ob er nicht doch wieder in die Schule müsse. Davor hatte er sichtlich Angst. Erst allmählich, nachdem ich ihm wieder und wieder versichert hatte, dass er nun nie wieder eine Schule besuchen müsse, fasste er Vertrauen. Er fand in unserer Küche seinen festen Platz, wo er all meine Koch-, Back- und Sachbücher durchstöberte und regelmäßig die Oma, die inzwischen in eine separate Wohnung in unserem Haus gezogen war, zum gemeinsamen Kochen und Backen brachte.

Dies verschaffte mir etwas Freizeit und Freiraum, was für mich als Mama mit Haushalt, Teilzeitjob und Tier- und Hofversorgung ein Segen war. Auch welch ein Glück, dass unser Nesthäkchen Hatto so unkompliziert in seinem Wesen ist und vom ersten Lebenstag einfach immer und überall dabei sein konnte!

Glücklicherweise haben wir als Familie aus meiner Sicht sehr gute Grundvoraussetzungen zum Freilernen. Wir leben auf dem Land, mit Garten, Tieren, Seen, Feldern und Wäldern. Wir haben ein Klavier, eine Gitarre und noch einiges mehr zuhause, um zu musizieren. Auch Töpferscheibe, Staffelei und Schnitzeisen haben bei uns ihren Platz. Ich spreche fließend Englisch. Als gelernte Optikerin sind für mich Mathe und Physik auch kein Problem. Heute arbeite ich als Technikerin in der Landwirtschaft und hier ist vom Ackerbau bis zum Umweltschutz alles dabei. Trotzdem bin ich nicht allwissend und ziemlich oft fehlt mir auch die Zeit. Deshalb greifen wir gerne auf Lernvideos von Ricardo Leppe zurück oder eben auf das Können, Wissen und die Fähigkeiten anderer Freunde, Kollegen oder Familienmitglieder, die dies gerne und mit Freude an junge Menschen weitergeben wollen. Manchmal nehme ich auch Anregungen aus dem Waldorf-Ideen-Pool und dem Kanal 'Homeschooling wagen'.

Moritz' Lernblockade begann sich auf wundersame Weise in Luft aufzulösen und es blühten Interessen auf, die vorher unter dem dicken Mantel der Schulangst gänzlich verborgen geblieben waren. Bei einer Lernplattform buchte ich für ihn immer wieder eine Lernstunde zu verschiedenen Themen. Doch Moritz war damit immer unzufrieden. Ich konnte ihn schließlich zu einem letzten Versuch einer Online-Mathematik-Stunde bei einer neuen Lehrerin überreden. Nach dieser Stunde, bei der er der einzige Teilnehmer gewesen war, platzte Moritz plötzlich in die Küche und verkündete aufgeregt: „Mama, ich habe MEINE Lehrerin gefunden!!!"

Es ist sowohl die engagierte, verständnisvolle und vor allem authentische Lehrerin als auch die Einzelsituation beim Lernen, die Moritz gleichermaßen bis heute begeistern. Die Lehrerin greift mathematische Zusammenhänge aus Moritz' persönlichem Alltag auf und erklärt daran bestimmte Regeln und Vorgehensweisen aus der Mathematik. Das motiviert Moritz natürlich, zumal er dabei immer auf seinem Leistungsstand arbeiten kann. Da sich Moritz außerdem sehr leicht ablenken lässt, hilft ihm der Einzelunterricht bei der Konzentration. Seitdem leisten wir uns zweimal pro Woche Online-Einzelunterricht bei dieser Lehrerin, zuerst nur in Mathematik und später auch in Deutsch. Das ist nicht billig und wir müssen uns für die vier Online-Stunden pro Woche anderweitig finanziell einschränken. Doch zu sehen, wie Moritz in rasender Geschwindigkeit bisher verpassten Lernstoff in Mathe aufholte, zeigte mir, dass es das wert ist. Auch im Lesen und Schreiben macht Moritz nun Fortschritte. Sandra ist inzwischen aus Moritz' Homeschooling-Alltag nicht mehr wegzudenken.

Daneben konnte Moritz sein großes Talent im Sport nun richtig ausleben. So lief er spontan den Brocken-Marathon mit. Ohne Training platzierte er sich im mittleren Feld! Außerdem begeisterte er sich für Klettern, Kraftsport und Crossbiking. Binnen drei Monaten schaffte er ohne jegliche Vorkenntnisse den deutschen Meister seiner Klasse im Taekwondo und wurde deutscher Vizemeister selbiger Klasse im Kickboxen.

Beim Kickboxen war das Interesse dann allerdings schlagartig vorbei. Auf meine Nachfrage, was los sei, antwortete er: „Ich hab doch alles erreicht! Jetzt möchte ich was anderes machen."

Nach den anfänglichen Schwierigkeiten war auch Joel unendlich stolz auf seine gewonnene Freiheit. Er, der Gesellige und Redselige, liebte es, selbstständig auf Menschen allen Alters in unserem Dorf zuzugehen und zu allen Tages- oder Uhrzeiten mit ihnen über ihre Berufe, Interessen und Lebenserfahrungen philosophieren zu können. Welch ein verborgenes Wissen da zutage kommt, ist unvorstellbar.

Während ich meinen Jungs in ihrem neuen alltäglichen Leben so zusah, begann ich zu begreifen, welche Möglichkeiten des freien aktiven Lernens aufgrund des staatlich geregelten Schulsystems meinen Kindern bislang verborgen geblieben war: Kam der Schornsteinfeger oder ein Handwerker, waren meine Kinder immer in der Schule. Wenn die Angler im frühen Nebel am See ihre Angel auswarfen, waren meine Kinder auf dem Weg zur Schule. Wenn die alte Tante Grete vormittags ihre Runde mit dem Rollator durchs Dorf drehte und über alte Zeiten erzählte, waren meine Kinder immer in der Schule. Und wenn abends zur Dämmerung die Tiere aus ihrem Versteck kamen, dann lagen meine Kinder schon im Bett, denn am nächsten Morgen war wieder Schule.

Und so passierte es dann, dass ein 14-Jähriger und 11-Jähriger erst ohne reglementierten Schulalltag feststellen konnten, dass auch im Hochsommer, bei Tagestemperaturen von über 30 Grad, das Gras der Wiese am frühen Morgen noch nass sein kann. Sie nehmen nun auch alltägliche Dienste, wie die Müllabfuhr, die Straßenreinigung und den winterlichen Schneeräumer, bewusster wahr. Und zu guter Letzt sehen sie, dass Tante Grete auch nicht nur aus altersbedingter Tüddeligkeit durch das Dorf läuft, sondern ganz nebenbei, fast unbemerkt verschiedene Früchte, Nüsse und Zapfen sammelt und erzählt, erzählt und erzählt … – man muss nur zuhören! So lernen meine Kinder vieles nun durch ihr neu entdecktes Umfeld.

Gleichzeitig bin ich als Ideengeber und erster Ansprechpartner für meine Jungs auch ziemlich gefordert. Aber es ist für mich als Mutter sehr aufbauend zu sehen und zu begreifen: Meine Kinder lernen durch mich, weil ich der erste Ansprechpartner bin und wir über die verschiedensten Themen sprechen, die sie gerade interessieren. Sie profitieren von meinen Beziehungen und Kontakten. Wir haben einen Weg gefunden, der ganz den Bedürfnissen meiner Kinder entspricht. Und ich habe ihnen das ermöglicht durch meinen Mut, sie aus der Schule zu nehmen!

So lief das Jahr super. Die gehässigen und zweifelnden Stimmen der anderen, die anfangs noch so laut waren, nehmen wir kaum noch wahr. So leise sind sie geworden und so groß ist unser Selbstbewusstsein mittlerweile. Doch nun ging es dem Jahresende zu und auf einmal lag eine ganz andere Energie in der Luft. Bei beiden Jungs setzte Panik ein. Plötzlich kamen Sätze wie:

„Was hab ich eigentlich gelernt? – Nix!!!“

„Wir müssen sofort wieder zur Schule. Wir bekommen doch sonst gar kein Zeugnis oder ein ganz schlechtes Zeugnis.“

Na klar … es gab ja kaum Aufzeichnungen über das Gelernte. Auf den Schulbüchern und -heften befand sich bereits eine dicke Staubschicht. Und während andere Kinder sich darüber unterhielten, ob ihre Hefte nun vollständig waren und wie ihr Zensurenspiegel so aussah, wie viel Geld sie wohl von Onkel Heinz für ihr tolles Zeugnis bekommen würden und dass die Tour zum Heidepark mit Mama und Papa eine schon lange geplante Belohnung für gute erbrachte

Schulleistungen sein würde ..., bekamen meine Kinder große Augen und einen dicken Kloß im Hals. Was nun?

Da guckten die beiden dann plötzlich doch etwas panisch aus der Wäsche. Nicht nur das – jetzt ging es auch noch gegen mich! Vorwürfe prasselten auf mich ein: „Mama, na toll, das ist alles deine Schuld!!!"

Wie bitte? Was genau ist meine Schuld? Damit hatte ich nicht gerechnet. Wir hielten gemeinsam inne, sammelten uns und ich verbrachte eine intensive Zeit mit meinen Jungs, in der ich ihnen vor Augen führte, was sie alles in diesem Schuljahr gelernt hatten.

Und völlig selbstverständlich konnten sie mit kleinsten Erinnerungshilfen all ihr Wissen abrufen – ganz ohne Bücher, Hefte oder Unmengen von Arbeitsblättern!

Mir wurde rückblickend nochmals klar, welche Verschwendung an natürlich gegebenen Lernmöglichkeiten im familiären Alltag unser vom Staat geregeltes, gängiges Schulsystem leider für viele Kinder mit sich bringt. Um frei zu lernen, braucht es das ganz gewiss nicht.

Jetzt ist das Schuljahr vorbei und es sind Ferien! Meine Kinder merken gar nicht, dass Ferien sind, denn sie brauchen keine Ferien mehr: Sie lernen frei und haben damit immer frei, weil sie frei lernen, auch wenn sie lernen!

Abschließend kann ich sagen, dass uns durch den Mut eines jeden einzelnen unserer Familie zu sagen: „WIR BLEIBEN ZUHAUSE!" ein neuer, so unglaublich wundervoller Blick auf das Leben und die Zukunft und all das, was noch kommen mag, ermöglicht wurde, den wir uns vorher nicht hätten vorstellen können.

Es gibt einen Satz, der meine Kinder und mich durchweg durch diese Zeit begleitet und der sich fest in unseren Köpfen verankert hat: Angst beginnt im Kopf – Mut auch!

Esther R.

Während sein älterer Bruder Joel aufgrund des Drucks von den Behörden zum Jahresbeginn 2022 wieder in die Schule geht und einen Schulabschluss macht, verweigert Moritz nach wie vor den Schulbesuch. Die Familie hat deshalb viele Probleme mit den Behörden. Moritz selbst geht es zuhause sehr gut. Weiterhin trifft er sich zweimal pro Woche für Mathematik und Deutsch im Online-Einzelunterricht mit seiner Privatlehrerin. Auf Moritz' Wunsch lesen sie dort die Biografie der blinden Schriftstellerin Helen Keller als Schullektüre. In Mathematik schafft es Moritz innerhalb eines halben Schuljahres, den Unterrichtsstoff einer ganzen Klassenstufe aufzuholen.

Moritz' große Liebe gilt dem Backen. Es freut ihn sehr, als er bei einer örtlichen renommierten Tortenmanufaktur als Praktikant arbeiten darf und anschließend eine sehr positive Rückmeldung erhält.

Romina braucht endlich nicht mehr krank zu werden

Ich heiße Romina und lebe mit meiner Familie und meiner Oma in der Nähe von München. Mein Papa ist beruflich viel unterwegs und nur am Wochenende zuhause. Im Frühjahr 2020 war ich zwölf Jahre alt und besuchte die 6. Klasse einer Realschule.

Ich bin noch nie gern zur Schule gegangen. Wenn ich es an einer Schule irgendwann unerträglich fand, versuchten wir es immer mit einem Schulwechsel, und so hatte ich bis dahin schon dreimal die Schule gewechselt: Waldorfschule, örtliche Grundschule, Gymnasium, Realschule. Doch es half nichts: Schule gefiel mir einfach nicht. Dass ich den ganzen Vormittag etwas tun muss, was andere mir vorschreiben und was mich gerade nicht interessiert, ergibt für mich keinen Sinn. Und wenn ich dann aber nichts dagegen tun kann, macht mich das krank.

Als der erste Lockdown ausgesprochen wurde, hatte ich das erste Mal die Möglichkeit, meine Schularbeiten von zuhause aus zu machen. Meine zwei Jahre ältere Schwester lernte bereits seit November 2019 als Asperger Autistin zuhause.

In dieser Zeit bekamen wir von unseren Lehrern Aufgaben per Mail zugesandt, die wir zu erledigen hatten. Wir waren an keine Uhrzeiten gebunden und konnten die Aufgaben irgendwann im Laufe des Tages machen. Dadurch merkte ich, wie toll es ist, sich die Zeit selbst einteilen zu können. Zwischendurch waren auch wieder Präsenztage in der Schule, an denen es mir nicht gut ging und ich mich wieder nicht wohlfühlte. Auch der Distanzunterricht ab Anfang 2021, bei dem wir Online-Unterricht hatten, fiel mir schwer, da alles mit Zeitdruck gestaltet wurde. Alle Arbeiten mussten pünktlich abgegeben werden, aber die Technik spielte manchmal nicht mit. Und dafür wurde man dann bestraft!

Als dann auch noch im Mai 2021 einer unserer drei Hunde starb, war ich seelisch ziemlich down und weinte viel. Ich hatte zu gar nichts mehr Lust. Da sagte meine Mama eines Tages: „Du bleibst ab heute zuhause und nimmst an keinem Distanzunterricht mehr teil! Wir verweigern einfach den Corona-Test, und wenn das nicht mehr geht, lassen wir dich krank schreiben." Ich bekam noch einige Tage lang Aufgaben aus der Schule, dann aber nicht mehr. Ab diesem Moment begann meine Freilerner-Zeit.

Meine Mama gab sich sehr viel Mühe und führte anfangs Projekte mit meiner Schwester und mir durch. Da es mir zu dieser Zeit so schlecht ging, überlegte sie, welches Thema mich wieder für's Schaffen begeistern könnte. Ich mag alte Geschichte sehr, sehr gerne und so bestand unser erstes Projekt daraus, die Geschichte unseres Heimatortes zu erkunden. Wir erstellten eine Mindmap, recherchierten im Internet, gestalteten ein Projektbüchlein und besuchten verschiedene Orte. Mir machte das alles viel Spaß und ich blühte endlich wieder auf. Ich erinnere mich noch gut daran, wie meine Schwester und ich einmal wie jeden Mittag gemeinsam mit unserer Oma und unserer Mama im Garten zu Mittag aßen und uns dabei gegenseitig freudestrahlend von unseren Recherchen und Entdeckungen berichteten und unsere gesammelten Informationen austauschten. Am darauffolgenden Tag schrieben wir alles in unser Projektbüchlein auf. Wir malten auch Bilder dazu und klebten passende Fotos aus dem Internet daneben. In den Tagen danach besuchten wir die jeweiligen Orte und ließen vor Ort noch einmal alle Eindrücke auf uns wirken.

Ungefähr zu dieser Zeit hat uns meine Mama bei der Online-Lernplattform Sofatutor angemeldet. Das Schöne bei Sofatutor ist, dass wir zu fast jedem Thema ein Video finden, mit dem wir uns informieren können. Da meine Schwester sich sehr für Sterne und Planeten interessiert, tauchten wir als nächstes gemeinsam in die Welt der Planeten ein. Wir beschäftigten uns mit dem Mond, der Sonne, den Tierkreiszeichen und dem Sonnensystem. Informationen und Anregungen erhielten wir von Sofatutor und dem Waldorf-Ideen-Pool. Auch dazu gestalteten wir wieder ein Projektheft mit Bildern.

Das Gestalten der Bilder für die Projekthefte machte mir so viel Spaß, dass wir uns anschließend der Kunst widmeten. Mein Opa war Künstler gewesen und dadurch hatte auch meine Mama ein großes Wissen in diesem Bereich. Sie konnte uns verschiedene Techniken in der Malerei erklären und viel über einzelne Künstler erzählen. Zuerst widmeten sich meine Schwester und ich uns der Punktperspektive. Dann malten wir unser eigenes Miró-Bild. Schließlich begann ich mich für das Aquarellmalen zu interessieren. Wir fanden zwei Bücher mit

Anleitungen dazu in unserem Bücherregal. Ich suchte mir ein Malprojekt heraus und gestaltete mein erstes Aquarellbild: einen Leuchtturm. Das Malen mit Aquarellfarben ist seitdem zu einem meiner Hobbys geworden und ich male immer wieder ein Bild.

Vom Zeitpunkt meiner Krankschreibung im Mai 2021 bis zu den Weihnachtsferien 2021 hatten wir zuhause noch viel "bewusstes" Lernen. Wir saßen vormittags immer zusammen und beschäftigten uns für ca. zwei Stunden mit verschiedenen Themen. Nach den Projekten beschäftigten wir uns vor allem mit Mathe und Englisch. Auf der Website von 'Homeschooling wagen' fanden wir Empfehlungen für Bücher und Materialien und kauften mehrere Bücher aus dem Stark-Verlag. Außerdem verwendeten wir Videos von Sofatutor und Schulbücher.

Mathe macht mir Spaß, es fällt mir leicht und ich bin gut darin. Deutsch haben wir weniger gemacht – wir sprachen einfach viel miteinander und für unsere Projekthefte haben wir sowieso viele Texte gelesen und verfasst. In Englisch arbeiteten wir mit einem alten Schulbuch und dem dazugehörigen Übungsheft. Besonders gern mochte ich es, wenn meine Schwester und ich uns gegenseitig Vokabeln abfragten.

Überhaupt gefiel es mir, so viel Zeit gemeinsam mit meiner Schwester zu verbringen. Wir sind einfach gern zusammen und machen auch gern mal Quatsch miteinander.

Komplettes Freilernen

Kurz vor den Weihnachtsferien 2021 legten wir sämtliches kognitives Schulmaterial (Bücher vom Stark-Verlag, Schulbücher und anderes) zur Seite und beschäftigten uns intensiv mit den Raunächten. Es war für uns alle das erste Mal, dass wir bewusst die Raunächte zelebrierten. Wir genossen das Räuchern am Abend. Es hatte etwas Mystisches an sich, roch gut und brachte mich in meine Mitte. Auch die verschiedenen Rituale fand ich aufregend und spannend. Nach den Raunächten hatten wir alle drei keine Lust mehr auf schulisches Lernmaterial und ließen uns jeden Tag treiben. So ist es bis heute. Ich liebe es, in den Tag hinein zu leben und zu schauen, was der Tag so bringt. Manchmal lese ich auch einfach nur gern ein Buch. Wir unternehmen viele Ausflüge in die Natur und erkunden Pflanzen und Wildkräuter und widmen uns dem, was uns gerade interessiert.

In jenem Frühjahr entdeckte meine Mama für sich den Gemüseanbau. Wir konnten auf der Wiese meiner Großtante, die in unserer Nähe wohnt, Heukartoffeln anbauen. Dafür machten wir dann auch das Heu selber. Mehrmals am Tag zur Wiese zu fahren und das Heu mit der Gabel zu wenden, machte mir richtig Spaß. Die körperliche Tätigkeit im Freien tat mir gut und es war eine schöne Abwechslung zum theoretischen Lernen. Außerdem konnte ich mir dabei gut vorstellen, wie die Bauern früher gearbeitet hatten.

Es blieb nicht bei den Heukartoffeln. Bei meiner Großtante konnten wir auch einige Beete anlegen, auf denen wir verschiedenes Gemüse anbauten. Täglich fuhren wir den ganzen Sommer über dorthin und pflegten unsere Beete.

Nun, da ich zuhause bin, helfe ich auch viel im Haushalt mit. Das Mittagessen kochen wir gemeinsam. Am liebsten mag ich selbstgemachte Tomatensauce mit selbstgemachten Nudeln. Ich freue mich schon darauf, wenn bald wieder die ersten Tomaten im Garten reif sind. Dieses Jahr haben wir extra Fleischtomaten und Kochtomaten angebaut, damit wir noch mehr Sauce kochen können!

Neben der körperlichen Arbeit wollte ich aber auch etwas lernen. Da meine Mama nun keine Projekte mehr mit uns machte, war mir auch manchmal etwas langweilig.

Eine gleichaltrige Freilernerin erzählte mir, dass sie Altgriechisch lernt. Der Gedanke, eine alte Sprache zu lernen, noch dazu eine mit einer anderen Schrift, faszinierte mich und es entstand auch in mir der Wunsch, Altgriechisch zu lernen. Ich begann einmal pro Woche Online-Einzelunterricht bei derselben Lehrerin zu nehmen, die auch die andere Freilernerin unterrichtet. Die Übersetzungen von Altgriechisch auf Deutsch sind ein bisschen wie Rätselraten. Das macht mir Spaß und deshalb nehme ich bis heute regelmäßig Einzelunterricht in Altgriechisch.

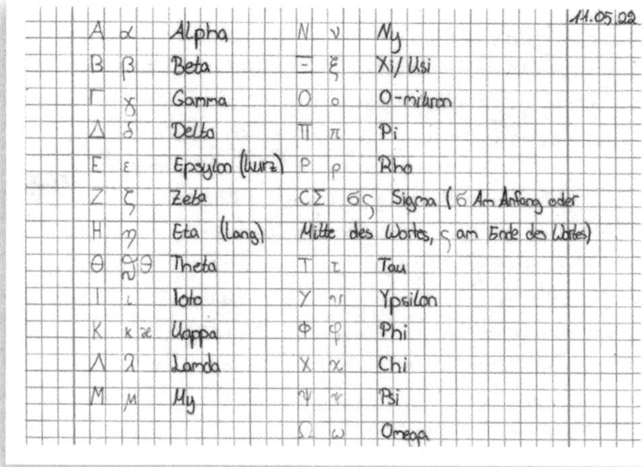

Zu dieser Zeit bekamen wir Kontakt zu einer Freilerner-Familie aus Brandenburg. Mit deren Tochter, die nur zwei Monate älter ist als ich, verstand ich mich von Anfang an gut und wir tauschen uns seitdem regelmäßig aus. Schon bald sind wir dazu übergegangen, uns jeden Tag über Telegram zu schreiben und sie ist für mich eine richtige Freundin geworden, obwohl ich sie noch gar nicht persönlich kenne. Eine Zeitlang haben wir jeden Tag dasselbe Kapitel eines Fantasy-Romans gelesen und uns dann am Abend über das gelesene Kapitel ausgetauscht. Hoffentlich können wir uns bald mal persönlich kennen lernen!

Anfang 2022 hatte meine Mama von einer Waldlerngruppe erfahren, die von einem Montessorilehrer und Wildnispädagoge geleitet wurde und einmal pro Woche stattfand. Mit mir waren wir fünf Jugendliche, die allesamt zu der Zeit nicht in die Schule gingen. Der Lehrer zeigte uns sehr viel: Zum Beispiel sammelten wir Waldmeister und Sauerklee, lernten mit einem Feuerstein ein Feuer anzuzünden und flochten eine Schnur aus den Fasern der Brennnesseln. Wir hatten auch einen Bauwagen. Dieser stand am Ende einer Schlucht im Wald, durch die ein kleiner Bach zieht. Das ist ein schöner Ort, an dem man viel machen kann. Besonders cool fand ich es, als wir einmal auf Baumstämmen darüber balanciert sind.

Zusätzlich hat meine Mama mit weiteren Mamas eine Freilerner-Gruppe organisiert, mit der wir uns seitdem jede Woche treffen. Wir haben schon zusammen ein Waldsofa aus Stöcken gebaut und im Herbst Bratquitten gegessen. Im Sommer gehen wir zusammen baden und vieles mehr. Und unsere Mamas sitzen zusammen und tauschen sich aus.

Besonders freute es mich, als meine Rock-‘n‘-Roll-Gruppe wieder normal und ohne Corona-Einschränkungen stattfinden konnte. Rock ‘n‘ Roll zu tanzen ist schließlich eine meiner Leidenschaften!

So war ich im ganzen Jahr 2022 in mehrere Gruppen eingebunden und hatte gleichzeitig viel Zeit, meinen eigenen Interessen nachzugehen. Das Freilernen war sooo mega schön und hat mich innerlich gestärkt. Ich finde auch, dass wir durch die intensive gemeinsame Zeit innerhalb der Familie eine viel engere Bindung zueinander entwickelt haben als früher.

Zurück in der Schule

Leider setzte uns meine damalige Schulleiterin im Herbst 2022 sehr unter Druck, dass ich die Schule wieder besuchen sollte. Schließlich stand sogar die Polizei vor der Tür, um mich in die Schule zu bringen. Durch das entschiedene Auftreten meiner Oma und später auch meiner Mama fuhren sie zwar unverrichteter Dinge weg, wir beschlossen aber, dass ich wieder in eine Schule gehen würde. Meine Mama meldete mich an einer neuen Schule an und ich kam in die 8. Klasse mit dem Ziel, dort im Sommer 2024 den qualifizierenden Mittelschulabschluss zu erwerben.

Somit besuchte ich im Dezember 2022 wieder eine Schule, diesmal eine Mittelschule. Ich schrieb sehr gute Noten und war innerhalb der ersten Wochen gleich Klassenbeste. Der erste Tag war noch aufregend, da alles neu war, aber schon bald fühlte ich mich auch dort unwohl und absolut fehl am Platz. Jeden Tag fremdbestimmt lernen zu müssen, nicht auf die Toilette gehen zu dürfen, wenn ich musste, am Platz festgetackert zu sein und immer zuhören zu müssen, fand ich einfach schrecklich.

Eine Woche lang absolvierte ich ein Schulpraktikum bei einem Goldschmied. Das machte mir richtig Spaß! Ich konnte endlich wieder interessante Sachen machen und mich handwerklich betätigen. So hätte es nach meinem Geschmack weitergehen können.

Wenn mir alles zu viel wurde, ließ mich meine Mutter immer einen Pausentag von der Schule einlegen. Danach konnte ich wieder Schultage ertragen. Aber irgendwann halfen auch die Pausentage nichts mehr. Ich saß weinend im Auto und konnte einfach nicht aussteigen. Als dann auch noch unser Hund starb, der mich fast mein ganzes Leben begleitet hatte, ging es gar nicht mehr.

Somit bin ich seit Ende März 2023 wieder mit einer Krankschreibung zuhause. Endlich wieder aufatmen und Zeit für Altgriechisch und die Aquarellmalerei zu haben und für alles, wonach mir der Sinn steht, das tut mir gut.

Mein Ziel ist es nun, mich ab Herbst 2023 mit Hilfe des Nürnberger Bildungszentrums selbstbestimmt auf den qualifizierenden Mittelschulabschluss vorzubereiten und im Sommer 2024 als Externe die Prüfung zu abzulegen. Dies sollte klappen, da im Sommer 2023 meine neun Jahre Vollzeitschulpflicht hier in Bayern erfüllt sind.

Romina S.

Im Herbst 2023 beginnt Romina mit der Vorbereitung auf den Qualifizierenden Mittelschulabschluss, der in Bayern umgangssprachlich "Quali" genannt wird. Das Bildungszentrum Nürnberg bietet dazu im Rahmen ihres Projekts "Zweite Chance" einen zeitlich auf einige Unterrichtsstunden am Tag beschränkten Online-Unterricht in vergleichsweise kleinen Gruppen an. Die Teilnahme an den Kursstunden ist nicht verpflichtend und auch wenn Romina nicht immer dabei ist, kommt sie gut mit. Es gefällt ihr, dass es für Deutsch und Mathematik mehrere Kursleiter gibt, die ihre Kursstunden zu unterschiedlichen Zeiten anbieten. So kann man "seinen" Kursleiter nach Uhrzeit und Sympathie wählen.

„Der Standardweg ist für Hochsensible einfach nicht gemacht", hatte eine Lehrerin angesichts Rominas häufiger Krankschreibungen einmal gesagt. Romina entspricht den Kriterien für Hochsensibilität, auch wenn es dafür (noch) kein offizielles Diagnose-Verfahren gibt.

In ihrer Familie fühlt sich Romina verstanden. Ihre Mutter und ihre Schwester empfinden vieles auf ähnliche Weise wie sie. Tiere spielen bei ihnen eine wichtige Rolle. Ob Romina auch eines Tages Tierheilpraktikerin wie ihre Mutter wird? Sie beteiligt sich jedenfalls schon an deren Tätigkeit, Hunde dazu zu trainieren, Menschen zu finden.

Rominas Mutter jedenfalls freut sich zu sehen, wie Romina zu einem reifen, selbstbewussten und in sich ruhenden Teenager herangewachsen ist.

Sie und ihr Mann sind sich sicher: Romina wird ihren Weg finden.

Malvin macht einen Schulabschluss

Bei uns begann das häusliche Lernen nicht mit dem Lockdown, sondern schon zu Pfingsten 2018. Wir begannen damit, weil wir davon überzeugt waren und weil unser damals 14-jähriger Sohn Malvin Lust darauf hatte. Die Waldorf-ähnliche Schule, die in der Grundschulzeit ein guter Ort für ihn gewesen war, entsprach in der Mittel- und Oberstufe weder ihm noch uns. Oft kam er angestrengt und blass nach Hause. Doch in den Ferien blühte Malvin regelmäßig auf. Da kam er wieder auf spannende Ideen, da färbten sich seine Wangen wieder rot vor Begeisterung. Und weil wir die Möglichkeit hatten, uns auf ein neues Leben einzulassen, wagten wir diesen Schritt: Nach den Pfingstferien blieb Malvin einfach zu Hause.

Wie war es dazu gekommen?

Im Jahr 2015 hatte mein Mann einen für Pilger offenen Bergbauernhof in Italien bei Assisi wiederentdeckt, in dem er dreißig Jahre zuvor als junger Mensch geholfen hatte, Ziegen und Schafe zu hüten. Eine Vision erfasste uns beide: Dort wollten wir leben! Wir wollten in diesem alten "Rustico" leben, inmitten von Olivenhainen und in der Lebenswelt des heiligen Franziskus, zu dem mein Mann von Jugend an eine tiefe innere Nähe spürte. In dieser Abgeschiedenheit wollten wir Retreats anbieten und Menschen eine Wiederverbindung mit der Natur und der ihr innewohnenden Spiritualität ermöglichen.

Es gelang uns, das Haus im Oktober 2016 zu erwerben. Zunächst pendelten wir viel. Malvin sollte so lange in seine Schule gehen können, wie er wollte, vielleicht bis zum Ende der 8. Klasse, welche immer einen Einschnitt im Waldorflehrplan darstellt. Doch schon zu Ostern 2018 zeichnete sich ab, dass er noch nicht einmal für den gesamten Verlauf der 8. Klasse würde bleiben wollen. Nach der Klassenfahrt zu Pfingsten nahm er Abschied. Wie es weitergehen sollte, wussten wir alle nicht genau. Doch wir waren voller Vertrauen, dass sich schon alles in guter Weise finden würde. Wir vertrauten darauf, dass Malvin auch durch "einfach leben" viel lernen würde. Wir vertrauten darauf, dass die Seele eines Menschen sich in ihren Bedürfnissen zeigt, wenn zum einen Offenheit und außerdem die Möglichkeiten dafür da sind. Es fiel uns vielleicht leichter als anderen

Eltern, in dieses Vertrauen einzutauchen, weil wir schon mit sich frei bildenden Menschen zu tun gehabt hatten, seit Malvin ein Kleinkind war. Außerdem hatte ich selbst das Buch "Abenteuer Leben! Gegenwärtigkeit und Liebe im Familienalltag" geschrieben und dafür Menschen mit ungewöhnlichen Lebensentwürfen, unter anderem frei Lernende, interviewt. Und ich hatte am eigenen Leib Erfahrungen mit dem Homeschooling gemacht. Wir ließen ihn also in Ruhe.

Es war so, als begännen die Sommerferien, nur dass Malvin nach dem Sommer keine Schule mehr besuchen würde.

Malvin blühte auf. Was sonst nur in den Ferien geschah, das war nun Alltag: Malvin genoss die Freiheit, alles zu tun, was er wollte. Er spielte viel Geige. Außerdem grub er eine tiefe Höhle in den Berg, webte aus Zweigen Wände für eine davor gesetzte kleine Hütte und dokumentierte diese Tätigkeiten in Videos, die er bei YouTube einstellte. In dieser lustigen Erdbehausung gab es bald auch eine Schaukel für den zehn Jahre jüngeren Bruder. Dieser wurde sowieso oft einbezogen und gemeinsam gingen sie auf Abenteuertour durch Schlucht und Wald, wo sie auch manchmal in der Nähe das laute Rascheln einer Wildschweinrotte hörten oder unten im Tal das Heulen von Wölfen. Dabei sorgte Malvin stets gut für den Kleinen.

Perfekt wurde es, als unserer Nachbarin vier Welpen zuliefen und wir zwei davon bei uns aufnahmen. Das war Freude pur!

In den nächsten zwei Jahren war Malvin frei, das zu tun und zu lassen, was er wollte. Eine Phase des Deschoolings begann. Da ich selbst Musik studiert hatte, war es mir zwar ein Anliegen, dass er weiter Geige spielte, aber dies machte Malvin sowieso so viel Spaß, dass er es gerne pflegte. Wir lernten eine italienisch-israelische Familie in unserer Nachbarschaft kennen mit zwei Jungen in Malvins Alter, die nie eine Schule betreten hatten. Die beiden spielen phantastisch Ziehharmonika und wir liebten es, gemeinsam mit ihnen zu musizieren.

Darüber hinaus unterstützte ich Malvin dann und wann, seine Rechtschreibung auf Vordermann zu bringen – etwas, worauf in seiner Schule nicht viel Wert gelegt worden war. Und da Malvin begonnen hatte, selbst einen Fantasy-Roman zu schreiben, wollte er auch in der Rechtschreibung besser werden.

Was Mathematik betrifft, so hatten wir einen Offline-Kurs gekauft, der auch in Deutschland schulbegleitend eingesetzt wird. Damit wollte er nun Lücken schließen und gegebenenfalls bis zum Stoff der 9. Klasse weiterkommen. Um Malvins Englisch-Kenntnisse brauchte ich mir keine Sorgen machen: Die Minecraft-Anleitungen waren immer auf Englisch und auch Filme schaute er lieber auf Englisch als auf Deutsch. Das bisschen Englisch, das er in der Schule gelernt hatte, hatte offenbar ausgereicht, die Grundlagen, die er in seiner frühen Kindheit in Indien geschaffen hatte, "am Leben zu erhalten". Mit seinen neuen israelisch-italienischen Freunden auf Englisch zu kommunizieren, gelang ihm mühelos. Wie das mit dem Italienischlernen hingegen bei Malvin funktionieren sollte, wussten wir noch nicht. Ein Kursprogramm für Jugendliche, das ich in einem Buchladen in Freiburg sorgsam ausgesucht hatte, verstaubte bald in der Ecke. Auch mit dem Geschichtsbuch, das ich nach eingehender Recherche ausgewählt hatte, kamen wir nur mühsam voran. Ich fühlte mich tatsächlich unsicher: Sollte ich ihm komplett die Freiheit lassen? Sollten wir ihn am besten komplett selbst entscheiden lassen, ob, wann und wie viel er sich mit "schulischen Dingen" beschäftigen mag?

Ich habe definitiv eine radikale Ader. Die Idee kompletter Freiheit übte eine hohe Anziehungskraft auf mich aus und ebenso auf meinen Mann. Oder sollte ich vielleicht doch sanft aber kontinuierlich darauf bestehen, Zeit für manchen von mir als wichtig befundenen Lernstoff einzusetzen? Mein Mann und ich waren hin- und hergerissen. Letztendlich bestanden wir auf nichts. Nur das Geschichtsbuch kramte ich immer wieder mal hervor. Ich hatte neben Musik auch Geschichte studiert und mich viel mit der Geschichte des 19. und 20. Jahrhunderts beschäftigt. Wie es zum Nationalsozialismus hatte kommen können, war mir seit meinem 14. Lebensjahr eine Frage gewesen, die mich durchgeschüttelt hatte und der ich auf vielfältige Weise nachgegangen war. Dies war mir so wichtig, dass ich meine radikalen Ideen vom Freilerner-Dasein immer wieder in den Wind schoss und meinen sanftmütigen Sohn milde aber nachdrücklich drängte, die entsprechenden Kapitel zu lesen und mit mir zu diskutieren. So sah unser Leben aus.

Wir reisten noch häufig zwischen Deutschland und Italien hin und her, denn unsere Arbeit war immer noch in Deutschland beheimatet. Doch mehr und mehr verschob sich der Mittelpunkt unseres Lebens auf den Bergbauernhof Terra Buona bei Assisi. Das Schöne an unserem neuen Zuhause ist, dass häufig Menschen zu Besuch bei uns sind: junge Männer und Frauen, die als "Wwoofer" (world wide opportunities on organic farms) zum Mithelfen kommen und die jeweils für ein paar Tage oder Wochen bei uns leben. So lernen unsere Kinder, mit vielen verschiedenen Menschen auszukommen, deren Eigenarten aus der Nähe zu erleben und auftretende Schwierigkeiten im Umgang miteinander zu thematisieren.

Dadurch, dass sich bei uns Menschen zwischen 20 und 60 Jahren in Seminaren weiterbilden, sehen unsere Söhne, dass Menschen jeden Alters Lernende sind. Schon in Freiburg wollte der damals 10-jährige Malvin abends immer mit im Raum sitzen, wenn mein Mann Damiano seinen Prüfungsvorbereitungskurs für den "Heilpraktiker für Psychotherapie" leitete. Am nächsten Tag fragte mich Malvin dann nach den Inhalten aus, die er nicht mehr mitbekommen hatte, weil er eingeschlafen war.

An den Menschen, die zeitweise mit in unserem Haus leben, sehen unsere Söhne auch, für welch verschiedenartige Bereiche des Lebens man sich interessieren kann: Sie sehen beispielsweise, dass jemand sehr schön Aquarell malen kann. Ein anderer geht vom frühen Morgen an mit einem riesigen Kameraobjektiv auf die Pirsch, um die wildlebende Fauna zu Gesicht zu bekommen. Wieder ein anderer schreibt Gedichte. Manche Menschen bringen viel Wissen über biologische Landwirtschaft und Gartenbau mit, kennen sich mit Pferden und deren Haltung aus, spielen Gitarre, kochen ein, können uns beim Pflegen unserer Straße helfen und vieles mehr. Ich finde es einen Segen für jede Homeschooling-Familie, jeweils eine Zeitlang mit fremden Menschen zusammenzuleben, um die Vielfalt des Mensch-Seins hautnah zu erleben.

Nach zwei Jahren des völlig freien So-Leben-Als-Wenn-Es-Nur-Ferien-Gäbe (wie gesagt, mit Ausnahme meines Geschichtsbuchs) drängte sich mir die Frage auf, ob Malvin wohl immer so weiter machen wolle. Wie würde es ihm in der Welt gehen, wenn er keinen Abschluss machte? Wir fragten ihn also, ob er einen Abschluss erwerben wolle und wenn ja, welchen. Für Malvin taten sich verschiedene Möglichkeiten auf:

- keinen Abschluss zu machen
- als externer Prüfling an einer deutschen Schule einen deutschen Abschluss abzulegen, mit der Maßgabe, sich allen Lernstoff selbst

zusammensuchen und eigenständig auf das deutsche Abitur hin lernen zu müssen (oder auch erst einmal auf den Haupt- oder Realschulabschluss)
- eine deutsche Fernschule zu besuchen, z. B. die ILS in Hamburg, die zum Abitur führt
- das Homeschooling wieder aufzuhören und an eine italienische Schule zu gehen
- mit einer amerikanischen Fernschule, zum Beispiel der Clonlara-Schule, ein Highschool-Diplom zu erlangen

Wir Eltern waren in Bezug auf Malvins Entscheidung wirklich frei. Es gab in mir zwar eine leichte Sorge, ob es vielleicht eine geringfügige Erschwernis des Lebens wäre, wenn ein junger Mensch ganz ohne Abschluss in die Welt ginge. Aber aufgrund meiner eigenen Vergangenheit war ich absolut sicher, dass man, wenn man nur will, zu jedem Zeitpunkt alles lernen kann, was man möchte. Ich hatte mit 15 Jahren ein halbes Jahr in einer Schule in Amerika verbracht und von jetzt auf gleich Englisch gelernt. Außerdem hatte ich es geschafft, in vier Monaten mit der Unterstützung von Privatunterricht den gesamten Stoff der 11. Klasse Gymnasium in zwölf Fächern zu lernen, um von der Waldorfschule auf ein Gymnasium wechseln zu können. Später hatte ich intensiv Geige und Klavier geübt, um Musik studieren zu können.

Insofern konnte ich Malvin frei begegnen und ihn einfach in seinem Prozess begleiten. Er überlegte sich alle Optionen gründlich, führte sich selbst vor Augen, was seine Wünsche und seine Stärken und Schwächen waren und entschied sich schließlich von ganzem Herzen für das Offcampus-Programm der Clonlara-Schule. Es war exakt das, was seinen Wünschen und seiner persönlichen Kondition entsprach: Zum einen war er sich sicher, dass er seine Jugendzeit mit einem Schulabschluss abschließen wollte. Zum anderen sah er, dass es ihm nicht lag, komplett auf sich allein gestellt Stoff zu recherchieren und im völligen Alleingang zu lernen. Stattdessen wünschte er sich ein Mindestmaß an Begleitung und an vorgegebener Form. Bei der deutschen Fernschule hatte sich herausgestellt, dass die Fächerauswahl dort recht beschränkt ist und dass man nur mit Hauptschulabschluss zum Abitur-Lehrgang zugelassen werden würde. Zunächst einen Hauptschulabschluss und dann erst das Abitur zu machen, zudem mit geringer Fächerauswahl, das taugte Malvin nicht. Die Clonlara-Schule hingegen bietet die Möglichkeit, jederzeit einzusteigen, egal welche Form der Schule oder nicht-Schule vorher das Leben geprägt hatte, und außerdem aus einer fast unbegrenzten Fülle von Fächern zu wählen, bzw. sich sogar jedwedes Fach selbst zu gestalten. Auch wenn das Highschool-Diplom nicht dem allgemeinen deutschen Abitur gleichwertig ist und nicht automatisch zum Hochschulstudium berechtigt, entschied sich Malvin für diesen Abschluss. Er sieht seine Zukunft in Italien und hierzulande hat man mit diesem Abschluss mehr Möglichkeiten, sich an einer Universität zu bewerben, als in Deutschland.

Einzige Voraussetzung zum Erlangen der Credit-Punkte, welche die Basis des Highschool-Abschlusses sind, ist die Zeit, die man in ein Fach hineinsteckt, und die Dokumentation darüber, welche man selbst anhand eines vorgegebenen, übersichtlichen Gerüstes verfasst. Um einen Credit zu erlangen, muss man 180 Stunden Zeit in ein Fachgebiet investieren. Und man braucht 22 Credits, um den Highschool-Abschluss zu bekommen. Diese geringe, aber doch vorhandene Struktur und die freundliche und kompetente Beratung durch das Clonlara-Team begeisterten Malvin sofort. Auch dass er künftig sein Lernen vorrangig in englischer Sprache vollziehen würde, motivierte ihn enorm.

Bei den ersten Zoomcalls zur Beratung saß ich fassungslos neben ihm. Obwohl ich selbst fließend englisch spreche, verstand Malvin die Beratung mindestens so gut wie ich! Seit geraumer Zeit sah er amerikanische Filme nur noch auf Englisch an und in der amerikanischen Sprachmelodie war er inzwischen mehr zu Hause als ich! Rational konnte ich nachvollziehen, dass er so gut Englisch spricht, aber emotional war es fast schockierend. Er hatte das alles ohne Lehrer gelernt!

Das Beste war, dass uns die Mitarbeiterin ermutigte, zu dokumentieren, was Malvin in den zwei Jahren gemacht hatte, in denen wir ihn hatten "Ferien" machen lassen. Sie meinte, da wäre doch sicherlich das ein oder andere, das vom Zeitumfang her einem Credit entspräche – bei all den Begabungen und Begeisterungen, die er ihr geschildert habe! Wir sollten es doch einfach mal überschlagen...

Das taten wir. Er hatte so gut wie jeden Tag Geige geübt. Wir hatten Duette gespielt. Er hatte elektronische Musik verfasst und sich mit Harmonielehre beschäftigt. Beim Abspülen hatte er mich abends oft nach den Akkordfolgen in der klassischen Musik und im Jazz ausgefragt und tags darauf am Computer und Keyboard das, was er zwischen

Spülbecken und Kühlschrank in Erfahrung gebracht hatte, in eigene Kompositionen umgesetzt. Er hatte einen Quadrocopter gebaut und diesen fliegen lassen. Mit der darin integrierten Kamera hatte er Filme aufgenommen und mit Musik unterlegt. Er hatte geschnitzt, gezeichnet, gemalt und genäht und in einem italienischen Theaterprojekt mitgespielt. Und nebenbei hatte er durch seinen nicht gerade geringen Filmkonsum so gut Englisch sprechen gelernt! Außerdem hatte er die ersten 200 Seiten seines Fantasy-Romans geschrieben.

Und er hatte begonnen zu schmieden. Irgendwann klopfte er eine Schraube platt, die er gefunden hatte. Und hätten da nicht ein alter Amboss und eine kleine alte Esse herumgestanden – es wäre vielleicht bei der platt geklopften Schraube geblieben. So aber machte es ihm Spaß zu probieren, was geschehen würde, wenn man so ein Metallstück erhitzt und noch mal klopft.

Inzwischen hat sich Malvin autodidaktisch ein umfangreiches Wissen über das Schmieden von Messern angeeignet und schmiedet mit Leidenschaft. Dazu hat er sich YouTube-Videos von Schmieden angesehen, die – zum Teil in weit entfernten Gegenden wie Grönland, Mexiko oder Alaska – ihre Kunst ausüben. Zusätzlich hat er sich Bücher angeschafft, die eine Einführung in das Schmieden von Damast geben und zeigen, wie man Klappmesser baut und Messergriffe schnitzt. Nachdem wir nach Italien umgezogen waren, baute er sich selbst eine Kohle-Esse.

Zum 16. Geburtstag wünschte sich Malvin schließlich eine Gas-Esse. Inzwischen ringt er darum, guten Damast zu schmieden. Er hat schon für viele Leute Messer exakt nach deren Wünschen angefertigt (mit wunderbaren Griffen aus Eichen- oder Olivenholz) und baut sich nun, gerade 18 Jahre alt, seinen eigenen Messershop im Internet auf. Ein kleiner Laden in Assisi hat zugesagt, Messer von ihm zu verkaufen. Wir haben auf unserem Bergbauernhof auch Pferde und Malvin schmiedet sich inzwischen sein Werkzeug für das Schneiden der Pferdehufe selbst. Das Schmieden ist zu seiner größten Leidenschaft geworden.

Gemeinsam mit unserem Hufpfleger Leonardo, mit dem er sich angefreundet hat, lernt Malvin das Schmieden von Damast. Dabei ist keiner Lehrer und keiner Schüler. Es sind einfach zwei Menschen, die sich austauschen und mal schmiedet jeder für sich und mal schmieden beide etwas zusammen.

Das ist eine Erfahrung, die viele Homeschooling-Kinder machen: Es kommt bei Freunden gar nicht so sehr auf das Alter an. Wichtig ist die Seele und das gemeinsame Schwingen, die Begeisterung für ein Thema und die Herzensverbindung. Das bedeutet nicht, dass Malvin nicht auch gleichaltrige Freunde hätte. Durch das Jugendorchester von Assisi und durch die Pfadfindergruppe, in der er ist, hat er Jugendliche seines Alters kennen gelernt und auch dort sind wertvolle Freundschaften entstanden. Aber der soziale Radius ist eben nicht wie bei Schulkindern auf dieses eine Altersfenster der Klassengemeinschaft begrenzt, einfach, weil man viel mehr Zeit hat, mit Menschen verschiedener Altersgruppen Zeit zu verbringen.

Im Sommer 2020 hatte sich Malvin also wie viele Freilerner und Homeschooler für die Clonlara-Schule entschieden, um selbstbestimmt einen allgemein anerkannten Abschluss zu erlangen. In der von der Beraterin angeregten Rückschau auf die zwei "Deschooling"-Jahre lernten wir zu sehen, wie umfangreich und vielfältig sich Malvin in dieser Zeit, ganz allein seinen eigenen Impulsen und Rhythmen folgend, gebildet hatte. Wir bekamen die Credits angerechnet. Und Malvin konnte im für Freilerner konzipierten "Offcampus-Programm" in die 11. Klasse einsteigen, mit der Aussicht, zum Ende der 12. oder 13. Klasse, also im Sommer 22 oder 23, das Highschool-Diplom in der Tasche zu haben.

Wie ist es ihm nun in diesem ersten von Clonlara begleiteten Homeschooling-Jahr 20/21 ergangen? Malvin organisierte sich seine Zeit völlig eigenständig und probierte in diesem Jahr verschiedene Formen aus, sich selbst einen Stundenplan zu gestalten. Dabei experimentierte er damit, wie viel Freiheit er für Spontaneität brauchte und wie viel Form und Regelmäßigkeit er brauchte, um bei einem Thema oder einer Tätigkeit zu bleiben. Zum Beispiel merkte er, dass er an seinem Roman besser arbeiten konnte, wenn er mehrere Stunden am Stück zur Verfügung hatte – lieber nur an zwei oder drei Tagen pro Woche schreiben, aber dann mehrere Stunden in einem fort!

In anderen Fächern hingegen setzte er sich einen ganz traditionellen Stundenplan: beispielsweise jeden Morgen von 10 bis 11 Uhr Mathematik. Den entsprechenden Mathekurs hatte er sich mit Beratung seiner Clonlara-Mentorin im Internet ausgesucht. Die Khan-Academy bietet hier verschiedene kostenlose Möglichkeiten an. Bei der Clonlara-Schule ist es im Offcampus Programm so, dass man zwar durch die Schule die Beratung bekommt, welche Fachgebiete man für den Abschluss braucht, zum Beispiel wie viele Credits im Bereich der Naturwissenschaften eingebracht werden müssen. Aber dann hat man die Freiheit, was auch immer aus dem Bereich der Naturwissenschaften zu wählen. Als Malvins Mentorin von seiner Begeisterung für Pferde hörte und erfuhr, dass er ein eigenes Pferd hat, empfahl sie ihm, als naturwissenschaftliches Fach "Equine Biology" zu wählen, die Biologie der Pferde. Diesen Kurs hat der amerikanische Anbieter Coursera als Online-Version im Angebot. Das war genau in Malvins Sinn. Er baute den Kurs in seinen Stundenplan ein, investierte die nötigen 180 Stunden und erlangte dabei eine Menge nützliches Wissen über die Gesundheit der Pferde, welches er bei uns im Stall sofort überprüfen und praktisch anwenden konnte.

Das Konzept für die Beschäftigung mit einem Fach darf sich im Rahmen der Clonlara-Schule auch im Laufe eines Semesters ändern. Als Malvin der Online-Kurs für englische Grammatik keinen Spaß mehr machte, entwickelte er eigene Ideen, wie er sein Englisch verbessern könnte. So schrieb er Texte über unsere Pferde auf Englisch, kondensierte diese zu Versen und machte aus diesen Versen Popmusikstücke. Auf diese Weise vertiefte er gleichzeitig auch seine Musikkenntnisse. Diesen Entwicklungsweg dokumentierte er. Genau dabei hilft einem das Clonlara-Team: sich der eigenen Tätigkeiten, des eigenen Wissens und der eigenen Entwicklung bewusst zu werden. Es geht ihnen also nicht darum, den Wissenserwerb zu steuern oder exakt zu bestimmen, welches Wissen erworben wird, sondern vielmehr darum, die Lernenden darin zu unterstützen, die Bewusstheit über ihren eigenen Lernweg zu erweitern. Somit können sich die Lernenden ihrer eigenen Fähigkeiten und Lernstrategien immer bewusster werden und diese auf ihrer künftigen Lebensreise zielgerichtet und entspannt einsetzen.

Für die Beschäftigung mit der eigenen Muttersprache sind pro Highschool-Jahr ebenfalls 180 Stunden gefordert. Diese kann Malvin durch das Schreiben an seinem Roman einbringen. Als Anregung von außen dient ihm dabei lediglich der sporadische, aber intensive Austausch mit einem Freund, der auch gerade an einem Fantasy-Roman schreibt.

Das Credit im Fach Musik erhält er durch sein Geige-Üben, dem sporadisch stattfindenden Geigenunterricht bei seiner Mannheimer Lehrerin sowie dem Orchesterspiel. Auch in diesem Bereich führt also genau das, was er selber lernen und tun möchte, nun dazu, dass er seinen Highschool-Abschluss bekommen wird. Und das ist ihm wirklich wichtig, zumal er in der Nachbarschaft erlebt hatte, dass ein sehr intelligenter junger Mann zu einer Ausbildung nicht angenommen worden war, weil er keinen Schulabschluss vorweisen konnte.Dieses Beispiel motiviert Malvin ungemein, dran zu bleiben, was seinen eigenen Highschool-Abschluss betrifft. Und dieses Dranbleiben ist ja nun auch nichts, was seinen eigenen Interessen zuwider laufen würde. Er kann sich für jedes seiner Fächer selbst entscheiden, er kann während eines Schuljahres Fächer wechseln und verändern, wenn er das möchte (so wie ich das in Bezug auf Englisch beschrieben habe), und er kann frei wählen, auf welche Weise er lernen möchte. Möchte er an einem Online-Kurs teilnehmen? Möchte er mit einem Buch lernen? Möchte er lokal einen Kurs besuchen, zum Beispiel an einer Volkshochschule? Möchte er mit einem Privatlehrer lernen? Oder möchte er lernen, indem er sich die Lerninhalte selbst zusammensucht, wie er es mit dem Schmieden gemacht hat?

Einen anderen seiner Credits hat Malvin ganz klassisch mit einem als Kurs aufgebauten Buch gemacht: Ein Zeichenbuch von seinem Urgroßvater, das wir bei dessen Wohnungsauflösung gefunden hatten, arbeitete er akribisch durch und brachte sich damit in diesem Jahr das Zeichnen bei.

Neben der Arbeit an seinem Highschool-Diplom hat Malvin im Lauf dieses Jahres verschiedenen Menschen eine Einführung ins

Schmieden gegeben: einigen seiner Homeschooling-Freunde aus der Nachbarschaft beispielsweise, interessierten Praktikanten und anderen Gästen auf unserem Hof. In Zukunft möchte er gern professionell für Jugendliche und junge Erwachsene Kurse anbieten: Schmiede dir dein eigenes Messer! Und da hilft es ihm schon jetzt, Erfahrungen zu sammeln, wie er seine Kunst vermitteln kann.

Wir lernen alle voneinander, unabhängig von unserem Alter. So frage ich Malvin beispielsweise, wenn ich Filme für meine Online-Seminare schneiden möchte, ob er mir zeigt, wie es geht, und mir hilft, es umzusetzen. Ebenso mache ich es mit der Fotobearbeitung und Ähnlichem. Als mein Mann Damiano sich bereit erklärte, mit Tano und Malvin Minecraft zu spielen, musste er es natürlich erst lernen, und so fragte er unseren 7-jährigen Sohn Tano, ob er ihm das zeigen würde. Der hatte es von seinem älteren Bruder gelernt. Ich bringe Tano das Klavierspielen bei und habe Malvin über viele Jahre lang das Geigespielen beigebracht. Mein Mann ist außergewöhnlich schnell darin, sich neues

Wissen anzueignen. Er vertieft sich akribisch und in Windeseile in jedes Wissensgebiet, das ihn begeistert oder das gerade im Leben nötig ist. Für unser Leben in Umbrien musste er sich viele neue Kenntnisse und Fähigkeiten in der Landwirtschaft aneignen. Parallel dazu bringt er sich beruflich für seine Seminare immer wieder auf den neuesten Forschungsstand. Aber auch in einfach schönen Dingen wie Bogenschießen, Brot im Lehmofen backen, Filme schneiden, einen Grill bauen und Ähnlichem ist er unseren Söhnen ein Vorbild in lebenslangem Lernen. Wenn sie wollen, können sie sich daran beteiligen und auf diese Weise sehen, dass Lernen einfach zum Leben dazu gehört, genau wie Atmen, Essen, Schlafen und das Zusammensein.

So schaffen mein Mann und ich in unserer Familie einen Raum, in dem lebenslanges Lernen selbstverständlich ist. Für uns ist Lernen etwas Natürliches, weil wir uns im Leben weiter entwickeln und uns verändern. Und immer dann, wenn wir uns verändern, bedarf es neuen Lernens.

Solveig Thorwart

Malvin hat im Sommer 2023 sein Highschool-Diplom erhalten. Er hat dieses mit zusätzlicher naturwissenschaftlicher Spezialisierung gemacht, sodass er sich, wenn er möchte, auch für ein technologisches, naturwissenschaftliches oder medizinisches Studium in Italien bewerben kann, was nur mit dem einfachen Highschool-Diplom nicht möglich wäre.

Zunächst möchte er nun ein Jahr lang als Schmied sowohl selbst hochwertige Messer herstellen und diese auf Märkten verkaufen als auch Schmiede-Kurse geben. Dieses Gewerbe möchte er sich mit allen wirtschaftlichen Aspekten aufbauen.

In Italien wird anders als in Deutschland kein Meistertitel gefordert, um beispielsweise als Schmied zu gelten und die Tätigkeiten eines Schmieds auch offiziell ausführen zu können. Allein die Fähigkeiten und die Expertise zählen – und diese stellt Malvin mit seinen Kursen und an Verkaufsständen unter Beweis.

Wenn nicht mehr Zahlen und Figuren
Sind Schlüssel aller Kreaturen
Wenn die, so singen oder küssen,
mehr als die Tiefgelehrten wissen,
Wenn sich die Welt ins freie Leben
Und in die Welt wird zurückbegeben,
Wenn dann sich wieder Licht und Schatten
Zu echter Klarheit werden gatten,
Und man in Märchen und Gedichten
Erkennt die wahren Weltgeschichten,
Dann fliegt vor Einem geheimen Wort
Das ganze verkehrte Wesen fort.

Novalis

Teil III

Resümee – ein Fazit aus dem vielfältigen Erfahrungsschatz

Unterschiedliche Wege für drei Kernpunkte häuslicher Bildung

Wir Menschen sind so unterschiedlich – Erwachsene wie Kinder. Unsere Charaktere, unsere Geschichten und unsere familiären Situationen sind so vielfältig.

Gleichzeitig haben die Kinder und Jugendlichen, die wir im zweiten Teil dieses Buches kennenlernen konnten, eines gemeinsam: Sie lernen zuhause und es geht ihnen gut dabei.

Fast alle der hier in den Blick genommenen Familien sind durch die Corona-Krise in einer außergewöhnlichen Situation ins häusliche Lernen gestartet: Zum einen geschah es plötzlich und ohne dass sich Eltern länger damit auseinandersetzen und darauf hätten vorbereiten können. Es gab auch kein Konzept dazu wie in Österreich oder in anderen Ländern, in denen Heimunterricht erlaubt ist. Außerdem wäre vieles unter normalen äußeren Umständen leichter gewesen. Zeitweise waren Stadtbibliotheken geschlossen oder nur mit vorheriger Testung zugänglich. Dadurch war auch das Ausleihen von Büchern zu verschiedenen Themen und Fachgebieten, die eine Familie im häuslichen Lernen bearbeiten möchte, gerade in dieser Zeit nicht möglich. Vereinstätigkeiten und Treffen im größeren Kreis waren während der Corona-Krise verboten oder zumindest stark eingeschränkt, sodass zahlreiche Kontaktmöglichkeiten außerhalb der Schule wegfielen. Feste, Veranstaltungen und Ausstellungen wurden abgesagt und Museen geschlossen. Dies engte die möglichen Aktivitäten der zuhause lernenden Kinder und Jugendlichen stark ein: So war es beispielsweise nicht erlaubt, ein Schwimmbad zu betreten, um dort schwimmen zu lernen, ein Museum oder eine Ausstellung zu einem gerade zuhause behandelten Thema zu besuchen oder Hobbys wie Reiten oder eine Hallensportart zu pflegen.

Durch das Verbot häuslicher Bildung in Deutschland waren und sind viele Eltern mit rechtlichen Fragen und mit starken Ängsten konfrontiert. Wie eingangs dargelegt, steht der Vorwurf der Kindeswohlgefährdung im Raum und neben Bußgeldern droht Eltern der Entzug von Teilbereichen des Sorgerechts und im schlimmsten Fall der Kindesentzug. Dies ist nicht nur eine psychische Belastung. Es erschwert den Familien Planbarkeit in allen Bereichen, wie die Gründung von stabilen Lerngruppen, Zuhilfenahme von unterstützendem Personal und Organisation der eigenen Berufstätigkeit. Die Ängste, die Planungsunsicherheit, immer wieder wechselnde Vorgaben von den Schulen und eventuelle Bußgelder sowie Gerichtsverfahren wegen Schulpflichtverletzung rauben zahlreichen Eltern Zeit und Kraft – Zeit und Kraft, die sie eigentlich für ihre Kinder einsetzen wollen.

Trotzdem haben die hier vorgestellten Eltern den Versuch gestartet und ihr Kind – und meistens sogar mehrere Kinder – zuhause lernen lassen. Mit diesem Buch soll ihre Leistung und ebenso die Leistung all derer, die denselben Schritt gewagt haben und die in diesem Buch nicht zur Sprache kamen, gewürdigt werden.

Sie haben uns gezeigt: Leben und Lernen ohne Schulbesuch kann gelingen! Es kann für Eltern und Kind bzw. Kinder befriedigend und ein Gewinn sein. Und es kann auch unter schulischen Aspekten gelingen: Die hier in den Blick genommenen Kinder können leistungsmäßig mit gleichaltrigen Schulkindern mithalten. Wenn sie den Schulbesuch – aus welchen Gründen auch immer – wieder aufnehmen, können sie zumeist in die ihrem Alter entsprechende Klasse eingegliedert werden, ohne dass sie Schwierigkeiten mit dem Lernstoff haben. Teilweise sind sie sogar weiter als diese. Immer wieder erfahre ich von Eltern, welche die Bildung ihrer Kinder selbst übernehmen, dass ihre Kinder bei Tests und bei Abschlussprüfungen gut und nicht selten auch sehr gut abschneiden.

Wie ist das möglich? Darauf will ich im letzten Teil dieses Buches eingehen und dabei auch die beruflichen Perspektiven zuhause lernender Kinder und Jugendlichen in den Blick nehmen.

Zunächst will ich dazu das Augenmerk auf einige Punkte lenken, welche die häusliche Bildung der Familien, welche hier die Geschichte eines ihrer Kinder erzählt haben, besonders charakterisieren. In jedem Bericht werden bestimmte Charakteristika besonders deutlich. Wenn ich das Beispiel einer Familie herausgreife, bedeutet das jedoch nicht, dass es in einer anderen Familie nicht auch genauso oder zumindest ähnlich war. Vielleicht hat es eine Autorin in ihrer Erzählung besonders ausführlich und anschaulich dargestellt. Manchmal greife ich aber auch eine bestimmte Familie heraus, damit alle Familien möglichst ausgewogen zur Sprache kommen und in ihrer Herangehensweise gewürdigt werden.

Strukturiertes Lernen

Oftmals ist heutzutage das eigene Zuhause und somit die Familie zu einer Art Treffpunkt geworden, von dem jedes Familienmitglied aus zu seinen Pflichten startet: Die Eltern gehen zur Arbeit und die Kinder in den Kindergarten oder in Schule und Hort – häufig bis 16 oder 17 Uhr – und manchmal anschließend noch zu weiteren Aktivitäten. Abends treffen sich die Familienmitglieder wieder. In zahlreichen Familien gibt es ein gemeinsames Abendessen, bei dem jeder von seinen Erlebnissen des Tages erzählen kann. Doch mit Schichtdiensten und langen Ladenöffnungszeiten ist das nicht überall möglich, zumal wenn die Mutter auch noch berufstätig ist. Die Abende verbringt man oft vor dem Fernseher oder dem PC. Eltern von Kindern, die ihre Hausaufgaben im Hort erledigen, bekommen von deren schulischen Belangen nicht viel mit. Viele von ihnen interessieren sich auch nicht besonders dafür, sondern hoffen, "dass alles gut läuft". Erst wenn es Schwierigkeiten gibt, wird für sie die Schule und das Lernen zum Thema.

Wenn Kinder keine Schule besuchen, dann wird das eigene Zuhause und die Familie hingegen zu ihrem Lebens- und Lernraum. Die Kinder und mindestens ein Elternteil sind die meiste Zeit des Tages zusammen. Und es findet in der Familie auch das statt, was ansonsten die Schule hauptsächlich übernimmt: die Bildung der eigenen Kinder.

Dies ist für viele Eltern nicht einfach, gerade wenn sie sich noch nie damit befasst haben. Die meisten der hier erzählenden Mütter haben das Schulsystem und damit auch den in Schulen vermittelten Lernstoff und die Art der Vermittlung mit Hilfe von Arbeitsblättern und -heften nie infrage gestellt. So übernehmen sie häufig zunächst diese Art des Lernens, sei es, weil die Schule die Rückgabe der bearbeiteten Materialien einfordert, sei es, um es Verwandten und Freunden zu "beweisen", wie es die Mutter von Mats so schön ausdrückt. Doch Kinder zeigen uns schnell, was ihnen gefällt und was nicht und wie sie es haben möchten. Lustlosigkeit und Widerstand sind ein Anstoß, etwas zu ändern. Ein Gespür dafür zu entwickeln, was dem speziellen Kind guttut, und einen gemeinsamen Weg zu finden, mit dem alle Familienmitglieder zufrieden sind, ist die Herausforderung, vor der diese Eltern standen und vor der alle Eltern stehen, wenn ihr Kind keine Schule besucht.

Was passt zu uns? Möchten wir uns in einer Art klassischem Homeschooling jeden Tag zusammensetzen und an einem Thema arbeiten? Wenn ja, wie soll das aussehen? Oder möchte sich unser Kind bzw. der Jugendliche selbst mit den Themen beschäftigen, die es bzw. ihn gerade interessieren, was man gemeinhin als Freilernen bezeichnet? Oder finden wir eine Mischform? Und wie können wir eine sinnvolle und nicht ausufernde Mediennutzung erwirken?

Die meisten der Familien aus diesem Buch richten eine gewisse Zeit strukturierten Lernens pro Tag ein – manche zumindest zu Beginn, andere (wie Romina und Malvin, als sie auf ihren Schulabschluss zusteuern, und Moritz, der Online-Unterricht nimmt) zu einem späteren Zeitpunkt. Diese werde ich im Folgenden der Einfachheit halber "Lernzeit" nennen. Dabei entstehen die Fragen: Wie organisiere ich diese Lernzeit? Welcher Rhythmus passt zu uns und zu unserer Familie? Sind Geschwister auch zuhause, gilt es zu überlegen, wer sich um diese kümmert, während die Mutter oder der Vater mit einem Kind etwas be- und erarbeitet. Bei Henry, Jonas und Marie spielen die jüngeren Geschwister oft jeweils miteinander, während ihre Mutter mit dem ältesten Kind lernt. Der Vorteil beim häuslichen gegenüber einem schulischen Lernen ist, dass man im Einzelunterricht mit kurzen Einheiten auskommt. Da man ganz auf den Lernstand des Kindes eingehen kann, sind 20 bis 30 Minuten Erklärzeit häufig ausreichend, und so lange können sich viele jüngere Geschwister auch einmal alleine beschäftigen. Henrys Mutter erzählt, dass der einjährige Bruder oftmals still auf ihrem Schoß sitzt, während sie dem Großen etwas erklärt. Bei Jonas sitzen zumeist alle Geschwister gemeinsam am Tisch und jedes Kind arbeitet und beschäftigt sich entsprechend seines Entwicklungsstandes. Die zweijährige Schwester steckt oder sortiert Perlen oder Ähnliches und genießt es, bei den Großen dabei sein zu dürfen. Nach der Erklärzeit kann das älteste Kind dann alleine weiterüben und die Mutter wendet sich dem jüngeren Kind zu. Wenn jedes Kind eine "Exklusivzeit" mit der Mama bekommt, ist es eher bereit, auch die exklusiven Zeiten – wie die Lernzeit – für das Geschwisterkind zu akzeptieren.

Manche Familien legen die Lernzeit oder zumindest einen Teil davon auch auf den Abend, wie es sich beispielsweise Marie gewünscht hat. Dann sind die jüngeren Geschwister schon im Bett und Marie kann sich in Ruhe mit ihrer Mutter mit einem Thema beschäftigen. Während des anschließenden Schlafes kann sich das so Erfahrene festigen und mit den Kräften, die in der Nacht wirken – und welche in der Waldorfpädagogik in den Lernprozess miteinbezogen werden –, weiterentwickeln, sodass am nächsten Morgen oft ein tieferes Verständnis und neue Erkenntnisse bestehen.

Henrys Eltern planen auch das Wochenende mit ein, als der zweite Sohn an der häuslichen Lernzeit teilnimmt und der Jüngste keinen Spielpartner mehr hat. Sie legen ihre "Lerntage" auf Mittwoch bis Sonntag, damit sich am Wochenende der Vater mit dem Jüngsten beschäftigen und die Mutter eine Zeitlang ganz für die beiden Großen da sein kann. Der Kreativität, wie eine Familie ihr häusliches Lernen jeweils zeitlich organisiert, sind keine Grenzen gesetzt.

Wenn beide Eltern berufstätig sind, stellt sich die Frage, wie dies mit der häuslichen Bildung vereinbart werden kann, ohne dass die Kinder zu sehr sich selbst überlassen sind. Natürlich spielt deren Alter dabei eine wichtige Rolle. Bei jüngeren Kindern gibt es günstige, weniger günstige und ungünstige Umstände, und viele Mütter sind nur eingeschränkt oder überhaupt nicht berufstätig, wenn ihre Kinder keine Schule besuchen. Eine geringfügige selbstständige Tätigkeit bietet häufig Flexibilität. Auch die Tatsache, dass während der Corona-Krise vieles online bzw. im Homeoffice möglich war, begünstigte eine Vereinbarkeit von häuslichem Lernen und Berufstätigkeit. Zumindest ein Elternteil sollte seine Arbeit zeitlich flexibel gestalten und dem neuen Familienrhythmus entsprechend anpassen können. Die Bildung der eigenen Kinder selbst in die Hand zu nehmen ist eine Entscheidung, hinter der beide Eltern stehen sollten. Mit der Entscheidung wächst das Verantwortungsgefühl und der Einfallsreichtum aller Beteiligten. Vielleicht kann der Vater eine allabendliche Mathe-Einheit gestalten?
Alleinerziehende stehen, was die zeitliche Organisation betrifft, meistens vor zusätzlichen Herausforderungen. Oft übernehmen hier die Geschwister untereinander mehr Verantwortung. Gut ist es auch, wenn diese Familien von anderen Familienmitgliedern, Nachbarn oder Freunden, Unterstützung erhalten.

Die Frage, wie sie ihr häusliches Lernen im Alltag organisieren und wie sie es konkret gestalten, haben die Familien, die wir in diesem Buch kennenlernen durften, auf unterschiedliche Weise kreativ gelöst:

Jonas' Mutter hält sich zu Beginn stark an den Stundenplan der Schule. Doch schon nach wenigen Wochen – und vor allem nach einem

Gespräch mit Jonas' Lehrerin – fühlt sie sich sicher, dass sie mit ihren Tätigkeiten und dem Alltagsleben auch schulischen Maßgaben genügt. Seitdem verteilt sie schulische Lerninhalte ganz natürlich über den Tag und bezieht dabei oft die jüngeren Geschwister mit ein: Sie singen und spielen Flöte, basteln, handarbeiten und richten sich nach den Jahreszeiten und ihren Festen. Außerdem schreibt Jonas hin und wieder zu einem aktuellen Anlass einen kleinen Text und seine Mutter findet im Alltag regelmäßig Gelegenheiten für Rechenaufgaben.

Mats erhält, um die Arbeitspläne von seiner Lehrerin zu bearbeiten, einen Platz am großen Schreibtisch seiner Mutter, die sich im Homeoffice befindet und ihm zwischendurch immer wieder etwas erklären kann. In einer Phase der Lustlosigkeit führt seine Mutter unregelmäßige sogenannte "Kind-Entscheider-Tage" ein, an denen sich Mats in einer Art Freilernen ganz nach Belieben beschäftigen kann. Außerdem verlegen die beiden ihren Arbeitsplatz im Frühjahr an ihren Teich, wo sie nebenbei den Jungtieren beim Schlüpfen zuschauen können.

Marie arbeitet mit ihrer Mutter am Abend an vorgegebenen Materialien in Deutsch und Mathematik.

Pauls Mutter übt mit Paul Kopfrechnen, während sie zusammen morgens mit dem Hund spazieren gehen. Des Weiteren gestaltet sie regelmäßig einen Parcours mit den unterschiedlichsten Aufgaben. Lerninhalte aus dem Deutschbereich lässt sie ins Tagebuch-Schreiben einfließen. Außerdem führt sie mit Paul immer wieder Projekte zu verschiedenen Themen durch.

Henrys Mutter entwickelt mit ihren beiden Söhnen ein tägliches Vormittagsritual und arbeitet mit Hilfe der ihr zur Verfügung gestellten Schulbücher, um die Kinder auf die österreichische Externistenprüfung vorzubereiten. Die gemeinsame Lernzeit schließt sie damit ab, dass alle zusammen ein Lied singen und die Mutter ihren Kindern eine Geschichte vorliest.

Elfriedas Eltern orientieren sich an der Waldorfpädagogik und bearbeiten Projekte der entsprechenden Altersstufen ihrer Kinder in Epochen. Weitere Elemente aus der Waldorfpädagogik spielen bei ihnen eine wichtige Rolle: beispielsweise das Flötenspiel und Rhythmus in jeglicher Hinsicht, wie Tages-, Wochen- und Jahresrhythmus und Orientierung an jahreszeitlichen Festen.

Claires Mutter ist mit der Montessoripädagogik verbunden und bespricht mit Claire jeden Abend, was diese am darauffolgenden Tag bearbeiten möchte. Während Claires Vater im Homeoffice arbeitet, sitzt Claire bei ihm. Als die schwerkranke Oma in ihr Haus einzieht, bearbeitet Claire ihre Aufgaben drei Monate lang jeden Vormittag neben der Oma. Als die Oma schließlich stirbt, ist Claire auf natürliche Weise in den Sterbeprozess miteinbezogen.

Raphael geht mit seiner Familie auf Reisen. Dabei erlebt er viel und findet selbst Beschäftigungen. Die Eltern lassen immer wieder Lerninhalte auch aus den Kernfächern Mathematik und Deutsch einfließen, wenn Raphael das für eine Tätigkeit benötigt und etwas wissen will.

Der 11-jährige Moritz, der durch die Schule schon richtiggehend depressiv geworden ist, genießt es, zuhause seinen Interessen nachgehen zu können und blüht auf. Für Deutsch und Mathematik erhält er Online-Unterricht bei einer Lerntherapeutin, die er sehr gern mag. Alles andere kann er jederzeit seine Mutter fragen bzw. erarbeitet er sich selbst.

Die beiden Jugendlichen Romina und Malvin arbeiten selbstständig an den Themen, die sie gerade interessieren. Als sie einen Schulabschluss anvisieren und sich dazu vorgegebene Inhalte aneignen müssen, gehen sie ohne Schwierigkeiten in ein systematisches Lernen über. Hervorheben möchte ich dabei, dass Rominas Mutter mit ihren Töchtern Projekte gestaltete, als sie sah, dass es Romina nicht gut ging. Während viele junge Menschen beim Übergang ins häusliche Lernen erst eine Zeitlang in einer Art "Deschooling" (also einem Ent-schulen) Abstand von schulischen Inhalten und systematischem Lernen benötigen, kann bei psychischen Problemen die Nähe der Eltern und das gemeinsame Beugen über ein Thema heilsam sein. Diese Erfahrung hatten wir auch in unserer Familie gemacht.

So erhält der junge Mensch die Möglichkeit, sich auch systematisch Wissen sowie Fähigkeiten und Fertigkeiten anzueignen. Kindern genügen dafür oftmals die Eltern, Jugendliche wollen vielleicht lieber Online-Stunden oder einen außerhäuslichen Kurs in Anspruch nehmen. Für die Persönlichkeitsentwicklung ist es wichtig, mit zunehmendem Alter auch andere Erwachsene kennenzulernen.

Bildung im Familienalltag

Bildung wird in unserer Gesellschaft zumeist als Aufgabe der Schule gesehen. Bildungsministerien legen fest, was Kinder und Jugendliche lernen sollen. Dazu sitzen diese in Schulklassen und folgen einem aufbereiteten Unterricht. Doch Bildung findet nur zu einem Teil durch strukturiertes Lernen statt. Sehr vieles lernen wir im und durch das Leben und auf eine Art und Weise, die junge Menschen nicht als "Lernen" bezeichnen würden.

Im Haus und im Garten, wenn man einen solchen hat, gibt es zahlreiche alltägliche Pflichten, in die Kinder miteinbezogen werden können. Fast alle Kinder und Jugendlichen aus unseren Erzählungen helfen beim Kochen, Backen und im Haushalt mit. Dinge müssen instand gehalten und repariert, der Garten gepflegt und eventuell Tiere versorgt werden. Dabei kann jedes Kind altersgemäße Aufgaben übernehmen und erwirbt dabei neue Kenntnisse und Fertigkeiten.

Wenn Kinder zuhause sind, sehen sie ihre Eltern in deren Alltag und erleben, wie diese ihren Tätigkeiten und teilweise auch ihrem Beruf nachgehen. Manchmal dürfen sie auch bei deren beruflicher Tätigkeit mithelfen wie Elfrieda, die ihren Vater hin und wieder bei der Baumpflege begleiten darf. Dadurch erhalten sie nicht nur Einblick in die Arbeit ihrer Eltern, sondern auch in das Berufleben allgemein. Kenntnisse und Fertigkeiten des Berufs ihrer Eltern erwerben sie gleich mit.

Neben den alltäglichen Tätigkeiten hat jede Mutter und jeder Vater unterschiedliche Vorlieben, Talente und Hobbys und diese erlernen ihre Kinder ganz nebenbei mit. Dazu möchte ich zwei Beispiele herausgreifen:

Jonas' Mutter baut im Garten viel Obst und Gemüse an und verarbeitet dieses. Im Unterschied zu früher bezieht sie ihre drei Kinder jetzt dabei mit ein und erklärt ihnen vieles. Das gefällt ihnen und sie arbeiten gerne mit. Mamas Kräuterwissen saugt vor allem Jonas' Schwester begierig auf. Auch das gemeinsame Singen nimmt in ihrer Familie einen wichtigen Platz ein, sodass ihre Kinder zahlreiche Volkslieder mit allen Strophen kennen. Da sie und ihr Mann gern lesen, spielen auch für ihre Kinder Bücher eine große Rolle. Wenn die Eltern gern lesen – wie es der Großteil der Familien aus diesem Buch tun –, werden das ihre Kinder auch tun. Wenn Eltern selbst lernen, dann werden sich die Kinder das zum Vorbild nehmen und Lernen wird etwas ganz Natürliches in der Familie.

Elfriedas Vater begeistert sich für Musik. Es bereitet ihm große Freude, seiner Tochter das Flötenspiel beizubringen, mit seinen Kindern Erzählungen musikalisch zu gestalten und gemeinsam zu musizieren. Die Begeisterung überträgt sich auf seine Kinder, eines kommt zum anderen und es entstehen immer neue Ideen. Die Familienmitglieder inspirieren sich gegenseitig, entwickeln sich alle weiter und haben gemeinsam Spaß.

Die Grenzen zwischen Homeschooling und Freilernen sind dabei oft fließend. In seinem Buch "... und ich war nie in der Schule" erzählt André Stern, wie sein Vater ihm auf dem Markt die Tonleiter erklärte. Der Vater sitzt dazu nicht mit dem Sohn an einem Tisch, vielmehr geschehen bei ihnen Erklärungen zumeist nebenbei und in einem Moment, in dem sich der junge André dafür interessiert. Immer wieder besuchen Familienmitglieder mit André Ausstellungen, die in ihrer Heimatstadt Paris in großer Zahl stattfinden. Auch nimmt er mit seiner Mutter regelmäßig als Gasthörer an Vorlesungen am Collège de France teil, zum Beispiel über Ägyptologie. Seine Mutter hat ihre Tätigkeit als Vorschullehrerin bei Andrés Geburt aufgegeben, um sich einer Funktion zu widmen, die in ihren Augen im Vergleich zu ihrem geliebten Beruf „noch heiliger ist: die der Elternschaft". [58] Bücher spielen eine wichtige Rolle im Hause Stern. Oft lesen die Eltern laut daraus vor. Andrés Vater Arno Stern ist Pädagoge und Schriftsteller und unterhält zahlreiche Kontakte zu Gebildeten unterschiedlicher Fachrichtungen, welche die Familie regelmäßig besuchen. Der junge André darf – wie der eingangs erwähnte Blaise Pascal – häufig dabei sein und zuhören. Wie die Bildung der Eltern nebenbei in den Alltag einfließt, verdeutlicht beispielsweise die Tatsache, dass er weiß, „dass ein Klassisches Werk im Allgemeinen aus mehreren Sätzen besteht: Niemand erklärte mir, was ein Satz ist, dieses Wissen gehört schlicht zu der Fülle an – wie ich sie nenne – impliziten Kenntnissen, die man im Elternhaus mit einatmet". (ebd.)

Manchen Leser mag es atemlos machen, umgeben von welcher Bildung André aufgewachsen ist. Das steht nicht allen Eltern zur Verfügung! Gleichzeitig können Eltern sich dessen bewusst werden, was sie selbst ausmacht und sich ebenso selbst mit ihren Kindern weiterbilden. Das Familienwissen, das Kinder im Alltag "mit einatmen", umfasst in jeder Familie andere Bereiche: Wissen um die Natur und ihre Rhythmen und Heilkräfte, Technisches, geschichtliche Zusammenhänge und anderes. Viele Eltern berichten, dass sie ihren Kindern im Alltag nun mehr zeigen und erklären: wie die Waschmaschine funktioniert, welche Pflanzen wie angebaut und gepflegt werden, wie Lebensmittel zubereitet und haltbar gemacht werden, mit welchem Putzmittel etwas geputzt und gereinigt wird und vieles mehr. Ein Großteil davon sind die Inhalte einer einjährigen Hauswirtschaftslehre!

Pauls Mutter teilt mit ihrem Sohn auf den gemeinsamen Spaziergängen ihr reichhaltiges Wissen über Pflanzen. Außerdem führen beide immer wieder kleine Projekte zu Themen wie Wasser, Elektrizität und Naturkunde durch. Elfriedas Eltern informieren sich gemeinsam mit ihren Kindern über ihre Vorfahren. Mats beobachtet mit seiner Mutter die Tiere am Teich beim Schlüpfen. Rominas Familie erkundet die Geschichte ihres Heimatortes. Raphael lernt auf seinen Reisen andere Städte und Lebensweisen kennen und besucht Ausstellungen und Museen. Viele dieser Themen und Tätigkeiten werden in der Schule in den Sachfächern behandelt. Diese finden also auch in einer offenen und aufgeschlossenen Familie ihren Platz – sei es als Projekt gestaltet oder nebenbei in den Alltag eingeflochten.

Wir lernen in unserer Kindheit und Jugend nicht nur lesen, schreiben und rechnen, sondern auch Fahrradfahren, Schlittschuhlaufen und eventuell Skifahren, Schwimmen, den Umgang mit Holz und anderen Werkmaterialien, Handarbeiten wie Weben, Nähen und Stricken, ein Musikinstrument spielen und anderes. Manchmal zeigt es uns ein Erwachsener, dann arbeiten wir vielleicht selbst daran weiter und erwerben uns weitere Kenntnisse und Fertigkeiten. Mit jeder erworbenen Fähigkeit und Fertigkeit wachsen gleichzeitig Selbstbewusstsein, Selbstvertrauen und Selbstwertgefühl.

Kinder spüren, ob ihre Eltern sich für ihre Fragen interessieren und ihnen Antworten geben bzw. mit ihnen zusammen recherchieren. Störe ich Mama mit meinen Anliegen? Möchte sie, dass ich mich alleine beschäftige? Oder ist das Leben ein gemeinsames Erleben und Entdecken und wir sind grundsätzlich als Familie gern zusammen, auch wenn jeder die Privatsphäre und Rückzugsräume des anderen akzeptiert? Rominas Familie sitzt oft nach dem Mittagessen noch lange zusammen und sie sprechen über ganz unterschiedliche Themen. Marie und ihre Mutter lieben es, über etwas nachzusinnen und Dingen auf den Grund zu gehen. So erleben Kinder, dass sie ihren Eltern jederzeit jede Frage stellen können, die ihnen in den Sinn kommt. Kleine Kinder haben normalerweise so viele Fragen! Mit Kindergarten und Schule kommt ihnen häufig das Fragen abhanden, wenn Erwachsene nicht nah und offen genug dafür sind. Doch am Beginn eines jeden Lernprozesses steht eine Frage. Wenn Eltern Offenheit, Neugier und Interesse an dem, was uns umgibt, mit ihren Kindern teilen, helfen sie, dessen Freude am Lernen zu erhalten. Das ist die Grundlage für gelingende und nachhaltige Bildung.

Muße ermöglichen

Wenn Eltern wollen, dass es ihren Kindern gut geht, bedeutet das nicht, dass alle permanent glücklich und zufrieden sein müssen. Auch sollten die Kinder und Jugendlichen nicht ständig beschäftigt werden. Phasen der Langeweile und der Ruhe bergen große Schöpferkraft und lassen neue Fragen und Interessen aufkommen. In der heutigen Zeit stehen wir vor der Herausforderung, dass diese Phasen und Augenblicke entstehen dürfen und nicht gleich mit Medienkonsum ausgefüllt werden.

Das Thema Medien wird in den Erzählungen kaum erwähnt. Das hat mich verwundert und ich denke, manchem Leser wird es ähnlich gehen. Auf meine Nachfrage versicherten mir die Eltern, dass Medien in ihren Familien tatsächlich keine große Rolle spielen würden bzw. dass sie eine Art gefunden hätten, damit umzugehen. Die jüngeren der hier in den Blick genommenen Kinder (Elfrieda, Jonas, Marie, Mats und Henry) haben zumeist keine elektronischen Geräte und sie werden auch nicht durch sozialen Druck dazu animiert. Um einmal einen Film sehen oder etwas anderes machen zu dürfen, müssen sie ihre Eltern fragen, ob sie deren Gerät benutzen dürfen. Medien stehen nicht unbegrenzt zur Verfügung und das ist eine Hemmschwelle. Paul besitzt ein Smartphone und hat immer wieder Phasen, in welchen er mehr "daddelt"; dann setzt die Mutter Grenzen. Raphael hat gemeinsam mit seinen Eltern eine Vereinbarung über eine Mediennutzung von je einer Stunde an Samstagen und Sonntagen getroffen, die aber immer wieder in der Familie besprochen wird. Romina saß viel vor dem Bildschirm, als sie noch zur Schule ging. Das war für sie ein Ausgleich zum anstrengenden Schulvormittag. Nun, da sie keine Schule mehr besucht, geht sie vielen Interessen nach, bei welchen das Smartphone keine große Rolle spielt.

Dadurch, dass es diesen Familien gelingt, ihre Kinder vor ausuferndem Medienkonsum oder sogar Computersucht zu bewahren, kann in diesen etwas Kostbares entstehen: Muße.

In dieser Muße entstehen neue Impulse. Ist es nicht erstaunlich, dass mehrere der hier vorgestellten Kinder und Jugendlichen gern freie Texte schreiben? Sie haben Freude daran, ihre Erlebnisse, Gedanken, Gefühle und Phantasien aufzuschreiben, sei es in Tagebuch-Form, im Formulieren eines Gedichts oder im Verfassen kleiner Geschichten oder manchmal sogar eines ganzen Romans. Wie viele Kinder leiden unter den ungeliebten Aufsätzen in der Schule, die bestimmten Vorgaben entsprechen müssen! Wie viele Kinder und Jugendliche können heute überhaupt keine verständlichen Sätze und zusammenhängenden Texte mehr verfassen! Ja, wie viele Kinder können nicht einmal mehr mit der Hand und mit halbwegs korrekter Rechtschreibung einigermaßen leserlich schreiben! Hier haben wir mehrere Kinder und Jugendliche kennengelernt, die aus eigenem Antrieb Texte verfassen. Wer sich gern schriftlich mitteilt, der gibt sich Mühe, damit das, was er schreibt, auch ansprechend aussieht, sodass es auch von anderen gelesen und verstanden werden kann, sowohl formal als auch sprachlich und inhaltlich.

Aus der Muße heraus entwickeln sich Fragen, Interessen, Ideen und neue Projekte. Mit was beschäftige ich mich? Was interessiert mich? Was möchte ich kennenlernen? Was möchte ich wissen? Welche Fertigkeit möchte ich erwerben? Wer frei von einem durchgetakteten Familienalltag ist, kommt manchmal auf außergewöhnliche Ideen: Elfriedas Familie führt Mondbeobachtungen durch, probiert den Blaudruck aus und beschäftigt sich mit ihren Ahnen. Und Moritz beginnt sich für Helen Keller zu interessieren und ihre Biografie zu lesen.

Vorteile und Chancen häuslicher Bildung

Immer wieder wird Schule kritisiert. "Verdummt noch mal" nennt der amerikanische Lehrer John Taylor Gatto sein Buch mit 130 Seiten Schulkritik[59], und der deutsche Gymnasiallehrer und ehemalige Schulleiter Oliver Hauschke fordert in seinem gleichnamigen Buch gar: „Schafft die Schule ab“.[60]

Gegenüber der vielen Kritikpunkte an der Schule, die in den beiden genannten Büchern, aber auch in anderen Schriften und Vorträgen vorgebracht werden, hat häusliche Bildung zahlreiche Vorzüge zu bieten, von welchen ich im Folgenden einige herausgreife und erläutere.

Die eigenen Werte werden vermittelt

Wenn ein Kind zuhause lernt, liegt es in der Hand seiner Eltern, welche Werte sie ihm mitgeben.

Seit der Corona-Krise hat sich ein Werte-Kanon in den Schulen etabliert, mit dem viele Eltern nicht einverstanden sind. Dazu gehört trotz eines zur Schau gestellten Predigens von Toleranz die Tatsache, dass Menschen, die anders denken und andere Werte vertreten, ausgegrenzt und diffamiert werden.

Ist Eltern ein respektvoller Umgang mit Menschen unterschiedlicher Ansichten und ein friedvolles Zusammenleben wichtig? Dann leben sie das mit den Kontakten, die sie haben, ihren Kindern vor. Sie achten jeden Menschen, auch wenn dieser eine andere Meinung hat als sie.

Des Weiteren betrifft es die Themen Familie, Identität und Sexualität: Wer genau hinsieht, bemerkt in den schulischen Lerninhalten die Abkehr von einem Familienbild, das sich seit Jahrtausenden bewährt hat, die frühe Konfrontation mit Sexualität, das häufige Thematisieren von verschiedenen sexuellen Orientierungen und das Propagieren von Geschlechtsumwandlung. Zuhause können Eltern ihr Kind selbst durch die Pubertät begleiten, es altersgemäß aufklären und ihm ein positives Bild von sich selbst und vom eigenen Geschlecht vermitteln.

Wer sich selbst liebt und achtet, kann auch seine Mitmenschen und die Natur lieben und achten. Mit unserem Planeten können wir auf vielfältige Art und Weise sorgsam umgehen. Grundlage dafür ist es, Ehrfurcht vor der Schöpfung zu empfinden. Achtsam mit der Natur umzugehen, die Rhythmen der Natur bewusst wahrzunehmen und den Menschen als Teil von ihr zu betrachten, sind Aspekte, die im Unterricht oft eine untergeordnete Rolle spielen. Das häusliche Lernen bietet dazu vielfältige Möglichkeiten. Wir hörten in diesem Buch beispielsweise davon, dass Jonas, Claire und Romina ihr eigenes Gemüse anbauten, Mats im Frühjahr die Tiere am Teich beobachtete und Paul die Baumarten, Pflanzen und Kräuter unterscheiden lernte und mit Naturmaterialien rechnete. Auf diese Weise können Eltern der von vielen Menschen empfundenen Entfremdung von der Natur bei ihren Kindern entgegenwirken. Die Natur zu kennen und mit ihr im Einklang zu leben, trägt zudem zu Unabhängigkeit und der Fähigkeit zur Selbstversorgung bei.

Dieser Bereich umfasst auch den Umgang mit Krankheiten. Während für den Schulbesuch Impfungen gefordert werden, können Eltern zuhause selbst entscheiden, was sie davon für nötig halten. Kinderkrankheiten wie Masern, Mumps und Röteln können sie in Ruhe auskurieren lassen. Kräuterwissen und Kenntnisse über das Zusammenwirken von Körper, Geist und Seele helfen, Symptome zu lindern, ohne Nebenwirkungen gesund zu werden und gestärkt aus einer Erkrankung hervorzugehen. Zahlreiche Eltern berichten außerdem, dass ihre Kinder während der Zeit des häuslichen Lernens viel weniger krank wurden.

Ein weiterer Aspekt ist die Einstellung zu materiellen Gütern. Das Streben nach günstigen Angeboten und nach Besitz ist mit Werbe-Slogans wie "Geiz ist geil" sowie "Schnäppchenjäger aufgepasst" und Ausdrücken wie "Haste was, biste was" in unserer Gesellschaft omnipräsent. Wer nicht dem Konkurrenzkampf in der Klasse um die beste Markenjeans, das teuerste Auto, das größte Haus und den luxuriösesten Urlaub ausgesetzt ist, kann glücklich und zufrieden mit dem sein, was er hat.

Dazu gehört auch das eigene Smartphone. Zuhause muss ein junger Mensch kein Smartphone besitzen, um dazuzugehören und um ständig für die Klassenkameraden erreichbar zu sein, damit er nicht zum Außenseiter wird. Es wird auch nicht automatisch mit den neuesten

Nachrichten und den Videos konfrontiert, die gerade "in" sind. In ihrem Buch "Wir verlieren unsere Kinder!" beschreibt Silke Müller, welche Gewaltsequenzen in den Schulklassen die Runde machen. „Die Erwachsenen wissen doch gar nicht, was so alles verschickt wird. Früher hatte ich manchmal Albträume, aber eigentlich hab ich mich jetzt dran gewöhnt", zitiert sie eine 15-jährige Schülerin [61].

Dass häusliches Lernen hier einen Schutzraum bietet, zeigt das Beispiel des 10-jährigen Raphael, der mit seinen Eltern mit dem Wohnwagen unterwegs ist. Er begnügt sich mit nur zwei Medienstunden pro Woche, je eine am Samstag und am Sonntag. Wie es aussehen würde, wenn er in die Schule ginge, erlebten seine Eltern bei seinem kurzen Zwischenaufenthalt an seinem Heimatort in Deutschland. Dort saß er stundenlang mit seinen Freunden vor dem Computer – und das, obwohl er diese ein halbes Jahr lang nicht gesehen hatte.

Eltern, deren Kinder keine Schule besuchen, können ihnen ihre eigenen Werte und das, was ihnen als Eltern wichtig ist, vermitteln und ihren Kindern in diesem Bereich eine solide Grundlage mitgeben. Später lernen diese andere Einstellungen und Gewohnheiten kennen und bilden sich ihre eigene Meinung.

Vielfältige Bewegungsmöglichkeiten

Kinder brauchen Bewegung und diesem Bewegungsdrang werden die meisten Schulen nicht gerecht. Dort hat jedes Kind seinen Platz – es ist eigentlich immer ein Sitzplatz, sei es in Mathematik, Deutsch, Englisch, Kunst, Handarbeiten oder anderswo, außer beim Sport. Doch je nach Alter und nach Persönlichkeit haben Kinder ein unterschiedliches Bewegungsbedürfnis. Sehr schnell werden heute Kinder, die in den langen, zumeist kognitiven Unterrichtsstunden nicht still sitzen können, als hyperaktiv bezeichnet. Deren Eltern sagen oft: „Unser Kind kann in der Schule nicht still sitzen. Zuhause haben wir damit aber kein Problem." Dass viele Eltern, deren Kind Ritalin nimmt, dieses in den Ferien absetzen, wurde schon im ersten Teil dieses Buches erwähnt. Im häuslichen Lernen können Eltern dem individuellen Bewegungsdrang ihres Kindes viel mehr gerecht werden, als es die Schule normalerweise leistet. So durfte Claire mit den Inlinern an den Füßen am Tisch sitzen und immer wieder eine Runde durch ihr großes Wohnzimmer drehen. Man möge sich das einmal in einer Schule vorstellen! Paul beginnt den

Tag mit einem ausgedehnten Spaziergang mit dem Hund und einem Geschicklichkeits-Parcours und Moritz ist überwiegend im Haus und im Garten unterwegs.

Eltern, deren Kinder zuhause lernen, sollten tatsächlich auf ausreichend Bewegung ihrer Kinder achten. Immerhin fallen Schulwege, Pausen, Sportstunden und Ähnliches weg. Gleichzeitig bleibt ohne Schule mehr Zeit für Aktivitäten wie Schwimmen, Ski- und Schlittschuhlaufen, Radtouren, Wanderungen sowie ausgiebigen Vereinssport. Gerade mit Letzterem erhält das Kind auch die Gelegenheit, Kontakte zu Gleichaltrigen zu pflegen. Hier kann bei Bedarf ein Leistungssport mit mehrmals wöchentlichem Training angedacht werden. Des Weiteren bieten Einkäufe und andere Erledigungen zu Fuß oder mit dem Fahrrad, gemeinsame Spaziergänge mit dem Hund sowie Garten- und Feldarbeit Möglichkeiten, sich im Alltag körperlich zu betätigen. Und in einem gesunden Körper wohnt auch ein gesunder Geist.

Leben und Lernen gemäß den individuellen Bedürfnissen des Kindes

An dem Thema Bewegung kann man gut erkennen, welche Schwierigkeiten die Schule hat, den individuellen Bedürfnissen eines jeden Kindes gerecht zu werden. Ein Klassenverband ist darauf ausgelegt, dass alle Schüler auf dieselbe Art und Weise beschäftigt sind, auch während Phasen der Individualisierung. Doch das eine Kind bewegt sich gern und viel, ein anderes eher wenig. Einem Kind fällt es leicht, morgens aufzustehen, für ein anderes ist es eine Qual. Das eine Kind braucht beim Lernen mehr Anleitung und Unterstützung, das andere arbeitet gern selbstständig. Ein Kind ist gern in einer Gruppe und liebt die Gesellschaft, ein anderes beschäftigt sich lieber allein und ist vom Typ her eher ein Einzelgänger. Ein Kind hat eine gute Fingergeschicklichkeit und das Schreiben fällt ihm leicht, einem anderen wiederum nicht. Das eine Kind liest mühelos, ein anderes hat damit große Schwierigkeiten.

Eine der Grundherausforderungen in jedem schulischen Unterricht sind daher Differenzierung und Individualisierung. Wie kann man als Lehrer dem individuellen Lernstand eines jeden Kindes und seinem Tempo gerecht werden? Also bildet man möglichst homogene Gruppen und weist Kinder verschiedenen Schularten zu: Grundschule oder

Förderschule, später Gymnasium oder Realschule usw. Doch auch dort ist die Klasse wieder heterogen. Wir Menschen sind eben individuell verschieden!

Beim häuslichen Lernen können Eltern nun ganz auf den Entwicklungsstand, die Leistungsfähigkeit, das Tempo und die Interessen ihres Kindes eingehen. Mats und Henry brauchen beide viel Zeit und Erklärungen beim Rechnen und ihre Mütter berücksichtigen dies. Marie (der übrigens auch das frühe Aufstehen an Schultagen Probleme bereitet) schreibt nicht so schnell wie die anderen Kinder aus ihrer Klasse und zuhause kann sie sich nun die Zeit nehmen, die sie braucht. In den Bereichen, sei es Lesen, Schreiben oder Rechnen, in welchen ein Kind schnell versteht, kann es zügig vorwärts schreiten und anschließend spielen und tun, was ihm gefällt. Es braucht sich dann nicht, wie es in der Schule oft der Fall ist, zu langweilen.

In der Schule entscheidet die Klassenlehrerin, die Schule oder das Bundesland, welche Schreibschrift die Kinder erwerben sollen. Jede der verschiedenen Schreibschriften hat dabei ihre Vorzüge und Nachteile. Beim häuslichen Lernen brauchen Eltern nichts zu vereinfachen, denn sie können ihr Kind individuell unterstützen. Sie können ihm helfen, seinen Stift richtig zu halten und eine angenehme Schreibposition zu finden. Sie können es mit Geduld und nach seinem Tempo lernen lassen.

Mehrere der Kinder und Jugendlichen, die wir hier kennengelernt haben, sind auch gern allein. Sie genügen sich selbst und genießen es, ihren eigenen Interessen zu folgen und eigene Ideen umzusetzen. Die Kenntnisse und Fertigkeiten, die sie dafür benötigen, eignen sie sich selbst an.

Interessengeleitetes Lernen und Wertschätzung der Talente

Raphaels Eltern haben sich dafür entschieden, keine regelmäßigen Lernzeiten auf ihrer Reise einzurichten, sondern Gelegenheiten aus dem Alltag aufzugreifen, um ihren Kindern immer wieder etwas aus den Bereichen Deutsch und Mathematik zu erklären. Für seine Freizeitaktivitäten und insbesondere für seine Holzarbeiten benötigt Raphael immer wieder mathematische Kenntnisse, die ihm dann sein Vater oder seine Mutter vermitteln. Lernpsychologisch ist es optimal, wenn die Frage aus dem persönlichen Interessensbereich und dem Alltagsgeschehen des Kindes kommt. Dann ist die Motivation, sich etwas zu erarbeiten, hoch, denn die Antwort wird JETZT benötigt. „Nicht für die Schule, sondern für das Leben lernen wir", sagte der römische Philosoph Seneca. Das Erlernte wird gleich angewendet und bleibt mit dem Erlebnis fest im Gedächtnis verankert. So lernen alle Kinder viele Dinge in alltäglichen Situationen. Außerdem ergeben sich, wie ich oben schon dargelegt habe, in jeder Familie Gelegenheiten, bei welchen Eltern ihren Kindern etwas erklären können, das auch im schulischen Sinne als "Lernen" verbucht werden kann und in einem Lehrplan verankert ist.

Beim häuslichen Lernen gibt es zudem keine Hierarchie in den Fähigkeiten. In der Schule zählen vor allem die Leistungen im Lesen, Schreiben und Rechnen. Ihnen wird mehr Wert beigemessen als den sogenannten Nebenfächern. Zuhause hingegen können sich Eltern ebenso freuen, wenn ihr Kind gern kocht, backt, handarbeitet, musiziert oder malt, eben wenn es sich mit Hingabe, Leidenschaft und Interesse einer kreativen Tätigkeit widmet und auf diese Weise sein Potential entfaltet. Neben der Freude am Schaffen entsteht dabei Konzentration, ohne dass Konzentrationsspiele oder Konzentrationsübungen nötig wären. Außerdem entwickelt sich der junge Mensch in diesem selbst gewählten Bereich auf ganz natürliche Art und Weise weiter und erwirbt neue Kompetenzen. Der Schweizer Tom Zbinden hat dafür den sympathischen Begriff "Hobbyschooling" geprägt: Kinder lernen durch ihre Hobbys [62]. Eltern dürfen dabei das Vertrauen haben, dass hieraus eine Haltung der Neugier und des Interesses gegenüber der Welt entsteht, die den Horizont weitet und für ungeahnte Möglichkeiten öffnet, und dass daraus immer weitere Interessensgebiete und Hobbys entstehen werden.

Moritz' Vorlieben und Stärken liegen im Handwerken und Backen. Wenn das anerkannt und wertgeschätzt wird und wenn er Raum erhält, dieses Hobby zu pflegen, dann ist er auch daran interessiert, sich die Kenntnisse im Lesen, Schreiben und Rechnen anzueignen, die er dafür braucht. Warum muss ein Junge wie Moritz erst einen Weg voller Misserfolge in der Schule erleiden, bis er das machen darf, worin seine Begabungen und Interessen liegen? Bei vielen Jugendlichen ist das Selbstbewusstsein dann so sehr herabgesetzt, dass sie ihre Begabungen überhaupt nicht mehr erkennen.

Romina hat neben der altgriechischen Sprache das Malen für sich entdeckt, dem sie sich mit Hingabe widmet und dabei auch Fachanleitungen zu Hilfe nimmt. Einige ihrer Werke konnten wir in diesem Buch bewundern.

Bei beiden, Moritz und Romina, war während der Zeit ihres Schulbesuchs die psychische und daraus folgend auch die körperliche Gesundheit in Gefahr. Welch ein Glück für sie, dass ihre Eltern das erkannten und ihnen – teilweise trotz staatlicher Bedrohungen – ein Leben ohne Schule ermöglichten! Beide blühten auf und haben ihren Weg gefunden, wie man im Volksmund sagt. Ist das nicht das Wichtigste im Leben eines jungen Menschen?

Wenn Eltern wohlwollend auf ihr Kind blicken, seine Tätigkeiten wertschätzen, die nötigen Materialien bereitstellen und seine Talente fördern, helfen sie ihm bei der Entwicklung ihrer einzigartigen Persönlichkeit. Betrachten wir dazu die Geschichte von Malvin, des ältesten der jungen Menschen in diesem Buch: Immer wieder unterstützt ihn seine Mutter bei der Suche nach einem Kurs und fährt ihn zu Veranstaltungen. Schließlich hilft sie ihrem Sohn, Möglichkeiten zu finden, wie er extern einen Abschluss erlangen könne. Malvin entscheidet sich für einen Abschluss mit Hilfe der Clonlara-Schule. Seine zuvor im Freilernen in unterschiedlichen Bereichen erbrachten Leistungen würdigt die Clonlara-Schule mit Credit-Punkten und erkennt sie somit als dem schulischen Lernen gleichwertig an. Parallel dazu wertschätzen Malvins Eltern, dass er sich mit Hingabe dem Schmieden widmet und sich praktisch selbst zum Schmied ausbildet. Mit dem erworbenen Highschool-Diplom und seinen Fertigkeiten im Schmiedehandwerk kann er nun selbst entscheiden, wie sein weiterer beruflicher Weg aussehen soll. Er beschließt, vorerst als Schmied zu arbeiten.

Gestalter des eigenen Lernprozesses sein

Eine grundlegende Herausforderung, vor der Lehrer in ihrer Klasse stehen, ist die Motivation ihrer Schüler. Wie gelingt es, die anwesenden Schüler für den Unterrichtsinhalt zu interessieren und bestenfalls sogar zu begeistern? Häufig gelingt dies nicht, was mit zahlreichen unterschiedlichen Faktoren zusammenhängt, die an dieser Stelle nicht analysiert werden sollen. Dazu gehört, dass Kinder und Jugendliche in der Schule Empfänger eines Lerninhalts sind. Dieser und die damit zusammenhängenden Kompetenzen, die ein Schüler erwerben soll, sind vorgegeben.

Zuhause können Eltern darauf vertrauen, dass ihr Kind aus Eigenantrieb ein gewisses Grundwissen erwerben will. Lesen, schreiben und rechnen sind ein natürlicher Bestandteil des Alltags. Dabei kann das zuhause lernende Kind nicht nur den Zeitpunkt sondern auch die Art und Weise der Aneignung selbst bestimmen. Manche 5-Jährige können lesen, nachdem ihnen einige Male die Buchstaben benannt wurden. Ein 5.-Klässler, der beispielsweise in seiner Schule keine Schreibschrift erlernt hat (das ist inzwischen keine Seltenheit mehr), will vielleicht die Lateinische Ausgangsschrift erwerben. Er wählt einen Lehrgang aus oder lässt sich die Buchstaben von jemandem zeigen und erarbeitet sich die Schreibschrift selbst.

Mit jeder selbst erworbenen Kenntnis oder Fähigkeit wächst das Bewusstsein über den eigenen Lernprozess: Wenn ich das so und so mache, dann kann ich das verstehen bzw. dann ich mir das merken. Bin ich eher ein visueller, auditiver, haptisch-motorischer oder kommunikativer Lerntyp? Wie lerne ich am besten? Will ich zum Rechnen vielleicht Montessorimaterialien zu Hilfe nehmen, weil diese mir nicht nur den Zahlenraum und die Rechenoperationen veranschaulichen, sondern weil sie auch durch das unverarbeitete Holz angenehm anzufassen sind? Oder bevorzuge ich einen anderen Lernweg? Will ich das, was ich erfahren habe und mir merken möchte, gern übersichtlich und vielleicht in einer Art Mindmap gestalten, damit ich es besser erfassen kann? Mache ich gern ausführliche Notizen oder genügen mir Stichpunkte? Verwende ich dazu unterschiedliche Farben und wenn ja, welche? Wie lerne ich am besten Vokabeln? Beziehe ich mein Wissen am liebsten aus Büchern und wenn ja, aus welchen? – So erlebt ein Kind seinen eigenen Lernprozess und gestaltet sein Lernen entsprechend.

Während Kinder und Jugendliche im Unterricht zumeist nur über den visuellen und auditiven Kanal Informationen erhalten, können sie im häuslichen Lernen noch viel mehr und vor allem die von ihnen bevorzugten Informationsquellen miteinbeziehen: Sie können sich zum Beispiel von Nachbarn, Bekannten und Verwandten unterschiedlichen Alters sowie während eines Praktikums Dinge erklären, erzählen und zeigen lassen. Junge Menschen wollen etwas in die Hand nehmen, ausprobieren und gestalten. Im häuslichen Lernen können sie selbst wählen, auf welche Art und Weise sie praktisch tätig sein wollen. Das eine Mal brauchen sie dazu mehr Anleitung, ein anderes Mal weniger. Malvin bildet sich selbst als Schmied aus, indem er Filme über dieses Handwerk ansieht, sich mit einem befreundeten Schmied austauscht und vieles ausprobiert. Claire schließt sich einer Handarbeitsgruppe an und erwirbt sich verschiedene Handarbeitstechniken, mit welchen sie zuhause kreativ tätig ist. Moritz testet unterschiedliche Online-Lernplattformen, bis er "seine Lehrerin" und mit dieser einen Menschen findet, der es genau so lehrt und gestaltet, wie Moritz es braucht.

So erlebt und reflektiert ein Kind seinen eigenen Lernprozess. Auch deshalb haben diese Kinder und Jugendliche zumeist keine Schwierigkeiten, wenn sie später wieder eine Schule besuchen oder einen Kurs machen. Sie wissen, wie sie selbst etwas lernen, wie sie sich dazu, wenn nötig, Hilfe holen können und welcher Art diese sein soll.

Lernen ohne vergleichende Beurteilung

Der Vergleich mit anderen Kindern derselben Altersgruppe spielt beim häuslichen Lernen überhaupt keine Rolle. Gestehen Eltern nicht auch ihrem Kleinkind zu, dass es früher oder später läuft, spricht und trocken ist als Gleichaltrige? Hier bleiben sie im Vertrauen, dass es ihr Kind noch lernen wird. Im schulischen Bewertungssystem hingegen muss ein junger Mensch mit Gleichaltrigen mithalten. Er kann sich anstrengen und für sich persönlich Fortschritte machen und trotzdem eine Note 6 bzw. ein "mangelhaft" oder "ungenügend" bekommen. Die Bewertung entspricht dem Vergleich mit der Klasse und berücksichtigt individuelle Anstrengungen und Fortschritte nur selten. Zuhause brauchen Eltern ihr Kind nicht mit anderen Kindern zu vergleichen und erst recht nicht zu bewerten. Sie sehen seinen Einsatz, seine Einzigartigkeit und seine Talente und können sich darüber freuen und diese wertschätzen. Und sie können sie entsprechend fördern. Statt einem Kind, das Mathematik nicht mag, in diesem Fach auch noch Nachhilfe zu geben, können sie sich dort auch mit Grundkenntnissen zufrieden geben und das Geld für Privatstunden in einem Bereich ausgeben, in dem ihr Kind eine Begabung zeigt.

Natürlich kann beim häuslichen Lernen mit mehreren Kindern auch eine Geschwisterrivalität entstehen, zumal wenn das jüngere Kind schneller versteht und arbeitet als das ältere. Henrys Mutter zeigt uns, wie sie mit dem unterschiedlichen Tempo der beiden Brüder umgeht: Sie variiert dann eben im Schwierigkeitsgrad und mit der Anzahl der Aufgaben und würdigt die Leistung eines jeden. So fallen ihren Söhnen Unterschiede gar nicht auf. Kinder können auch damit leben, dass der Bruder oder die Schwester in einem Bereich besser oder schneller ist, wenn die Eltern die Talente und Begabungen eines jeden Kindes wertschätzen und jedes Kind in seiner Einzigartigkeit sehen und lieben.

Vor über zehn Jahren wurden in den Lehrplänen die zu lehrenden Lerninhalte in sogenannte "Kompetenzen" umformuliert, die Schüler erwerben sollen. Das Augenmerk soll dabei von dem, was ein Lehrer unterrichtet, auf das gerichtet werden, was der Schüler können soll. Während in der Schule jede neu erworbene Kompetenz beurteilt und bewertet wird, können Kinder zuhause frei von diesen Beurteilungen und Bewertungen lernen. Und obwohl die hier in den Blick genommenen Kinder in zeitlich viel geringerem Umfang "beschult" wurden und vor allem ihren eigenen Interessen folgen durften, schnitten sie, wenn sie schulische Tests mitschrieben, gut oder sogar sehr gut ab, wie ich schon erwähnte.

Das häusliche Lernen bietet Kindern die Möglichkeit, ohne jede Prüfungsangst heranzuwachsen. Wir sahen, wie sehr Marie und Henry unter den permanenten schulischen Tests gelitten hatten und wie sehr sich Claire vor Referaten fürchtete. Durch die häusliche Wertschätzung erwerben sie nun soviel Selbstvertrauen, dass sie sich Prüfungen bis hin zu einer eventuellen externen Abschlussprüfung selbstbewusst stellen können.

Die Altersmischung als Chance

Schon vor 100 Jahren beschrieben Peter Petersen und Maria Montessori die Vorzüge des Lernens in altersgemischten Klassen und seit jener Zeit bestehen diese an den Jena-Plan- und Montessori-Schulen. Dort wird es als sehr wertvoll angesehen, dass Kinder und Jugendliche unterschiedlichen Alters in einer Klasse zusammen sind, da sie voneinander lernen und aneinander wachsen. Trotzdem lernen die meisten Schüler heute nur mit Kindern derselben Jahrgangsstufe, also mit Gleichaltrigen.

Im vorherigen Abschnitt habe ich dargestellt, dass sich Kinder in altersgemischten Gruppen, wie es auch eine Familie natürlicherweise ist, nicht mit Gleichaltrigen zu messen brauchen. Auch über die Individualisierung haben wir gesprochen: Zuhause müssen Kinder einen Lerninhalt nicht zu einem bestimmten Zeitpunkt können, wenn er vielleicht bei ihnen noch nicht "dran" ist. Ein Kind, das im Juni sechs Jahre alt geworden ist, kommt in dieselbe Klasse wie ein Kind, das im September sieben Jahre alt wird. Die beiden sind also fast ein Jahr auseinander. Wenn das ältere Kind noch recht kräftig und fix, das jüngere hingegen zart und verträumt ist, wird besonders deutlich, wie gut für beide eine altersgemischte Gruppe wäre, welche sowieso individuelles Lernen fördert und nicht alle Kinder mit denselben Maßstäben misst.

Interessant ist übrigens die Beobachtung, dass sich die hier gezeigten jüngeren Geschwister, wenn sie dann mit sechs oder sieben Jahren auch ins häusliche Lernen einsteigen, sehr gut damit zurechtfinden und auch schnell lernen. Sie spitzen eben häufig ihre Ohren, wenn ihre Mama mit dem großen Bruder oder der großen Schwester in die geheimnisvolle Welt des Wissens eindringt und etwas erklärt. Sie lauschen Mamas Stimme und fassen vieles ihrem Alter und Entwicklungsstand entsprechend auf. Auch erleben sie das Lernen als etwas Schönes, als etwas Intimes zwischen der Mama und dem Kind. Und nun dürfen auch sie diese Intimität genießen!

Familien, die mehrere Kinder im Homeschooling unterrichten, stehen vor der Herausforderung, jedem einzelnen Kind persönlich Zeit zu widmen. Gleichzeitig bietet das mehrere Vorteile: Wenn wir dem Älteren etwas erklären, lernt es das jüngere Geschwisterkind oft gleich mit. So schnappen jüngere Kinder beispielsweise Buchstaben mit auf und können dann plötzlich lesen, ohne dass ihre Eltern wissen, wie sie das gelernt haben.

Immer wieder kommt es zudem vor, dass das jüngere Kind das ältere etwas fragt, wie wir es bei Jonas (s. S. 81) gesehen haben. Dann können die Eltern sich zurücklehnen und Verantwortung abgeben. Wenn jemand einem anderen etwas erklärt, hat das zahlreiche positive Aspekte. Zum einen wiederholt der Erklärende den Sachverhalt noch einmal und festigt sein Wissen damit, zum anderen muss er den Sachverhalt tiefer durchdringen, wenn er ihn einem anderen erklären will. Diese Erfahrung machen auch wir Erwachsenen. Beides stärkt das

Selbstbewusstsein unserer Kinder: „Ich weiß das und ich kann das erklären!" Das jüngere Kind erlebt dabei: „Ich kann auch meinen Bruder fragen. Wir sind unabhängig, wir brauchen für vieles keine Lehrerin, die Dinge weiß, die für uns unergründlich sind. Wir können uns gegenseitig helfen und aneinander wachsen."

So hat das häusliche Lernen auch Auswirkungen auf die Beziehung der Familienmitglieder untereinander. In allen hier vorgestellten Familien ist die Beziehung unter den Geschwistern enger geworden. Moritz' Mutter sagte zu mir: „Welcher Jugendliche sieht schon seinen zweijährigen Bruder so hautnah aufwachsen? Normalerweise sind Jugendliche den ganzen Tag in der Schule und danach verschwinden sie in ihrem Zimmer. Moritz dagegen spielt immer wieder mit seinem kleinen Bruder und wickelt ihn auch mal." Als ich Jonas' Familie besuchte, sah ich, wie der siebenjährige Jonas seine dreijährige Schwester zum Mittagessen ganz selbstverständlich in den Kinderstuhl hob. „Wir sind eine Gemeinschaft", sagte seine Mutter dazu, „und da hilft jeder mit." Seit Jonas lesen kann, liest er seinen beiden jüngeren Schwestern häufig vor. Sie sind neben den Nachbarskindern seine selbstverständlichen Spielkameraden.

Mit der Ahnenerforschung gestalten Elfrieda und ihr älterer Stiefbruder ein ganz besonderes Projekt: Sie erfahren von der Geschichte ihrer Vorfahren und erstellen eine Ahnentafel. Projekte bieten sich für altersgemischte Gruppen besonders an. Jeder trägt zu einem Projekt das bei, was er schon kann. Der ältere Bruder kann schon schreiben und kennt sich mit größeren Zahlen aus. Elfrieda malt, schneidet die Bilder aus und klebt sie auf. Und sie lauscht den Geschichten. So ein Projekt – noch dazu mit diesem Thema – schweißt alle zusammen. Wir sind eine Familie!

Ausblick

Zukunftsperspektiven für Kinder und Jugendliche, die sich ohne Schule bilden

„Ohne Schule verbaust du deinem Kind die Zukunft!", „Aus einem Kind, das nicht zur Schule geht, wird nichts!" – Auf derartige Vorbehalte bei Verwandten und Freunden stoßen oft Eltern, die vorhaben, ihre Kinder von der Schule zuhause zu lassen. Und manchmal sind dies auch die Sorgen eines Elternteils, wenn der andere diesen Weg beschreiten möchte.

Der Ausdruck "beschreiten" trifft es meines Erachtens gut. Der Weg in die selbstbestimmte Bildung ist ein Weg, den man langsam geht, eben "schreitet". Auf diesem Weg sind auch die Eltern Lernende, denn sie wissen: Das Leben ist ein lebenslanges Lernen und Sich-Entwickeln. Immer wieder sind sie dabei aufgerufen, innezuhalten und sich zu fragen: „Geht es jedem gut? Ist es nötig, die Richtung zu wechseln und einen anderen Weg einzuschlagen?" Manchmal kann dies auch bedeuten, dass das Kind (wieder) eine Schule besucht oder ein anderes Angebot annimmt.

Die Bedürfnisse eines jeden einzelnen Familienmitglieds sind gleich wichtig. „Wir als Familie sind eine Gemeinschaft." – Ist dieses Bewusstsein nicht das kostbarste Geschenk, das Eltern ihren Kindern, aber auch sich selbst machen können? Vielleicht werden die Eltern rückblickend dankbar dafür sein, dass ihr Kind oder Jugendlicher nicht mehr zur Schule gehen wollte, weil sie daran etwas gelernt haben und weil sie sich auch selbst entwickelt haben.

Doch "verbauen" sie ihrem Kind nicht die Zukunft, wenn es nicht an einer Schule einen Abschluss macht? „Wer heute keinen Schulabschluss vorweisen kann, für den stehen die Chancen auf dem Arbeitsmarkt gleich null, der soziale Abstieg ist fast schon vorprogrammiert."[63], „Die Zukunft von Schulverweigerern sieht oft düster aus." [64] – So und ähnlich lauten auch in den Medien zumeist die Prognosen für junge Menschen, die keine Schule besuchen. Gleichzeitig besuchen viele Kinder und Jugendliche eine Schule und verlassen diese trotzdem ohne Abschluss. Nach einer Studie sind es über 6% (65)! Schulbesuch ist also kein Garant für einen Abschluss.

Die düsteren Prognosen betreffen dabei zumeist Jugendliche, die aus sozialen und emotionalen Gründen keinen Schulabschluss erreichen. Motivierte junge Menschen, die wegen ihres alternativen Bildungsweges keinen Schulabschluss erwerben, haben hingegen auf dem Arbeitsmarkt gute Berufssaussichten.

Für den Einstieg zuhause lernender Jugendlicher ins Berufsleben gibt es mehrere Möglichkeiten, von welchen wir einige in den Elternberichten kennengelernt haben.

Hier eine Auswahl:

1. Der junge Mensch meldet sich nach ein, zwei oder mehreren Jahren des häuslichen Lernens an einer Schule an und macht dort einen Schulabschluss.

2. Er belegt einen Kurs, der auf eine externe Abschlussprüfung hinarbeitet, oder bereitet sich eigenständig auf eine externe Abschlussprüfung vor.

3. Er absolviert ein Berufsvorbereitungsjahr und erwirbt mit einer Zusatzprüfung den Hauptschulabschluss.

4. Er macht sich ohne Schulabschluss selbstständig.

5. Er arbeitet ohne Schulabschluss.

6. Er bewirbt sich ohne Schulabschluss bei einem Ausbildungsbetrieb und erwirbt dort mit der Berufsausbildung einen Schulabschluss

Es ist also mitnichten so, dass ein zuhause lernender Jugendlicher mit persönlichen und sozialen Kompetenzen keine guten beruflichen Ein- und Aufstiegsmöglichkeiten hätte. Es gibt zahlreiche Angebote, um mit Hilfe einer Schule oder eines Kurses einen externen Schulabschluss zu erlangen. In Bayern bietet das Bildungszentrum Nürnberg im Rahmen seines Projekts "Zweite Chance" jeweils einjährige Online- und Präsenz-Kurse an, in welchen die Teilnehmer den Hauptschulabschluss, den Qualifizierenden Hauptschulabschluss und die Mittlere Reife erwerben können[66]. Die "Akademie für Neues Lernen" begleitet Jugendliche zum bayerischen Abitur[67]. Eine Privatschule suchte zu

Beginn des Schuljahres 23/24 Schüler als Quereinsteiger für ihre Mittlere-Reife-Abschlussklasse. Je mehr Jugendliche diese Angebote annehmen, desto mehr werden diese geschaffen und erweitert. Daneben gibt es seit Jahren die Hamburger Fernschule ILS, die neben Fernunterricht auch die Vorbereitung auf externe Schulabschlüsse anbietet.

Doch auch ohne Schulabschluss hat ein Jugendlicher mehrere Optionen, in das Berufsleben einzusteigen und dort die Karriereleiter zu erklimmen. Angesichts des Fachkräftemangels suchen viele und vor allem kleinere Ausbildungsbetriebe händeringend nach guten Auszubildenden. Es liegt allein in ihrer Hand, welchen Schulabschluss sie als Voraussetzung verlangen. Vom Gesetz her haben in Deutschland anerkannte Ausbildungsberufe keine Zugangsvoraussetzungen. Theoretisch kann ein Jugendlicher jede beruflichen Ausbildung (im Gegensatz zu schulischen Ausbildungen) ohne Schulabschluss beginnen! Hilfreich ist es, zur Bewerbung ein umfassendes Portfolio über die eigenen Fähigkeiten und Kenntnisse vorzubereiten. Bei einem Betriebspraktikum kann der Jugendliche sein Können unter Beweis stellen.

Mit der erfolgreich absolvierten Ausbildung erwirbt der junge Mensch über die Berufsschule unter bestimmten Voraussetzungen (dazu zählt beispielsweise das Erreichen eines gewissen Notendurchschnitts im Berufsschulzeugnis) gleichzeitig einen Schulabschluss: Dies ist in der Regel der nächsthöhere im Vergleich zum zuvor erreichten Abschluss und mancherorts, wie in Bayern, sogar die Mittlere Reife[68]. Wie dies im eigenen Bundesland geregelt ist, kann man beim jeweiligen Bildungs- bzw. Kultusministerium erfragen.

Berufsfachschulen sind hier ausgenommen, da sie schulische Ausbildungen darstellen. Diese haben in der Regel einen bestimmten Schulabschluss als Zugangsvoraussetzung.

Ein junger Mensch kann also nach Beendigung der Vollzeitschulpflicht einen anerkannten Ausbildungsberuf erlernen und damit einen Schulabschluss erwerben. Mit diesem kann er dann weitere Abschlüsse und Ausbildungen erlangen, auch in einem anderen Fachgebiet. Oder er bildet sich in demselben Fachgebiet fort: Zum Beispiel kann er ohne Schulabschluss zunächst die zweijährige Ausbildung zum Verkäufer und anschließend die einjährige Ausbildung zum Einzelhandelskaufmann absolvieren. Die Ausbildung zum Einzelhandelskaufmann mit vorherigem Schulabschluss dauert übrigens auch drei Jahre!

Für alle oben genannten sechs Wege gibt es positive Erfahrungswerte. Zu gegebener Zeit wird der junge Mensch den für ihn passenden Weg finden. Wenn Eltern darauf vertrauen und ihren Sohn bzw. ihre Tochter gegebenenfalls bei der Berufsfindung unterstützen, dann wird das auch gelingen.

Wie es mit häuslicher Bildung in Deutschland weitergehen kann

Dieses Buch neigt sich dem Ende zu. Wie kann es weitergehen? Die Tür zum selbstbestimmten häuslichen Lernen wurde auch in Deutschland geöffnet. Sie lässt sich nicht mehr schließen.

Eltern können die Bildung ihrer Kinder selbst in die Hand nehmen und ihren eigenen Weg finden. Das haben sie uns in diesem Buch gezeigt.

Gleichzeitig erwähnen fast alle genannten Eltern in ihrem Bericht, wie wichtig fachlicher und pädagogischer Rat, Anregungen sowie Hinweise auf Kurse und Plattformen mit Materialien bzw. Materialvorschlägen für sie waren und sind. Bei Paul bringt die Idee, Tagebuch zu schreiben eine positive Wende im Arbeiten am Tisch, bei Henry ist das Arbeiten mit Ton eine besondere Anregung und Jonas' Mutter ist dankbar, dass sie mich jederzeit um Rat fragen kann. Mehrere Eltern lassen sich von den Posts in meinem Telegram-Kanal inspirieren und orientieren sich an den von mir vorgeschlagenen Büchern, Heften und anderen Materialien. Zahlreiche Eltern greifen Anregungen aus dem Waldorf-Ideen-Pool auf. Malvin erhält Anleitung und Unterstützung von der Clonlara-Schule und Moritz nutzt Lernvideos von Ricardo Leppe. Die Reihe ließe sich noch lange fortsetzen. Jeder findet das, was zu ihm passt.

Auch Informationen und Beratung bezüglich alternativer Schullaufbahnen und möglicher externer Schulabschlüsse sind nötig: Marie entschied sich nach einer Beratung gemeinsam mit ihren Eltern gegen den Besuch eines Gymnasiums. Romina erfuhr von einem Online-Kurs, mit dessen Hilfe sie sich nun auf ihre erste externe Abschlussprüfung vorbereitet. Ich gebe in meinem Telegram-Kanal auch dazu immer wieder aktuelle Informationen und Hinweise – zum Beispiel auf neu entstehende Optionen, einen Schulabschluss zu erlangen – und teile

Erfahrungen. Hier ist dringend ein neues Bewusstsein von den zuständigen Stellen nötig, damit sie junge Menschen, die nach einem alternativen Bildungsweg motiviert und selbstbewusst einen Beruf erlernen wollen, entsprechend über ihre Möglichkeiten informieren.

Es gibt bereits zahlreiche Einrichtungen und Initiativen, die Vernetzung, Begegnung, Informationen, Online-Unterrichtsstunden und anderes anbieten und Familien bei der selbstbestimmten Bildung unterstützen und begleiten. Wer im Internet danach Ausschau hält, wird schnell fündig.

Wenn eines Tages auch in Deutschland außerschulische Bildungsformen erlaubt sind, können sich weitere Initiativen bilden, die interessierten Familien auf ihren unterschiedlichen Wegen des häuslichen Lernens mit Rat und Tat zur Seite stehen. Daneben ist der Staat gefordert, diesen Familien eine gewisse Summe "Bildungsgeld" zur Verfügung zu stellen, damit sie es in Bildungsangebote investieren können, die sie für richtig halten.

Organisationen können beispielsweise Homeschooling-Materialien erstellen und interessierten Kindern und Jugendlichen zusenden. Örtliche Schulen können einzelne Kurse zu verschiedenen Themen für Homeschooler anbieten, wie es Schulen in den USA machen. Vereine können zu unterschiedlichen Zeiten Aktivitäten organisieren, damit auch die zuhause lernenden Kinder und Jugendlichen die Gelegenheit erhalten, sich zu begegnen und Freundschaften zu knüpfen. Familien, die sich für häusliche Bildung entscheiden, können sich zusammenschließen und Lerngruppen gründen und dabei selbst bestimmen, wie diese gestaltet werden. Der Kreativität sind keine Grenzen gesetzt.

Vor allem können sich dann Familien ohne Angst vor behördlicher Verfolgung für selbstbestimmte häusliche Bildung entscheiden.

Mögen wir diesen Tag in naher Zukunft erleben dürfen!

Ihre Svenja Herget

Danksagung

Ich danke von ganzem Herzen den neun Müttern, Elfriedas Vater und Romina, dass sie ihre Geschichte des häuslichen Lernens aufgeschrieben und mir zur Verfügung gestellt haben. Sie haben ihren Text nicht nur verfasst, sondern mit viel Geduld meine teils zahlreichen Rückfragen und Bitten, einen bestimmten Aspekt noch genauer zu beschreiben, ebenso wie inhaltliche und sprachliche Anregungen aufgegriffen und so zu einer anschaulichen Darstellung der verschiedenen Wege beigetragen.

Außerdem danke ich Karina Krauss, Birgit Schatteiner, Christine Specker, Simone Voss, Natalija Hormuth und meiner Tochter Marta Herget, die mir wertvolle Tipps gaben. Mein besonderer Dank gilt auch meiner Lektorin Dr. Gerburg Weiss und Claudius Hartmann, die mit großer Flexibilität dazu beigetragen haben, dass dieses Werk druckfertig wurde.

Ich wünsche allen Kindern und Jugendlichen, deren Lebensweg wir hier eine Zeitlang begleiten durften, ebenso wie allen jungen Menschen, die sich zu Hause bilden, und ihren Familien alles Gute auf ihrem weiteren Lebensweg!

Vielleicht geht von den Erfahrungen dieser Familien eine Veränderung der Bildungslandschaft in Deutschland aus?

Kontakt:
Svenja Herget
svenja.herget@homeschooling-wagen.de

Mein Telegram-Kanal:
t.me/homeschoolingwagen

Meine Homepage:
www.homeschooling-wagen.org

Mein YouTube-Kanal:
youtube.com/@homeschooling-wagen

Quellenverzeichnis

1 Im Sommer 2021 waren es allein in Bayern mehr als 16.000 Schüler, https://www.nn.de/bayern/gefahrliches-spiel-mit-der-zukunft-warum-verweigern-hunderte-schuler-in-franken-coronatests-1.11742893

2 https://www.deutschlandfunk.de/schulschwaenzer-und-schulverweigerer-ich-hab-mal-eier-gegen-100.html

3 https://www.tk.de/resource/blob/2121446/b3a679ef9aad197e0b-57c84a03c3c4bc/tk-report-kinder-und-arzneimittel-data.pdf

4 https://deutsches-schulportal.de/bildungswesen/immer-mehr-kinder-bekommen-unterstuetzung-durch-schulbegleiter/

5 https://de.wikipedia.org/wiki/Hausunterricht

6 https://bildung.thueringen.de/fileadmin/bildung/lernenzuhause/2020-08-19_Handreichung_Haeusliches_Lernen.pdf

7 https://lexetius.com/2009,3388

8 https://www.welt.de/politik/deutschland/article248011240/Bildung-in-der-Krise-Das-Ausmass-des-Unterrichtsausfalls-und-die-erdrueckende-Prognose.html: „Für 2035 rechnet die KMK nun mit zwölf (aktuell: knapp elf) Millionen Schülern in Deutschland, das sind 300.000 mehr als 2022 prognostiziert."

9 https://www.news4teachers.de/2023/08/lehrermangel-erstes-bundesland-setzt-jetzt-auf-unterricht-per-video-zum-digitalen-selbstlernen-aka-schulfernsehen/

10 https://www.welt.de/politik/deutschland/article207167375/Merkel-zu-Corona-Solange-wir-keinen-Impfstoff-haben-wird-das-gelten.html

11 https://www.rnd.de/gesundheit/corona-kinder-laut-neuer-studie-wohl-nicht-treiber-der-pandemie-IWW3WGUFARGXCUAQIBW-MOJMGZM.html

12 https://jamanetwork.com/journals/jamapediatrics/fullarticle/2775656

13 https://m.bild.de/politik/inland/politik-inland/professor-klagt-an-schulschliessungen-wegen-corona-waren-falsch-76645218.bildMobile.html

14 https://www.ardmediathek.de/video/swr-aktuell-baden-wuerttemberg/aerztin-wegen-masken-attesten-verurteilt/swr-bw/Y3JpZDovL3N-3ci5kZS9hZXgvbzE3ODUwNzA

15 https://zur-corona-krise.info/Neurologin_zur_Maske

16 vgl. Interview mit Beatrice Vöhringer, www.mediarebell.com/watch/ec1aOVFEI1lkgN9

17 https://m.focus.de/corona-virus/gesundheit/masken-fuer-kinder-erschreckende-ergebnisse-stiftung-warentest-bricht-ffp2-test-ab_id_26067574.html

18 https://www.oekotest.de/gesundheit-medikamente/Ethylenoxid-Was-ist-das-Problem-mit-dem-Stoff-_11906_1.html

19 https://www.welt.de/regionales/hamburg/article230552637/Schnelltest-in-Hamburg-Behoerde-setzt-Tests-wegen-Chemikalie-nicht-mehr-ein.html

20 www.regierung-mv.de/Landesregierung/bm/Aktuell/?id=175080&processor=processor.sa.pressemitteilung

21 https://www.nordkurier.de/regional/neubrandenburg/neubrandenburger-schuler-rochen-den-skandal-seit-wochen!-1144143

22 https://www.sachsen-anhalt.de/fileadmin/tsa_rssinclude/verwaltungsgericht-magdeburg_25_01_2022_pressemitteilung_vg-md-verwendung-von-sars-cov-2-antigen-schnelltest-in-einer-schule.pdf

23 vgl. Bericht aus Aurich, https://www.youtube.com/watch?v=KAkaGsFjyA8

24 https://www.merkur.de/verbraucher/schnelltests-rueckruf-corona-millionen-ergebnisse-falsch-hamburg-91260892.html

25 https://www1.wdr.de/nachrichten/themen/coronavirus/corona-quarantaene-kind-100.html: Medienberichte hatten für Aufregung gesorgt: Gesundheitsämter in Hessen und Baden-Württemberg hätten Eltern in Corona-Verdachtsfällen angewiesen, ihre Kinder in Quarantäne von der Familie zu isolieren, keine gemeinsamen Mahlzeiten einzunehmen, Maske tragen zu lassen. Sollten sie diese Anweisungen nicht befolgen, so die Drohung, könne das Gesundheitsamt die betroffenen Kinder vorübergehend aus der Familie nehmen. – Der Screenshot eines entsprechenden Briefes liegt mir vor

26 https://www.youmaker.com/video/0a7aace4-d83e-4a5f-8984-b2a67c38fd5e

27 Bahner, Beate: Corona Impfung – Was Ärzte und Patienten unbedingt wissen sollten, München 2021, S. 153 ff.

28 https://www.ndr.de/nachrichten/niedersachsen/oldenburg_ostfriesland/Kind-aus-dem-Landkreis-Cuxhaven-stirbt-zwei-Tage-nach-Impfung,impfung854.html, abgerufen am 5.11.21 (Diese Meldung wurde inzwischen von der Website des NDR entfernt)

29 https://www.bayreuther-tagblatt.de/nachrichten-meldungen-news/maedchen-15-aus-kreis-bayreuth-gestorben-corona-impfung-soll-grund-sein-das-ist-der-aktuelle-stand/

30 www.nordbayern.de/region/drastische-zunahme-der-angststorungen-1.11538777

31 https://www.stattzeitung.org/artikel-lesen/2022-10-04-suizide-bei-kindern-seit-2020-stark-gestiegen.html

32 https://www.vigozone.de/mobbing-durch-lehrer/

33 https://www.bpb.de/shop/zeitschriften/apuz/26627/politische-bildung-im-streit-um-die-intellektuelle-gruendung-der-bundesrepublik-deutschland/

34 https://www.bpb.de/die-bpb/51310/beutelsbacher-konsens

35 Politische Bildung als Unterrichtsprinzip (Joachim Detjen in: https://www.bpb.de/lernen/politische-bildung/193595/bildungsaufgabe-und-schulfach/)

36 https://m.youtube.com/watch?v=5anpUCsURlw&feature=share&fbclid=IwAR2JDb2Tu0-OWmF5LgIf-NTFxA7f6nc7H5V4JGmoBmeM-qxyG27JWIYagqig

37 https://de.wikipedia.org/wiki/Sucharit_Bhakdi

38 https://www.merkur.de/bayern/coronavirus-bayern-soeder-gesundheitsamt-chef-maskenpflicht-friedrich-puerner-kritik-zr-13922061.html

39 https://www.aerztezeitung.de/Politik/Umstrittener-Bericht-ueber-Impfschaeden-BKK-ProVita-entlaesst-Vorstand-Schoefbeck-427223.html

40 https://www.oval.media/c194ae53-02cb-4a51-bc5a-19164354e0b5/

41 https://reitschuster.de/post/uni-bonn-kuendigt-kritische-politologin-ulrike-guerot-wegen-plagiatsvorwurf/, Ulrike Guérots Buch "Wer schweigt, stimmt zu" wurde zum Bestseller

42 Beispiele: der Pathologe Prof. Arne Burkhardt, der Professor für Mikrobiologie und Virologie Prof. Sucharit Bhakdi, der Lungenfacharzt Dr. Wolfgang Wodarg

43 s. https://www.dbb.de/lexikon/themenartikel/r/remonstrationspflicht.html und https://www.gesetze-im-internet.de/beamtstg/__36.html

44 Der Lehrer Joachim Bettermann aus Nordrhein-Westfalen stellt die Antwort, die er auf seine Remonstration erhalten hat, vor und erklärt, warum er aus dem Beamtenverhältnis aussteigt: www.youtube.com/watch?v=QuydjJ8xIX4

45 https://www.westermann.de/anlage/4642176/Streitthema-Brauchen-wir-eine-Corona-Impfpflicht-Deutsch-Ethik-Politik-ab-Klasse-8

46 z.B. https://www.welt.de/politik/deutschland/plus241928937/Kinder-Leid-in-Pandemie-Das-kuehle-Eingestaendnis-des-Karl-Lauterbach.html

47 aus: Hockertz, Stefan: Generation Maske, Rottenburg 2021, S. 23

48 Ein Screenshot der Mail des Berliner Gymnasiums liegt mir vor

49 Schwab, Klaus: Der große Umbruch, Amazon 2020

50 https://deutsche-wirtschafts-nachrichten.de/509657/Keine-Privatsphaere-und-kein-Eigentum-Die-Welt-im-Jahr-2030-nach-Wunsch-des-Weltwirtschaftsforums

51 https://www.bundesregierung.de/breg-de/themen/nachhaltigkeitspolitik/die-17-globalen-nachhaltigkeitsziele-1553514

52 https://www.der-paritaetische.de/alle-meldungen/ueberarbeitete-neuauflage-des-armutsberichts-2022/: „Schon die Erstergebnisse des Mikrozensus ergaben für 2021 eine Rekord-Armutsquote von 16,6 Prozent. Noch nie wurde in der Bundesrepublik auf dieser Basis ein höherer Prozentsatz gemessen. Die nun vorliegenden Endergebnisse weisen dagegen eine noch einmal um 0,3 Prozentpunkte höhere Quote aus."

53 https://www.tk.de/presse/themen/praevention/gesundheitsstudien/krankenstand-2022-rekordmarke-2142788?tkcm=ab

54 https://www.welt.de/debatte/kommentare/plus245838284/Mysterioese-Sterberate-Klaert-endlich-das-Uebersterblichkeit-Raetsel.html

55 https://www.bundestag.de/dokumente/textarchiv/2022/kw08-sondersitzung-882198 (In seiner Regierungserklärung spricht Bundeskanzler Olaf Scholz am 27.2.22 von einer Zeitenwende)

56 https://www.nytimes.com/2023/10/08/opinion/letters/israel-palestinian-hamas.html

57 Steiner, Rudolf: GA 295 – Methodisch-Didaktisches, Anm.: In der Tat umfasst aber auch der Stundenplan der Waldorfschule viel mehr Fächer

58 Stern, André: ... und ich war nie in der Schule, Freiburg im Breisgau 2013

59 Gatto, John Taylor: Verdummt noch mal, Bremen 2009

60 Hauschke, Oliver: Schafft die Schule ab, München 2019

61 Müller, Silke: Wir verlieren unsere Kinder!, München 2023

62 https://hobbyschooling.ch/

63 https://www.praxis-jugendarbeit.de/jugend-probleme-themen/28-Schulverweigerung.html

64 https://www.deutschlandfunk.de/neue-hoffnung-fuer-schulverweigerer-100.html

65 https://www.zdf.de/nachrichten/panorama/schule-jugendliche-abschluss-100.html

66 https://bz.nuernberg.de/programm/grundbildung/zweite-chance-schulabschluesse#!filters=%7B%7D

67 https://akademieneueslernen.de/

68 https://www.km.bayern.de/schueler/abschluesse/mittlerer-schulabschluss/berufsschule.html

(soweit nicht anders angegeben wurden die Quellen am 7.11.23 nochmals abgerufen und überprüft)